当代人力资源管理系列教材同步综合练习

企业人力资源统计学

同步综合练习

李军华　主编

科学出版社

北京

内 容 简 介

本书是为了配套当代人力资源管理系列教材《企业人力资源统计学》而编写的教学练习册。编写的目的是帮助读者总结和巩固企业人力资源统计学的课程知识，提高读者的应试能力。全书依据企业人力资源统计学考试大纲、按最新体例分章节进行编写，并编写多套全真模拟演练题，便于读者自测知识掌握情况，更加扎实地掌握学习内容。

本书可作为广东省高等教育自学考试“企业人力资源统计学”配套用书，也可作为普通高等院校经济管理类学生的学习参考书。

图书在版编目（CIP）数据

企业人力资源统计学同步综合练习/李军华主编.—北京：科学出版社，2016.1
当代人力资源管理系列教材同步综合练习
ISBN 978-7-03-047045-4

Ⅰ. ①企… Ⅱ. ①李… Ⅲ. ①企业管理-人力资源管理-劳动统计学-高等学校-习题集 Ⅳ. ①F272.92-44

中国版本图书馆 CIP 数据核字（2016）第 006075 号

责任编辑：张 宁 /责任校对：赵桂芬
责任印制：赵 博 /封面设计：蓝正设计

科学出版社出版
北京东黄城根北街 16 号
邮政编码：100717
http://www.sciencep.com
北京天宇星印刷厂印刷
科学出版社发行 各地新华书店经销
*
2016 年 1 月第 一 版 开本：787×1092 1/16
2025 年 2 月第十二次印刷 印张：14
字数：331 000
定价：38.00 元

编写说明

本书是为了配套当代人力资源管理系列教材《企业人力资源统计学》而编写的教学练习册。企业人力资源统计学作为广东省高等教育自学考试人力资源管理（本科）专业必考的专业课，是为了培养和检验自学应考者的企业人力资源统计学的基本理论、基本知识和基本技能而设置的一门基础课。本门课程所使用的教材为程振源和李军华主编，科学出版社 2015 年 4 月出版的《企业人力资源统计学》。

编写依据：

1. 广东省高等教育自学考试指导委员会颁布的《企业人力资源统计学自学考试大纲》；

2. 广东省高等教育自学考试指导委员会指定教材《企业人力资源统计学》（科学出版社出版，程振源和李军华主编）。

本书的特点：

1. 以考试大纲规定的考试内容、考核知识点和考核要求为线索，按最新体例分章节进行编写。每章均列有考核内容，并将每一章节可能出现的考核知识按考试题型编写练习题，以便考生扎实、准确地掌握本章内容。

2. 本书含多套全真模拟演练题，贴近全真试题，命题科学，解答准确，便于考生模拟考试、自测知识掌握情况。

书中难免有不足和纰漏，恳请读者批评指正。

《企业人力资源统计学》编写小组

2015 年 12 月

目 录
Contents

第1章 企业人力资源统计学绪论

考核内容

1. 掌握企业人力资源、企业人力资源统计学相关概念。
2. 掌握企业人力资源统计学的基本内容。
3. 掌握企业人力资源统计学的基本概念。
4. 掌握企业人力资源统计学的基本方法。

一、企业人力资源统计学的基本问题

（一）什么是企业人力资源

企业人力资源也称企业劳动力资源，是指企业所拥有的具有能够从事生产活动的脑力和体力劳动者。值得注意的是，人力资源与人力资本是两个不同的概念。前者从资源的角度，强调劳动力的开发、配置、利用与保护。后者与物质资本相对应，从投资的角度，强调对劳动力本身的投资与回报。人力资源是“人”的实物形态，而人力资本则是“人”的价值形态。

（二）企业人力资源统计学及其基本内容

企业人力资源统计学是从开发、配置、利用与保护等环节研究人力资源量的方面的特征。其目的是通过对量的研究最终达到对企业人力资源质的认识。例如，通过企业劳动力数量的多少可知道企业规模的大小；通过企业劳动生产率的高低可知道企业劳动力的劳动效率如何；等等。

企业人力资源统计学的主要内容有：①人力资源规模、结构与素质统计；②劳动时间配置与利用统计；③劳动效率与劳动效益统计；④劳动定额统计；⑤劳动报酬统计；⑥人工成本统计；⑦劳动技能开发与鉴定统计；⑧劳动关系统计；⑨劳动者社会保障统计。

二、企业人力资源统计学的基本概念

（一）总体与总体单位

总体是由客观存在的且具有共同性质的许多个别事物组成的一个有机整体。而组成总体的个别事物称为总体单位。

总体具有如下性质：①客观性；②大量性；③同质性与差异性。

（二）标志与指标

标志是说明总体单位特征与属性的名称。标志在各总体单位上的具体体现称为标志表现。

标志有多种分类：①根据标志表现是否完全相同，标志分为不变标志与可变标志；②根据标志是否可以直接用数量表示，标志分为品质标志与数量标志。

指标是说明总体数量特征的概念。

指标的分类也有多种：①根据计算方式的不同，指标分为基本指标与派生指标；②根据性质的不同，指标分为数量指标与质量指标；③根据表现形式的不同，指标分为总量指标、相对指标和平均指标。

标志与指标是两个相互区别又相互联系的概念。区别表现在：前者说明总体单位的特征，总体单位是标志的载体，而后者说明总体的特征，总体是指标的载体；前者既可以用数量表示（数量标志），也可以用文字表示（品质标志），而后者只能用数量表示。两者的联系表现在：很多指标来源于标志。例如，将各总体单位的标志值汇总可得标志总量，这个标志总量便是总体的指标。

三、企业人力资源统计学的基本方法

（一）统计分组法

统计分组是指按某个可变标志将总体分成若干组成部分（称为组），使得每组中总体单位的性质相同，不同组总体单位的性质不同。

统计分组必须遵循以下原则：

（1）完备性原则，是指任意一个总体单位必须属于某一组。这一原则的目的是防止遗漏，否则各组总体单位之和一定小于总体。

（2）互斥性原则，是指任意两组都不存在相同的总体单位，即任意一个总体单位仅能属于某一组。这一原则的目的是防止重复，否则，各组总体单位之和一定大于总体。

总而言之，任意一个总体单位属于且仅属于某一组。只有这样，各组总体单位之和才会等于总体。

统计分组的作用主要有：

（1）区分现象的质或类型。通过统计分组，使得至少在某方面组内性质相同，组间性质不同，这样便将事物的质或类型区分开了。

（2）研究总体的内部结构。统计分组以后，通过计算各组在总体中的占比，可以知道各组在总体中的地位，可以分析总体的内部结构是否合理。

（3）分析现象间的依存关系。主要是分析现象之间是否呈现规律性的变化。

统计分组的类型：①根据分组标志的多少，分为简单分组和复合分组；②根据分组标志的性质不同，分为品质标志分组和数量标志分组。

几个与组距分组有关的概念：①上限与下限；②开口组与闭口组；③组距；④全距；⑤组中值。

（二）统计指标法

统计指标有三种基本形式，分别是总量指标、相对指标和平均指标。

1. 总量指标

说明总体在一定时间、地点和条件下总规模或总水平方面的数量特征的指标称为总量指标。

总量指标的种类：①总体单位总量与标志总量；②时期指标与时点指标；③实物指标、价值指标与劳动量指标。

2. 相对指标

相对指标是两个相互联系的指标之比，又称相对数。其作用是说明同一总体或不同总体的不同数量特征的对比关系。相对指标有两种表现形式：无名数和有名数。

无名数主要有以下形式：①系数或倍数；②成数；③百分数；④千分数。

相对指标的种类：①计划完成相对数；②结构相对数；③比例相对数；④比较相对数；⑤强度相对数；⑥动态相对数。

3. 平均指标

平均指标又称平均数。它是说明总体一般水平的指标，是各总体单位某数量标志值的代表值。

平均指标的特点：①将各总体单位的差异抽象化；②只有数量标志的标志值才能平均；③被平均的对象必须满足“同质性”。

平均指标的种类包括算术平均数、调和平均数、几何平均数、中位数和众数等。

（1）算术平均数分为以下两种。

一是简单算术平均数。总体未分组时，将各总体单位的数量标志值全部相加即得总体标志总量，然后对全部总体单位逐一计数即得总体单位总量，最后两者相除可得算术平均数。

二是加权算术平均数。总体分组后，任一总体单位属于且仅属于某一组，将各总体单位按组进行归集，一组中所含的总体单位数称为次数或频数。

（2）调和平均数。又称倒数平均数。根据总体是否分组又细分为简单调和平均数和加权调和平均数。

（三）统计指数法

1. 统计指数

指数的本质是一种特殊的相对数，其作用主要是反映社会经济现象数量方面的变动或差异。从广义上讲，指数既包含动态指数又包含静态指数，既包含个体指数又包含总指数，而从狭义上讲，指数通常是指动态总指数。

反映同一简单总体某数量方面在不同时期的变动方向与变动程度的动态相对数称为动态个体指数。

反映同一复杂总体在不同时期某数量方面的变动方向与变动程度的动态相对数称为动态总指数。

2. 总指数的编制

总指数的编制有两种思路：一种是综合；另一种是平均。

（1）综合指数的编制。综合指数的编制思路是将不能直接相加的不同类事物的指标通过一座“桥梁”过渡为一种可以相加的指标，通过相加得到一个综合性的总量指标，将这样得到的两个不同时期的总量指标进行对比，前一时期为对比期，称为基期，后一时期是要研究分析时期，称为报告期，最后得到的动态相对数就是综合指数。

为分析复杂总体数量和质量两个方面的综合变动，可以分别编制数量指标综合指数和质量指标综合指数。

数量指标综合指数和质量指标综合指数均有两种编制方法，即拉氏指数和帕氏指数。

作为同度量因素的销售量同样需要固定在基期或报告期，如果同度量因素固定在基期，所得的综合指数称为拉斯贝尔（Laspeyres）指数，简称为拉氏指数。如果同度量因素固定在报告期，所得的综合指数称为帕舍（Paasche）指数，简称帕氏指数。

作为同度量因素的销售价格同样需要固定在基期或报告期，若固定在基期则为拉氏指数，若固定在报告期则为帕氏指数。

在统计实践中，为了保证计算结果的唯一性和可比性，拉氏指数与帕氏指数只能二选一。在后面即将要介绍的总量指标因素分析中，为了保证指数体系的对等性，一般规定：质量指标作同度量因素固定在基期，而数量指标作同度量因素则固定在报告期。即质量指标综合指数采用拉氏指数，而数量指标综合指数采用帕氏指数。

（2）平均指数的编制。平均指数编制的思路是将复杂总体的总指数看成是各简单总体个体指数的加权算术平均数或加权调和平均数。因此，编制平均指数主要有两个步骤：一是计算个体指数；二是确定权数。

3. 指数体系与因素分析

根据分析对象的不同，因素分析可以分为总量指标因素分析和平均指标因素分析。前者分析总量指标的变动及其原因，后者分析平均指标的变动及其原因。

（1）总量指标的因素分析。分两种情形进行讨论：一种是复杂总体；另一种是简单总体。

复杂总体三个综合指数进行反映的公式为

$$\bar{I}_p=\frac{\sum p_1q_1}{\sum p_0q_1},\quad \bar{I}_q=\frac{\sum p_0q_1}{\sum p_0q_0},\quad \bar{I}_q=\frac{\sum p_1q_1}{\sum p_0q_0}$$

三个绝对数存在如下数量关系：

$$\sum p_1q_1-\sum p_0q_0=(\sum p_1q_1-\sum p_0q_1)+(\sum p_0q_1-\sum p_0q_0)$$

简单总体工资总额变动的相应指数体系为

$$\frac{X_1}{X_0}=\frac{\bar{X}_1T_1}{\bar{X}_0T_0}=\frac{\bar{X}_1T_1}{\bar{X}_0T_1}\times\frac{\bar{X}_0T_1}{\bar{X}_0T_0}$$

简单总体工资总额绝对数变动的数量关系为

$$X_1-X_0=\bar{X}_1T_1-\bar{X}_0T_0=(\bar{X}_1T_1-\bar{X}_0T_1)+(\bar{X}_0T_1-\bar{X}_0T_0)$$

（2）平均指标的因素分析。平均指标的因素分析主要是针对简单总体而言的，并且要求简单总体已分组。

基于指数体系的简单总体总平均指标变动的因素分析可基于以下指数体系：

$$\frac{\sum \bar{x}_1\frac{f_1}{\sum f_1}}{\sum \bar{x}_0\frac{f_0}{\sum f_0}}=\frac{\sum \bar{x}_1\frac{f_1}{\sum f_1}}{\sum \bar{x}_0\frac{f_1}{\sum f_1}}\times\frac{\sum \bar{x}_C\frac{f_1}{\sum f_1}}{\sum \bar{x}_C\frac{f_0}{\sum f_0}},\quad 即\quad \frac{\bar{X}_1}{\bar{X}_0}=\frac{\bar{X}_1}{\bar{X}_0'}\times\frac{\bar{X}_0'}{\bar{X}_0}$$

相应的绝对数等式为

$$\bar{X}_1-\bar{X}_0=(\bar{X}_1-\bar{X}_0')+(\bar{X}_0'-\bar{X}_0)$$

由总平均数引致的简单总体标志总量变动的因素分析分为以下两类。

一是多因素分析原理，指数体系为

$$\frac{a_1b_1c_1}{a_0b_0c_0}=\frac{a_1b_1c_1}{a_0b_1c_1}\times\frac{a_0b_1c_1}{a_0b_0c_1}\times\frac{a_0b_0c_1}{a_0b_0c_0}$$

相应的绝对数等式为

$$a_1b_1c_1-a_0b_0c_0=(a_1b_1c_1-a_0b_1c_1)+(a_0b_1c_1-a_0b_0c_1)+(a_0b_0c_1-a_0b_0c_0)$$

二是分组条件下简单总体标志总量变动的多因素分析，公式为

简单总体标志总量指数=固定结构指数 × 结构影响指数 × 总体单位数指数

即

$$\frac{\bar{X}_1\sum f_1}{\bar{X}_0\sum f_0}=\frac{\bar{X}_1\sum f_1}{\bar{X}_0{}'\sum f_1}\times\frac{\bar{X}_0{}'\sum f_1}{\bar{X}_0\sum f_1}\times\frac{\bar{X}_0\sum f_1}{\bar{X}_0\sum f_0}$$

简单总体标志总量增减总额=因组平均数变动而增减的标志总量 + 因总体结构变动而增减的标志总量 + 因总体单位数变动而增减的标志总量

即

$$\bar{X}_1\sum f_1-\bar{X}_0\sum f_0=(\bar{X}_1\sum f_1-\bar{X}_0{}'\sum f_1)+(\bar{X}_0{}'\sum f_1-\bar{X}_0\sum f_1)+(\bar{X}_0\sum f_1-\bar{X}_0\sum f_0)$$

重点和难点

本章重点是掌握企业人力资源、企业人力资源统计学的相关概念及企业人力资源统计学的基本内容，掌握企业人力资源统计学的基本概念，难点是企业人力资源统计学的统计分组法与统计指标法、统计指数法，特别是其中的总指数的编制和平均指数的编制及复杂总体总量指标因素分析。

同步综合练习题

一、单项选择题

1. 企业人力资源强调（　　）。
   A. 劳动力的开发、配置、利用与保护　B. 对劳动力本身的投资
   C. 对劳动力本身的回报　D. “人”的价值形态
2. 说明总体单位特征与属性名称的是（　　）。
   A. 总体　B. 指标
   C. 标志　D. 单位
3. 说明总体数量特征概念的是（　　）。
   A. 总体　B. 指标
   C. 标志　D. 单位
4. 在组距分组中，分组标志在每组中取的最大值称为（　　）。
   A. 上限　B. 下限
   C. 下限　D. 全距
5. 在组距分组中，下限与上限之间的距离称为（　　）。
   A. 全距　B. 组中值
   C. 组距　D. 下限
6. 位于每组上下限中点位置的那个数值称为（　　）。
   A. 全距　B. 组中值
   C. 组距　D. 下限
7. 分组标志在总体中的最大取值与最小取值之差称为（　　）。
   A. 全距　B. 组中值
   C. 组距　D. 下限
8. 下列指标不是统计指标基本形式的是（　　）。
   A. 总量指标　B. 相对指标
   C. 质量指标　D. 平均指标
9. 说明总体在一定时间、地点和条件下总规模或总水平方面的数量特征的指标称为（　　）。
   A. 总量指标　B. 相对指标
   C. 质量指标　D. 平均指标
10. 说明同一总体或不同总体的不同数量特征的对比关系的指标是（　　）。
    A. 总量指标　B. 相对指标
    C. 质量指标　D. 平均指标
11. 反映总体经过一段时期所达到的总规模或总水平的指标是（　　）。
    A. 时期指标　B. 时点指标
    C. 实物指标　D. 价值指标

12. 反映总体在某一瞬间即时点上的总规模或总水平的指标是（　　）。

A. 时期指标　　B. 时点指标

C. 实物指标　　D. 价值指标

13. 以物理属性或自然属性为计量单位的总量指标是（　　）。

A. 劳动量指标　　B. 时点指标

C. 实物指标　　D. 价值指标

14. 以货币为计量单位的总量指标是（　　）。

A. 时期指标　　B. 劳动量指标

C. 实物指标　　D. 价值指标

15. 以劳动时间为计量单位的总量指标是（　　）。

A. 时期指标　　B. 劳动量指标

C. 实物指标　　D. 价值指标

16. 反映各组标志总量与总体标志总量之比的指标是（　　）。

A. 强度相对数　　B. 结构相对数

C. 比例相对数　　D. 比较相对数

17. 反映同一总体内部组与组之间标志总量之比的指标是（　　）。

A. 强度相对数　　B. 结构相对数

C. 比例相对数　　D. 比较相对数

18. 反映两个总体不同指标之比的指标是（　　）。

A. 强度相对数　　B. 结构相对数

C. 比例相对数　　D. 比较相对数

19. 总体两个不同时期相同指标之比的指标是（　　）。

A. 动态相对数　　B. 结构相对数

C. 比例相对数　　D. 比较相对数

20. 下列哪个选项不是平均指标的特点（　　）。

A. 只有数量标志的标志值才能平均　　B. 将各总体单位的差异抽象化

C. 被平均的对象必须满足“同质性”　　D. 被平均的对象必须满足“异质性”

21. 反映总体一般水平，是各总体单位某数量标志值的代表值的指标是（　　）。

A. 总量指标　　B. 劳动量指标

C. 平均指标　　D. 价值指标

22. 总体未分组时，将各总体单位的数量标志值全部相加即得总体标志总量，然后对总体全部总体单位逐一计数即得总体单位总量，最后两者相除便得到（　　）。

A. 中位数　　B. 调和平均数

C. 几何平均数　　D. 算术平均数

23. 主要反映社会经济现象数量方面的变动或差异的是（　　）。

A. 众数　　B. 调和平均数

C. 几何平均数　　D. 指数

24. 反映同一简单总体某数量方面在不同时期的变动方向与变动程度的动态相对数称

为（　　）。

A. 静态个体指数　　B. 动态总体指数

C. 动态个体指数　　D. 静态总体指数

25. 由使用价值和计量单位相同的事物组成的总体，称为（　　）。

A. 复杂总体　　B. 简单总体

C. 动态总体　　D. 静态总体

26. 由使用价值不同的事物组成的总体称为（　　）。

A. 复杂总体　　B. 简单总体

C. 动态总体　　D. 静态总体

27. 反映同一复杂总体在不同时期某数量方面的变动方向与变动程度的动态相对数称为（　　）。

A. 静态个体指数　　B. 动态总指数

C. 动态个体指数　　D. 静态总指数

28. 反映不同复杂总体在相同时期同一数量方面的综合差异方向和差异程度的静态相对数称为（　　）。

A. 静态个体指数　　B. 动态总指数

C. 动态个体指数　　D. 静态总指数

29. 当商品的销售价格为 p，商品的销售量为 q 时，帕氏数量指标综合指数是（　　）。

A. $\bar{I}_q = \dfrac{\sum p_0q_1}{\sum p_0q_0}$　　B. $\bar{I}_q = \dfrac{\sum p_1q_1}{\sum p_1q_0}$

C. $\bar{I}_p = \dfrac{\sum p_1q_0}{\sum p_0q_0}$　　D. $\bar{I}_p = \dfrac{\sum p_1q_1}{\sum p_0q_1}$

30. 当商品的销售价格为 p，商品的销售量为 q 时，拉氏质量指标综合指数是（　　）。

A. $\bar{I}_q = \dfrac{\sum p_0q_1}{\sum p_0q_0}$　　B. $\bar{I}_q = \dfrac{\sum p_1q_1}{\sum p_1q_0}$

C. $\bar{I}_p = \dfrac{\sum p_1q_0}{\sum p_0q_0}$　　D. $\bar{I}_p = \dfrac{\sum p_1q_1}{\sum p_0q_1}$

31. 下列不属于企业人力资源统计内容的是（　　）。

A. 劳动产品库存量统计　　B. 劳动生产率统计

C. 生活日分配统计　　D. 人工成本统计

32. 对总体指标和分组指标进行各种分析的方法是（　　）。

A. 分组分析法　　B. 对比分析法

C. 动态分析法　　D. 因素分析法

33. 企业年末从业人数指标是一个（　　）。

A. 时点指标　　B. 空间指标

C. 时期指标　　D. 质量指标

34. 月平均人数是指（　　）。

A. 月中人数　　B. 报告期中人数总和

C. 月初人数　　　　D. 报告月内平均每天拥有的人数

二、多项选择题

1. 企业人力资源是（　　）。
   A. 从资源的角度，强调劳动力的开发、配置
   B. 从投资的角度，强调对劳动力本身的投资与回报
   C. “人”的实物形态
   D. “人”的价值形态
   E. 从资源的角度，强调劳动力的利用与保护
2. 总体具有的性质包括（　　）。
   A. 客观性　　　　B. 大量性
   C. 同质性　　　　D. 差异性
   E. 非同质性
3. 根据标志是否可以直接用数量表示，标志分为（　　）。
   A. 品质标志　　　　B. 可变标志
   C. 数量标志　　　　D. 不变标志
   E. 质量标志
4. 根据性质不同，指标分为（　　）。
   A. 相对指标　　　　B. 平均指标
   C. 派生指标　　　　D. 质量指标
   E. 数量指标
5. 根据表现形式不同，指标分为（　　）。
   A. 质量指标　　　　B. 相对指标
   C. 平均指标　　　　D. 总量指标
   E. 数量指标
6. 统计分组的原则有（　　）。
   A. 整体性原则　　　　B. 同一性原则
   C. 完备性原则　　　　D. 互斥性原则
   E. 单一性原则
7. 统计分组的作用表现在（　　）。
   A. 区分现象的质　　　　B. 区分现象的类型
   C. 研究总体的内部结构　　　　D. 研究总体的外部结构
   E. 分析现象间的依存关系
8. 根据分组标志的多少可将统计分为（　　）。
   A. 简单分组　　　　B. 复合分组
   C. 数量标志分组　　　　D. 品质标志分组
   E. 质量标志分组
9. 根据分组标志的性质不同可将统计分为（　　）。

A. 简单分组　　B. 复合分组
C. 数量标志分组　　D. 品质标志分组
E. 质量标志分组

10. 在组距分组中要注意分组的（　　）。
A. 上限与下限　　B. 开口组与闭口组
C. 组距　　D. 全距
E. 组中值

11. 统计指标的三种基本形式分别是（　　）。
A. 总量指标　　B. 相对指标
C. 质量指标　　D. 平均指标
E. 数量指标

12. 总量指标的种类可分为（　　）。
A. 总体单位总量　　B. 标志总量
C. 实物指标　　D. 价值指标
E. 劳动量指标

13. 相对指标两种表现形式是（　　）。
A. 系数　　B. 成数
C. 无名数　　D. 有名数
E. 百分数

14. 无名数的主要形式有（　　）。
A. 系数　　B. 成数
C. 倍数　　D. 千分数
E. 百分数

15. 相对指标的种类有（　　）。
A. 计划完成相对数　　B. 结构相对数
C. 比例相对数　　D. 比较相对数
E. 强度相对数

16. 总指数的编制有两种思路，分别是（　　）。
A. 求和　　B. 调和
C. 综合　　D. 求模
E. 平均

三、简答题

1. 简述企业人力资源的含义。
2. 简述标志和指标的区别和联系。
3. 简述相对指标的种类。
4. 简述平均指标的特点。
5. 为了保证计算结果的唯一性和可比性，在总量指标因素分析的统计实践中是如何处理拉氏指数与帕氏指数的？

四、论述题

1. 试论述企业人力资源统计学的主要内容。
2. 试论述简单总体总量指数多因素分析原理。
3. 试论述简单总体的总量指数因素分析原理。

五、计算题

1. 某国有企业职工工资情况如表 1-1 所示。

表 1-1

指标	单位	报告期	基期
工资总额	千元	50 000	45 000
职工平均人数	人	10 000	15 000
平均工资	千元/人	5	3

计算并分析职工平均工资变动及职工平均人数变动对工资总额变动的影响。
2. 某企业生产某种产品资料情况如表 1-2 所示。

表 1-2

项目	基期	报告期
小时劳动生产率/（件/人）	300	360
工作日长度/工时	7. 8	8. 0
日劳动生产率/（件/人）	2 340	2 880
工作月长度/工日	24	20
月劳动生产率/（件/人）	56 160	57 600

计算并分析小时劳动生产率、工作日长度、工作月长度的变动对月劳动生产率变动的影响。

六、综合计算分析题

某企业兴办甲、乙两个工厂的统计材料如表 1-3 所示。

表 1-3

项目	总工资/万元		平均人数/人	
	基期	报告期	基期人数	报告期人数
甲厂	2000	5500	500	1100
乙厂	1600	3800	400	800
全企业	3600	9300	900	1900

（1）分别计算甲、乙两厂基期、报告期的平均工资及其指数。

（2）计算全企业基期、报告期的平均工资及其指数。

（3）分析计算整个企业平均工资可变组成指数、固定组成指数及结构影响指数，并对整个企业的平均二资变化情况进行分析。

（4）综合计算分析甲、乙两厂职工平均人数变动和甲、乙两厂平均工资变动及整个企业职工人数变动对企业总工资的影响（题目没有特殊要求，计算一律精确到2位小数，要求写出计算公式和计算步骤）。

参考答案

一、单项选择题

1. A	2. C	3. B	4. A	5. C
6. B	7. A	8. C	9. A	10. B
11. A	12. B	13. C	14. D	15. B
16. B	17. C	18. A	19. A	20. D
21. C	22. D	23. D	24. C	25. B
26. A	27. B	28. D	29. B	30. C
31. A	32. A	33. A	34. D	

二、多项选择题

1. ACE	2. ABCD	3. AC	4. DE	5. BCD
6. CD	7. ABCE	8. AB	9. CD	10. ABCDE
11. ABD	12. ABCDE	13. CD	14. ABCDE	15. ABCDE
16. CE				

三、简答题

1. 企业人力资源也称企业劳动力资源，是指企业所拥有的具有能够从事生产活动的脑力和体力劳动者。人力资源从资源的角度，强调劳动力的开发、配置、利用与保护。人力资源是“人”的实物形态。

2. 标志与指标是两个相互区别又相互联系的概念。区别表现在：前者说明总体单位的特征，总体单位是标志的载体，而后者说明总体的特征，总体是指标的载体；前者既可以用数量表示（数量标志），也可以用文字表示（品质标志），而后者只能用数量表示。两者的联系表现在：很多指标来源于标志。例如，将各总体单位的标志值汇总可得标志总量，这个标志总量便是总体的指标。

3. 相对指标的种类有：①计划完成相对数；②结构相对数；③比例相对数 ；④比较相

对数；⑤强度相对数；⑥动态相对数。

4. 平均指标的特点有：①将各总体单位的差异抽象化；②只有数量标志的标志值才能平均；③被平均的对象必须满足“同质性”。

5. 在总量指标因素分析的统计实践中，拉氏指数与帕氏指数只能二选一。为了保证指数体系的对等性，一般规定：质量指标作同度量因素固定在基期，而数量指标作同度量因素则固定在报告期。即质量指标综合指数采用拉氏指数，而数量指标综合指数采用帕氏指数。

四、论述题

1. 企业人力资源统计学的主要内容有：①人力资源规模、结构与素质统计；②劳动时间配置与利用统计；③劳动效率与劳动效益统计；④劳动定额统计；⑤劳动报酬统计；⑥人工成本统计；⑦劳动技能开发与鉴定统计；⑧劳动关系统计；⑨劳动者社会保障统计。

2. 简单总体的指标均分解为两个因素的乘积，其中一个为质量指标，另一个为数量指标。如果简单总体的某个指标可分解为多个因素的乘积，其基本原理与两因素的情形相同，同样是质量指标作同度量因素固定在基期，数量指标作同度量因素固定在报告期。所不同的是对多个因素的排序有严格的要求。以三因素为例，不妨记这三个因素为a，b，c。注意，这三个指标的排序规则是：a相对于b和c为质量指标；b相对于a为数量指标但相对于c为质量指标；c相对于a和b均为数量指标。则对此总量指标进行因素分析的指数体系为

$$\frac{a_1b_1c_1}{a_0b_0c_0}=\frac{a_1b_1c_1}{a_0b_1c_1}\times\frac{a_0b_1c_1}{a_0b_0c_1}\times\frac{a_0b_0c_1}{a_0b_0c_0}$$

相应的绝对数等式为

$$a_1b_1c_1-a_0b_0c_0=(a_1b_1c_1-a_0b_1c_1)+(a_0b_1c_1-a_0b_0c_1)+(a_0b_0c_1-a_0b_0c_0)$$

多因素分析的对象既可以是总量指标，也可以是平均指标。

3. 对简单总体的总量指数进行因素分析，原理与上述复杂总体的情形是相同的，即质量指标作同度量因素固定在基期，数量指标作同度量因素固定在报告期。以企业职工工资总额这一总量指标为例。简单总体是由企业的所有职工组成的，工资总额（X）、职工人数（T）和平均工资（$\bar{X}$）是这个简单总体的三个数量特征，这三个数量特征存在以下数量关系：$X=\bar{X}\times T$。其中，$\bar{X}$为质量指标；T为数量指标。

工资总额指数为

$$\frac{X_1}{X_0}=\frac{\bar{X}_1T_1}{\bar{X}_0T_0}$$

平均工资指数为

$$\frac{\bar{X}_1T_1}{\bar{X}_0T_1}$$

职工人数指数为

$$\frac{\bar{X}_0T_1}{\bar{X}_0T_0}$$

相应的指数体系为

$$\frac{X_1}{X_0}=\frac{\bar{X}_1T_1}{\bar{X}_0T_0}=\frac{\bar{X}_1T_1}{\bar{X}_0T_1}\times\frac{\bar{X}_0T_1}{\bar{X}_0T_0}$$

工资总额绝对数变动的数量关系为

$$X_1-X_0=\bar{X}_1T_1-\bar{X}_0T_0=(\bar{X}_1T_1-\bar{X}_0T_1)+(\bar{X}_0T_1-\bar{X}_0T_0)$$

即

$$X_1-X_0=\bar{X}_1T_1-\bar{X}_0T_0=(\bar{X}_1-\bar{X}_0)T_1+\bar{X}_0(T_1-T_0)$$

五、计算题

1. 解： 设 χ 为平均工资， f 为平均职工人数。

工资总额的变动情况如下：

相对数为

$$\frac{G_1}{G_0}=\frac{\Sigma\chi_1f_1}{\Sigma\chi_0f_0}=\frac{50\,000}{45\,000}\times100\%=111.11\%$$

绝对数为

$$G_1-G_0=50\,000-45\,000=5000(\text{千元})$$

说明：工资总额指数提高了 11. 11%，绝对数增加了 5000 千元。

职工平均工资变动对工资总额变动的影响：

$$\frac{\Sigma\chi_1f_1}{\Sigma\chi_0f_1}=\frac{50\,000}{3\times10\,000}=\frac{50\,000}{30\,000}=166.67\%$$

$$\Sigma\chi_1f_1-\Sigma\chi_0f_1=50\,000-30\,000=20\,000(\text{千元})$$

说明：职工平均工资指数提高了 66. 67%，使工资总额绝对数增加了 20 000 千元。

职工人数变动对人工成本指数的影响：

$$\frac{\Sigma\chi_0f_1}{\Sigma\chi_0f_0}=\frac{3\times10\,000}{3\times15\,000}=\frac{30\,000}{45\,000}=66.67\%$$

$$\Sigma\chi_0f_1-\Sigma\chi_0f_0=30\,000-45\,000=-15\,000(\text{千元})$$

说明：职工人数变动指数下降了 33. 33%，使工资总额报告期比基期绝对数减少了 15 000 千元。

综合计算结果，得出平衡式：

111. 11% =166. 67%×66. 67%

5000（千元）=20 000–15 000

2. 解：设 a、b、c 分别为小时劳动生产率、工作日长度、工作月长度，则

$$\text{月劳动生产率指数}=\frac{a_1b_1c_1}{a_0b_0c_0}=\frac{57\,600}{56\,160}=102.56\%$$

$$\text{绝对数}=a_1b_1c_1-a_0b_0c_0=57\,600-56\,160=1440(\text{件/人})$$

$$\text{小时劳动生产率指数}=\frac{a_1b_1c_1}{a_0b_1c_1}=\frac{360\times8.0\times20}{300\times8.0\times20}=\frac{57\,600}{48\,000}=120\%$$

$$\text{绝对数}=a_1b_1c_1-a_0b_1c_1=57\,600-48\,000=9600(\text{件/人})$$

$$工作日长度指数=\frac{a_0b_1c_1}{a_0b_0c_1}=\frac{300\times8.0\times20}{300\times7.8\times20}=\frac{48\,000}{46\,800}=102.56\%$$

$$绝对数=a_0b_1c_1-a_0b_0c_1=48\,000-46\,800=1200（件/人）$$

$$工作月长度指数=\frac{a_0b_0c_1}{a_0b_0c_0}=\frac{300\times7.8\times20}{300\times7.8\times24}=\frac{46\,800}{56\,160}=83.33\%$$

$$绝对数=a_0b_0c_1-a_0b_0c_0=46\,800-56\,160=-9360（件/人）$$

通过计算得出如下关系式：

$$102.56\%=120\%\times102.56\%\times83.33\%$$

$$1440（件/人）=9600+1200-9360$$

六、综合计算分析题

解：设 $\bar{X}$ 为全厂平均工资，x 为各组平均工资，f 为各组人数，则

（1）甲厂：$x_1=5500/1100=5$（万元/人）；$x_0=2000/500=4$（万元/人）。

乙厂：$x_1=3800/800=4.75$（万元/人）；$x_0=1600/400=4$（万元/人）。

（2）全厂：$\bar{X}_1=\frac{\sum x_1f_1}{\sum f_1}=\frac{5500+3800}{1100+800}=\frac{9300}{1900}=4.89(万元/人)$

$$\bar{X}_0=\frac{\sum x_0f_0}{\sum f_0}=\frac{2000+1600}{500+400}=\frac{3600}{900}=4(万元/人)$$

$$\bar{X}_0'=\frac{\sum x_0f_1}{\sum f_1}=\frac{4\times1100+4\times800}{1100+800}=\frac{7600}{1900}=4(万元/人)$$

（3）全厂平均工资可变组成指数计算如下：

$$\frac{\bar{X}_1}{\bar{X}_0}=\frac{4.89}{4}=122.25\%,\quad \bar{X}_1-\bar{X}_0=4.89-4=0.89（万元/人）$$

全厂平均工资固定组成指数计算如下：

$$\frac{\bar{X}_1}{\bar{X}_0'}=\frac{4.89}{4}=122.25\%,\quad (\bar{X}_1-\bar{X}_0')=4.89-4=0.89（万元/人）$$

全厂平均工资结构影响指数计算如下：

$$\frac{\bar{X}_0'}{\bar{X}_0}=\frac{4}{4}=100\%,\quad (\bar{X}_0'-\bar{X}_0)=4-4=0（万元/人）$$

分析：全厂平均工资可变组成指数提高了 22. 25%，绝对数增加了 0. 89 万元/人，使总工资增加了 1691 万元；其中平均工资固定组成指数提高了 22. 25%，使全厂劳动生产率绝对数增加了 0. 89 万元/人；平均工资结构影响指数没有提高（100%），使全厂平均工资报告期比基期绝对数没有增加。

（4）
$$\frac{\bar{X}_1\sum f_1}{\bar{X}_0\sum f_0}=\frac{\bar{X}_1\sum f_1}{\bar{X}_0'\sum f_1}\times\frac{\bar{X}_0'\sum f_1}{\bar{X}_0\sum f_1}\times\frac{\bar{X}_0\sum f_1}{\bar{X}_0\sum f_0}$$

$$\frac{4.89\times1900}{4\times900}=\frac{4.89\times1900}{4\times1900}\times\frac{4\times1900}{4\times1900}\times\frac{4\times1900}{4\times900}$$

$$\frac{9300}{3600}=\frac{9300}{7600}\times\frac{7600}{7600}\times\frac{7600}{3600}$$

$$125.33\%=122.37\%\times100\%\times211.11\%$$

$$\bar{X}_1\sum f_1-\bar{X}_0\sum f_0=(\bar{X}_1\sum f_1-\bar{X}_0{'}\sum f_1)+(\bar{X}_0{'}\sum f_1-\bar{X}_0\sum f_1)+(\bar{X}_0\sum f_1-\bar{X}_0\sum f_0)$$

$$9300-3600=(9300-7600)+(7600-7600)+(7600-3600)$$

$$5700=1700+0+4000$$

分析：由于甲、乙两厂的工资平均提高了 22.25%，企业工人工资总额增加了 1700 万元；由于甲、乙两厂工人结构没有变化，企业工人工资总额没有增加；又由于工人总人数变动了 111.11%（由基期的 900 人增加到报告期的 1900 人），工人工资总额增加了 4000 万元，从而整个企业总工资增加了 5700 万元。

由计算结果归纳得出：

$$122.25\%=122.25\%\times100\%$$

$$0.89(\text{万元/人})=0.89+0.89$$

$$5700(\text{万元})=1700+0+4000$$

第2章 企业人力资源规模、结构与素质统计

考核内容

1．掌握企业人力资源规模统计原则与范围。
2．掌握企业人力资源规模的存量、增量与动态比较统计。
3．掌握企业人力资源的自然属性结构、社会属性结构统计内容。
4．掌握企业人力资源素质的指标体系。
5．掌握企业人力资源素质的综合评价特点、原则、程序与方法。

一、企业人力资源的规模统计

（一）规模统计的基本问题

（1）人力资源规模统计的原则与范围。
（2）人力资源规模统计应注意的问题。

（二）规模的存量统计

（1）时点规模。
（2）时期规模。

（三）规模的增量统计

（1）增员统计。
（2）减员统计。
（3）人员净增统计。
（4）人员周转统计。
（5）人员变动平衡统计。

（四）规模的动态比较统计

（1）企业人力资源规模变动绝对数。
（2）企业人力资源规模变动相对数。

二、企业人力资源的结构统计

（一）企业人力资源的自然属性结构

（1）企业人力资源的性别结构。
（2）企业人力资源的年龄结构。
（3）企业人力资源的学历结构。
（4）企业人力资源的民族结构。

（二）企业人力资源的社会属性结构

（1）企业人力资源的职业结构。
（2）企业人力资源的等级结构。
（3）企业人力资源的岗位结构。
（4）企业人力资源的工期结构。

三、企业人力资源的素质统计

（一）企业人力资源素质的指标体系

（1）劳动积极性。
（2）独立劳动能力。
（3）团队合作能力。

（二）企业人力资源素质的综合评价

（1）综合评价的特点：①数量化；②综合性；③模糊性；④动态性。

（2）综合评价的原则：①数量分析原则；②整体分析原则；③模糊灰色原则；④最优分析原则。

（3）综合评价的程序：①选择综合评价的对象和范围；②选择企业人力资源素质的指标体系；③选择指标体系的权重关系；④评估和评价企业人力资源素质。

（4）企业人力资源素质评价的方法。普遍采用的方法有简单加权方法和层次分析方法。

重点和难点

本章重点是掌握人力资源规模统计的原则与范围、规模的存量统计、规模的增量统计、规模的动态比较统计的基本内容，掌握企业人力资源素质的指标体系，企业人力资源素质的综合评价特点、原则、程序和方法。难点是人力资源规模、存量、动态统计应注意的问题，以及企业人力资源素质评价的方法与程序。

同步综合练习题

一、单项选择题

1. 在企业人力资源的规模统计中，以下哪项不是观察并统计企业人力资源在一定时间内的人员数量、构成及变动情况的主要角度（　　）。

A. 存量　　B. 增量
C. 动态比较　　D. 静态比较

2. 从企业统计核算实践操作来看，核算企业人力资源规模时企业主要遵循的要求是（　　）。

A. “为谁工作谁统计”　　B. “谁发工资谁统计”
C. “谁拿工资统计谁”　　D. “不重不漏”

3. 主要解决同一公司具有多重身份时其所管辖员工的人力资源规模统计范围的身份归属问题的是（　　）。

A. “为谁工作谁统计”　　B. “谁发工资谁统计”
C. “谁拿工资统计谁”　　D. “谁法人随谁统计”

4. 某个企业的 4 月份里，1～10 号每天的人力资源规模数量为 150 人，11～20 号每天的人力资源规模数量为 160 人，21～30 号每天的人力资源规模数量为 155 人。那么该企业 4 月份的月平均人数则为（　　）。

A. 150 人　　B. 155 人
C. 160 人　　D. 165 人

5. 统计某一个时期内企业人力资源数量的变动情况，基于比较静态分析角度统计人力资源规模变动状况的是（　　）。

A. 动态比较统计　　B. 人员增量统计
C. 时点规模统计　　D. 时期规模统计

6. 统计某个时期，诸如某个月、某个季度或某年度一段时间内企业的平均人力资源规模拥有量的是（　　）。

A. 动态比较统计　　B. 人员增量统计
C. 时点规模统计　　D. 时期规模统计

7. 明确比较两个不同时期企业人力资源规模的变动情形的统计是（　　）。

A. 动态比较统计　　B. 人员增量统计
C. 时点规模统计　　D. 时期规模统计

8. 从劳动者的性别、年龄、受教育程度和民族等社会经济人口特征划分企业人力资源规模，可形成（　　）。

A. 企业人力资源的社会属性　　B. 企业人力资源的工作属性
C. 企业人力资源的自然属性　　D. 企业人力资源的单位属性

9. 依据劳动者所从事社会工作的性质可将企业人力资源类别划分为（　　）。

A. 企业人力资源的等级结构　　B. 企业人力资源的岗位结构

C. 企业人力资源的工期结构　　　　D. 企业人力资源的职业结构

10. 企业人力资源素质综合评价的程序依次是（　　）。

A. ①选择综合评价的对象和范围；②选择指标体系的权重关系；③选择企业人力资源素质的指标体系；④评估和评价企业人力资源素质

B. ①选择指标体系的权重关系；②选择综合评价的对象和范围；③选择企业人力资源素质的指标体系；④评估和评价企业人力资源素质

C. ①选择综合评价的对象和范围；②选择企业人力资源素质的指标体系；③选择指标体系的权重关系；④评估和评价企业人力资源素质

D. ①选择企业人力资源素质的指标体系；②选择综合评价的对象和范围；③选择指标体系的权重关系；④评估和评价企业人力资源素质

11. 企业人力资源的规模统计主要是从哪几个不同角度观察并统计企业人力资源在一定时间内的人员数量、构成及变动情况的（　　）。

A. 增量及动态比较　　　　B. 存量及动态比较

C. 存量、增量及动态比较　　　　D. 存量、增量及静态比较

12. 从事的工作或服务与该企业相关联，并由该企业支付劳动报酬或工资的从业人员数是指企业的（　　）。

A. 人力资源动态指标　　　　B. 人力资源静态指标

C. 人力资源增量指标　　　　D. 人力资源规模指标

13. 小陈在C单位只拿到3000元，而在D单位拿到的是6000元，但是小陈主要人事关系档案是在C单位，他在C单位拿的3000元是其基本工资，那么我们还是会把小陈算是C单位的人力资源，而非D单位的人力资源。这样统计的依据是（　　）。

A. “为谁工作谁统计”原则　　　　B. “谁发工资谁统计”原则

C. “谁拿工资统计谁”原则　　　　D. “谁法人随谁统计”原则

14. 可以处理一些初入职者、工作调动者或离职员工、被裁员者、参军入伍或离职进修者等人员的人力资源归属问题的依据是（　　）。

A. “为谁工作谁统计”原则　　　　B. “谁发工资谁统计”原则

C. “谁拿工资统计谁”原则　　　　D. “谁法人随谁统计”原则

15. 小王刚刚入职E单位（原来在D单位），由于单位财务处办理工资卡需要时间，小王已入职两个多月但还没拿到工资，我们依据“为谁工作谁统计”原则，还是会把小王划为（　　）。

A. D单位的人力资源　　　　B. E单位的人力资源

C. D单位和E单位的人力资源　　　　D. 待业状态

16. 小李从E单位跳槽到F单位，E单位从这个月起已停发小李工资，但小李还没办理完离职手续，这个时候，F单位还没有为小李计发工资。则小李这个月就属于（　　）。

A. E单位的人力资源　　　　B. F单位的人力资源

C. E单位和F单位的人力资源　　　　D. 待业状态

17. 主要视角在于企业，侧重于企业如何解决身兼多职员工的人力资源规模统计对象的原则是（　　）。

A. “为谁工作谁统计”原则　　B. “谁发工资谁统计”原则
C. “谁拿工资统计谁”原则　　D. “谁法人随谁统计”原则

18. 视角在于员工，侧重解决企业人力资源规模主要员工的统计范围的原则是（　　）。
A. “为谁工作谁统计”原则　　B. “谁发工资谁统计”原则
C. “谁拿工资统计谁”原则　　D. “谁法人随谁统计”原则

19. 主要解决员工可能出现在不同工作单位过渡时的人力资源规模统计对象的归属问题的原则是（　　）。
A. “为谁工作谁统计”原则　　B. “谁发工资谁统计”原则
C. “谁拿工资统计谁”原则　　D. “谁法人随谁统计”原则

20. 解决同一家企业同时具有多重身份时如何确定该企业员工的人力资源规模归属哪个统计范围的原则是（　　）。
A. “为谁工作谁统计”原则　　B. “谁发工资谁统计”原则
C. “谁拿工资统计谁”原则　　D. “谁法人随谁统计”原则

21. 从工资发放关系解决员工人力资源划分问题的统计原则是（　　）。
A. “谁拿工资统计谁”的统计范围和“谁发工资谁统计”原则
B. “谁法人随谁统计”的统计范围和“谁发工资谁统计”原则
C. “谁法人随谁统计”的统计范围和“为谁工作谁统计”原则
D. “谁拿工资统计谁”的统计范围和“为谁工作谁统计”原则

22. 从工作隶属关系解决员工人力资源划分问题的统计原则是（　　）。
A. “谁拿工资统计谁”的统计范围和“谁发工资谁统计”原则
B. “谁法人随谁统计”的统计范围和“谁发工资谁统计”原则
C. “谁拿工资统计谁”的统计范围和“为谁工作谁统计”原则
D. “谁法人随谁统计”的统计范围和“为谁工作谁统计”原则

23. 企业人力资源包括（　　）。
A. 自费脱产学习人员　　B. 由本单位支付工资的计划外员工
C. 出国探亲人员　　D. 参加劳动的在校学生

24. 下列哪一类人员不属于企业人力资源（　　）。
A. 由本单位支付工资的编制外人员
B. 不再由本单位支付工资的实行个人承包人员
C. 由本单位支付工资的未出勤人员
D. 由本单位支付工资的、临时在国外的工作人员

25. 微观层面企业人力资源净增量非零而宏观层面社会人力资源净增量为零的人力资源规模变动状况，我们称之为人力资源规模的（　　）。
A. 自然变动　　B. 增量变动
C. 机械变动　　D. 减量变动

26. 假如微观层面企业人力资源的增加或减少最终影响到宏观层面的社会人力资源规模总量，那么则称之为人力资源规模的（　　）。
A. 自然变动　　B. 增量变动

C. 机械变动　　D. 减量变动

27. 第一次到工作单位报到的大专毕业生小赵，或者是达到法定工作年龄开始走上就业之路的小钱，或者是归国定居的就业人员小孙，或者是一直扮演贤妻良母角色最后终于迈出家门走上工作岗位的小李，或者是青年时参军现退伍并找到工作单位的小周，或是年轻时落下莫名疾病终遇良医脱胎换骨走上从业之路的小吴，诸如赵钱孙李周吴这类从业人员，均对应着人力资源规模的（　　）。

A. 增量变动　　B. 自然变动的增量

C. 减量变动　　D. 自然变动的减量

28. 对于已退休休闲在家的老何，或者是因病或工伤丧失劳动力赋闲在家的老许和老孔，或者是因病死亡的老姜，或者是选择移民定居海外的老曹，或者因犯罪而入狱的老谢等，诸如何许孔姜曹谢等，均对应着人力资源规模的（　　）。

A. 增量变动　　B. 自然变动的增量

C. 减量变动　　D. 自然变动的减量

29. 对于现有劳动力在不同行业、不同企业、不同地区、不同岗位之间流动，但在整个流动过程当中整个社会的劳动力总量维持不变，则是人力资源规模的（　　）。

A. 自然变动　　B. 机械变动

C. 减量变动　　D. 增量变动

30. 一直从事文艺工作但因家人不满意最终换到“高大上”的银行柜台工作的小郑，或者是嫌 A 工作单位工作辛苦而工资报酬太低最终跳槽到同行业 B 单位的小王，或者是多年饱受异地恋之苦最终从广州分公司跳至北京总部的小杨，或者是因多次销售业绩太差被公司从销售岗位调到客服岗位的小朱，诸如郑王杨朱这类人员的人力资源流动，劳动力在不同企业只是此增彼减而总量不变的情形，均归属于人力资源规模的（　　）。

A. 自然变动　　B. 增量变动

C. 机械变动　　D. 减量变动

31. 主要指该企业人力资源增加的数量来自企业招募到的第一次进入劳动力市场的劳动者的形式是（　　）。

A. 自然增员　　B. 自然减员

C. 机械增员　　D. 机械减员

32. 主要指该企业人力资源增员主要来自其他行业或企业减少的劳动力资源的形式是（　　）。

A. 自然增员　　B. 自然减员

C. 机械增员　　D. 机械减员

33. 主要指该企业人力资源减少的数量来自企业现有劳动力退出整个劳动力市场的形式是（　　）。

A. 自然增员　　B. 自然减员

C. 机械增员　　D. 机械减员

34. 主要指从该企业调出或者跟该企业解除劳动合同而进入其他企业的劳动者数量的形式是（　　）。

A. 自然增员　　B. 自然减员
C. 机械增员　　D. 机械减员

35. 企业人员变动时，机械增员对应的人数变动是（　　）。
A. 新增人数　　B. 流入人数
C. 减少人数　　D. 流出人数

36. 企业人员变动时，机械减员对应的人数变动是（　　）。
A. 新增人数　　B. 流入人数
C. 减少人数　　D. 流出人数

37. 我国现有职业结构分类主要依据《中华人民共和国职业分类大典》（简称《大典》），至今该《大典》的大类结构和分类依然保持不变。沿用的《大典》职业结构大类与中类分别有（　　）。
A. 66 个和 413 个　　B. 8 个和 66 个
C. 66 个和 1838 个　　D. 413 个和 1838 个

38. 我国企业人力资源的职业等级结构一般采用（　　）个等级的职业资格结构。
A. 8　　B. 4
C. 10　　D. 5

39. 担负领导职责或管理任务的工作岗位是（　　）。
A. 管理岗位　　B. 专业技术岗位
C. 工勤技能岗位　　D. 工作岗位

40. 从事专业技术工作，具有相应专业技术水平和能力要求的工作岗位是（　　）。
A. 管理岗位　　B. 专业技术岗位
C. 工勤技能岗位　　D. 科研岗位

41. 从事简单体力工作或一般技术工种的岗位是（　　）。
A. 管理岗位　　B. 专业技术岗位
C. 工勤技能岗位　　D. 后勤岗位

42. 当主副岗位并不是那么明晰时，此时应该依据什么标准去判断哪个是主岗位，哪个是副岗位？从实际操作层面看，可以依据（　　）。
A. 工资发放关系进行划分
B. 实际工作时长进行划分
C. 工资发放关系和实际工作时长进行划分，其中工资发放关系为辅，实际工作时长为主
D. 工资发放关系和实际工作时长进行划分，其中工资发放关系为主，实际工作时长为辅

43. 工期结构根据时间长度，可分为长期、中期、短期和临时四种，其中中期是指（　　）。
A. 时间长度已经满 10 年或以上　　B. 时间长度大于 3 年小于 10 年
C. 时间长度在 1～3 年　　D. 时间长度在 1 年之内

44. 度量劳动者相互协调合作完成工作的团队合作能力，可以客观测度和反映个体在团队工作中的协调配合程度的指标是（　　）。

A. 劳动积极性　　B. 团队合作能力
C. 独立劳动能力　　D. 工作能力

二、多项选择题

1. 在企业人力资源的规模统计中，以下哪些是观察并统计企业人力资源在一定时间内的人员数量、构成及变动情况的主要角度（　　）。
A. 存量　　B. 增量
C. 动态比较　　D. 静态比较
E. 变量

2. 企业人力资源规模是指（　　）。
A. 企业所拥有的具有能够从事生产活动的脑力劳动者的总人数
B. 企业所拥有的具有能够从事生产活动的脑力和体力劳动者的总人数
C. 企业所拥有的具有能够从事生产活动的体力劳动者的总人数
D. 从事的工作或服务与该企业相关联，并由该企业支付劳动报酬或工资的从业人员数
E. 以上都不对

3. 核算企业人力资源规模时，从企业统计核算实践操作来看，企业依据工资发放设立的两大统计原则是指（　　）。
A. "为谁工作谁统计"　　B. "谁发工资谁统计"
C. "谁拿工资统计谁"　　D. "不重不漏"
E. "谁法人随谁统计"

4. 核算企业人力资源规模时，从企业统计核算实践操作来看，企业依据工作关系设立的两大统计范围是指（　　）。
A. "为谁工作谁统计"　　B. "谁发工资谁统计"
C. "谁拿工资统计谁"　　D. "不重不漏"
E. "谁法人随谁统计"

5. 从工作隶属关系解决员工人力资源划分问题的统计原则是（　　）。
A. "为谁工作谁统计"　　B. "谁发工资谁统计"
C. "谁拿工资统计谁"　　D. "不重不漏"
E. "谁法人随谁统计"

6. 企业人力资源的社会属性结构包括（　　）。
A. 企业人力资源的等级结构　　B. 企业人力资源的岗位结构
C. 企业人力资源的民族结构　　D. 企业人力资源的工期结构
E. 企业人力资源的职业结构

7. 人力资源规模的存量统计可以采用的统计指标是（　　）。
A. 减员规模　　B. 时点规模
C. 时期规模　　D. 增员规模
E. 人员净增规模

8. 规模的增量统计可以采用的统计指标是（　　）。

A. 减员统计　　B. 人员变动平衡统计
C. 人员周转统计　　D. 增员统计
E. 人员净增统计

9. 常用的时期规模统计指标，分别为（　　）。
A. 月平均人数　　B. 季度平均人数
C. 年平均人数　　D. 半年平均人数
E. 周平均人数

10. 从企业人力资源结构角度来看，常用的统计口径有（　　）。
A. 劳动者的自然属性　　B. 劳动者的社会属性
C. 劳动者的生活属性　　D. 劳动者的单位属性
E. 劳动者的环境属性

11. 企业人力资源的岗位结构可分为（　　）。
A. 工勤技能岗位　　B. 管理岗位
C. 等级岗位　　D. 专业技术岗位
E. 工期岗位

12. 企业人力资源素质综合评价的原则包括（　　）。
A. 最优分析原则　　B. 数量分析原则
C. 次优分析原则　　D. 整体分析原则
E. 模糊灰色原则

13. 企业人力资源素质评价普遍采用的方法（　　）。
A. 最优分析方法　　B. 数量分析方法
C. 简单加权方法　　D. 层次分析方法
E. 模糊灰色方法

14. 以下能反映劳动积极性的指标有（　　）。
A. 劳动行为　　B. 劳动态度
C. 劳动效果　　D. 出勤率
E. 劳动生产率

15. 企业从业人员包括（　　）。
A. 长期职工　　B. 再就业的离、退休人员
C. 参加企业生产劳动等的在校学生　D. 临时职工
E. 由本单位支付工资的人员

16. 统计企业人力资源数量时，应在统计范围之内的人员有（　　）。
A. 因故未出勤但工资由本单位支付的人员
B. 不在编制内的但工资由本单位支付的人员
C. 劳动计划外使用的，工资不由本单位支付的人员
D. 临时派到外单位工作其工资由本单位发放的人员
E. 临时派到国外工作或在试用期间的人员

17. 工作时长是从劳动者角度去考虑人力资源的工期结构问题，而从企业角度来看，依

据它与劳动者所签订的劳动合同期限，可以划分为（　　）。

A. 长期职工　　B. 中期职工

C. 短期职工　　D. 临时工

E. 合同职工

18. 反映劳动者质量的核心指标，也是企业人力资源素质指标体系中的重要统计指标的是（　　）。

A. 劳动积极性　　B. 团队合作能力

C. 独立劳动能力　　D. 表达能力

E. 工作经验

19. 企业人力资源统计范围的人员不包括（　　）。

A. 实行个人承包，离开单经营，不再由原单位支付工资的人员

B. 经单位批准停薪留职、自费脱产学习、出国探亲及离开单位自谋出路的人员

C. 由本单位发放工资的人员

D. 参加企业生产劳动的在校学生

E. 已由国家司法部门法办，在一定时期内剥夺政治权利的犯罪分子

三、简答题

1. 简述简单加权方法的基本思路。
2. 企业在进行人力资源规模统计时，需要注意哪些潜在的统计原理？
3. 简述企业人力资源的自然属性结构包含的内容。
4. 简述企业人力资源素质综合评价的特点。
5. 简述企业人力资源的社会属性结构包含的内容。
6. 简述企业人力资源素质的指标体系。
7. 简述企业人力资源素质综合评价的原则。
8. 简述企业人力资源素质综合评价的具体程序。

四、论述题

1. 论述层次分析法的基本思路。
2. 论述对企业人力资源素质进行综合评价的方法。
3. 论述企业人力资源的结构统计内容。
4. 论述企业规模的增量统计内容。

参考答案

一、单项选择题

1. D	2. D	3. D	4. B	5. B
6. D	7. A	8. C	9. D	10. C
11. C	12. D	13. B	14. A	15. B
16. D	17. B	18. C	19. A	20. D
21. A	22. D	23. B	24. B	25. C
26. A	27. B	28. D	29. B	30. C
31. A	32. C	33. B	34. D	35. B
36. D	37. B	38. D	39. A	40. B
41. C	42. D	43. B	44. B	

二、多项选择题

1. ABC	2. BD	3. AB	4. CE	5. AE
6. ABDE	7. BC	8. ABCDE	9. ABCD	10. AB
11. ABD	12. ABDE	13. CD	14. ABCDE	15. ABDE
16. ABDE	17. ABCD	18. ABC	19. ABDE	

三、简答题

1. 简单加权方法，顾名思义，就是对于每个具体观测值赋予相应权重，并累加各个观测值与权重的相乘结果，由此得到一个综合结果。假如具体观测值用 x_i 表示，该观测值赋予的权重用 p_i 表示，指标体系共有 n 个，则最终结果表示为

$$评价结果=\sum_{i=1}^{n} p_i x_i$$

2. 企业在进行人力资源规模统计时，需要注意这样一条潜在的统计原理：工资发放是核心，工作关系是补充，企业能否自由支配劳动力资源是关键。

3. 企业人力资源的自然属性结构包含的内容有：①企业人力资源的性别结构；②企业人力资源的年龄结构；③企业人力资源的学历结构；④企业人力资源的民族结构。

4. 从企业人力资源素质的综合评价来看，它具有以下四个方面的特点：

（1）数量化。早期实践和研究主要是从主观角度评价企业人力资源素质。

（2）综合性。企业人力资源素质的综合评价是一个合成指标，它具有综合性特征。

（3）模糊性。这样一个特点主要是与人力资源素质这样一个宽泛的概念有关。

（4）动态性。人力资源素质所涉及的劳动者意识、心理、生理及能力等各方面特征会随时间变化而变化。

5. 企业人力资源的社会属性结构包含的内容有：①企业人力资源的职业结构；②企业人力资源的等级结构；③企业人力资源的岗位结构；④企业人力资源的工期结构。

6. 在企业人力资源的结构统计指标当中，企业人力资源的学历结构和等级结构则是例外，它们不仅提供了相关人力资源结构的数量信息，也间接反映出不同质量的人力资源分布情况。除了学历结构和等级结构指标外，劳动积极性、独立劳动能力和团队合作能力均可反映出企业劳动力的质量问题，这些能够集中反映企业劳动力质量高低程度的指标可统称为企业人力资源的素质统计指标体系。

7. 企业人力资源素质综合评价的原则包括：①数量分析原则；②整体分析原则；③模糊灰色原则；④最优分析原则。

8. 企业人力资源素质综合评价的具体程序是：①选择综合评价的对象和范围；②选择企业人力资源素质的指标体系；③选择指标体系的权重关系；④评估和评价企业人力资源素质。

四、论述题

1. 层次分析法（analytic hierarchy process，AHP）是一种系统分析方法。它是将与决策相关的元素分解成目标、准则和方案等层次，核心思想是在各层次或各方案之间进行两两比较，然后把两两比较的结果通过简单赋值 1～9 及其倒数的方式构造出成对比较矩阵，经运算可得出每个方案相对于总目标的相对权重。每个准则对于各个方案的影响程度不同，即得到不同权重分配下的效用；选择最大效用的方案，就可得到最优的决策方案。在这当中，目标层、准则层和方案层之间的权重关系很重要，它会直接影响最终分析结果。

2. 企业人力资源素质的综合评价，是指依据企业人力资源素质的指标体系，测度每个人力资源素质指标的具体度量值，并赋予各个指标体系合适的权重关系，经简单加总得到一个企业人力资源素质的综合评价指数，由此综合和量化指标客观评价企业人力资源的质量及素质。它可为同行业不同企业、同企业不同机构或部门提供企业人力资源素质的科学比较和评估基础，为人力资源的合理和优化配置提供决策依据。

（1）综合评价的特点。从企业人力资源素质的综合评价来看，它具有以下四个方面的特点：①数量化，早期实践和研究主要是从主观角度评价企业人力资源素质；②综合性，企业人力资源素质的综合评价是一个合成指标，它具有综合性特征；③模糊性，这样一个特点主要与人力资源素质这样一个宽泛的概念有关；④动态性，人力资源素质所涉及的劳动者意识、心理、生理及能力等各方面特征会随时间变化而变化。

（2）综合评价的原则。①数量分析原则；②整体分析原则；③模糊灰色原则；④最优分析原则。

（3）综合评价的程。①选择综合评价的对象和范围；②选择企业人力资源素质的指标体系；③选择指标体系的权重关系；④评估和评价企业人力资源素质。

（4）企业人力资源素质评价的方法。由上述综合评价的四个阶段可知，在明确评估对象、选择指标体系和权重关系之后，我们还需要采用合适的分析方法。普遍采用的方法有简单加权方法和层次分析方法。

3. 从企业人力资源结构角度来看，可以有两种不同的统计口径：一种是从劳动者的自然属性区分不同结构；另一种则是从劳动者所从事的不同社会工作类型（即社会属性）区分不同结构。具体划分情形如下：

（1）企业人力资源的自然属性结构。企业人力资源的自然属性结构，主要是指从劳动者的性别、年龄、受教育程度和民族等社会经济人口特征等自然属性划分企业人力资源规模。包括：①企业人力资源的性别结构；②企业人力资源的年龄结构；③企业人力资源的学历结构；④企业人力资源的民族结构。

（2）企业人力资源的社会属性结构。包括：①企业人力资源的职业结构；②企业人力资源的等级结构；③企业人力资源的岗位结构；④企业人力资源的工期结构。

4. 企业人力资源规模的增量统计，是指某一个时期内企业人力资源数量的变动情况，它是基于比较静态分析角度统计人力资源规模变动状况。

不同类型的人力资源变动状况，往往会对应人力资源规模的自然变动或机械变动。从微观层面看，企业人力资源增量统计主要是看增量还是减量，它对应企业人力资源的增员或者减员情形。因而，结合宏微观层面，我们可以得到四个不同的组合：自然增员、机械增员、自然减员和机械减员，并分别用新增人数、流入人数、减少人数和流出人数依序对应相应组合人员。

（1）增员统计。增员统计主要是指某一段时间内企业人力资源增量是增加的情形。这样一个人力资源增员类型，可以再细分为自然增员和机械增员两种不同情形。

（2）减员统计。减员统计和增员统计其实是一个硬币的两个方面。减员统计主要是指某一段时间内企业人力资源增量是减少的情形。这样一个人力资源减员类型，也可细分为自然减员和机械减员两种不同情形。

（3）人员净增统计。人员的净增统计，主要是不考虑人力资源的自然变动或机械变动情形，而只考虑企业人力资源在某段时间内的净增量变化。净增可以是正数的增员，也可以是负数的减员。

（4）人员周转统计。从企业人员周转率来看，存在着三个不同的统计指标：企业人力资源流入率、企业人力资源流出率和企业人力资源总周转率。

（5）人员变动平衡统计。从人员变动来看，企业人力资源流入和流出的规模与企业基期和报告期的企业人力资源总量是联系在一起的，这可通过平衡公式或平衡表进行表示。

第3章　时间配置与利用统计

考核内容

1. 掌握时间配置的概念与分类。
2. 掌握时间配置与利用统计的目标与任务。
3. 掌握劳动时间的构成与核算公式。
4. 掌握非劳动时间配置的基本分类。
5. 掌握非劳动时间分配统计的目的。
6. 掌握非劳动时间分配的统计指标和内容。
7. 管理与工程技术人员时间配置与利用统计。

一、时间配置与利用概述

(一)时间配置的概念与分类

1. 时间配置的概念

时间配置是指人们在一天(24小时)的时间里所从事的工作、学习、料理家务和娱乐等各种活动所消耗的时间分配比例。

2. 时间配置的基本分类

时间配置的基本分类如图 3-1 所示。

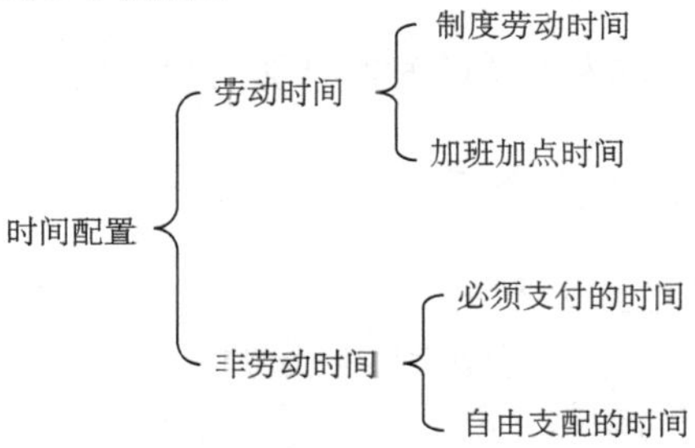

图 3-1　时间配置的基本分类

(1)劳动时间是指劳动者从事有酬社会劳动所花费的时间。
(2)非劳动时间是指劳动者从事无报酬社会劳动耗费的时间。

(二)时间配置与利用的意义

(1)劳动时间配置与利用统计分析的意义。
(2)非劳动时间配置与利用统计分析的意义。

(三)时间配置与利用统计的目标与任务

(1)为企业编制各种计划和检查执行情况、加强成本核算提供基础资料。
(2)为企业合理设置相关组织部门、不断提高劳动生产率提供参考资料。
(3)为企业合理分配劳动成果提供工作量依据。
(4)研究非劳动时间的变化,为反映社会发展程度提供依据。
(5)研究一些特殊群体的时间配置与利用情况,为不同时期社会发展需要提供资料。

二、劳动时间配置与利用统计

(一)劳动时间的构成与核算

1. 劳动时间的构成

劳动时间的构成如图 3-2 所示。

<table>
<tr><td colspan="7">日历时间</td></tr>
<tr><td colspan="2">制度公休时间</td><td colspan="5">制度劳动时间</td></tr>
<tr><td rowspan="3">实际公休时间</td><td rowspan="3">加班加点时间</td><td colspan="4">出勤时间</td><td>缺勤时间</td></tr>
<tr><td rowspan="2">制度内实际劳动时间</td><td colspan="2">停工时间</td><td rowspan="2">非生产时间</td><td rowspan="2"></td></tr>
<tr><td>停工被利用时间</td><td>停工损失时间</td></tr>
<tr><td></td><td colspan="3">全部实际劳动时间</td><td colspan="3"></td></tr>
</table>

图 3-2　劳动时间构成

2. 劳动时间的核算

劳动时间的核算分为以工日为单位的时间计算与以工时为单位的时间计算。

（二）劳动时间的利用程度分析

（1）劳动时间利用的统计分析方法。
（2）劳动时间利用程度的静态统计指标与分析。
（3）劳动时间利用情况的动态分析。

（三）劳动时间的损益与利用潜力分析

（1）劳动时间未能充分利用的原因分析。
（2）劳动时间利用的损益分析。
（3）劳动时间利用潜力分析。

（四）劳动时间平衡表的编制与运用

三、非劳动时间配置与利用统计

（一）非劳动时间配置的基本分类

非劳动时间配置的基本分类如图 3-3 所示。

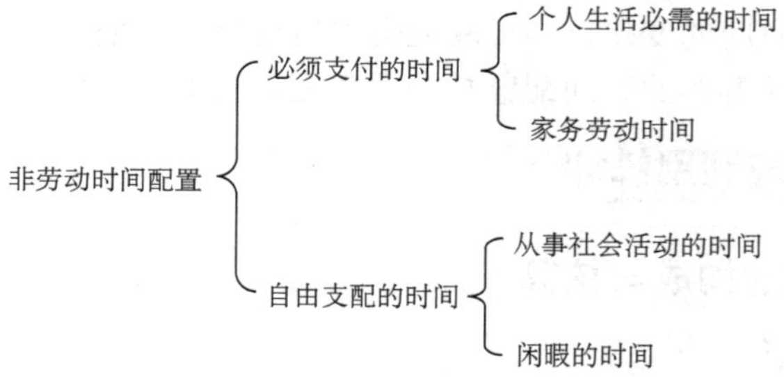

图 3-3　非劳动时间配置的基本分类

（1）必须支付的时间。
（2）自由支配的时间。

（二）非劳动时间分配统计的目的

（1）了解人们的社会生活方式，合理引导人们配置和利用非劳动时间。
（2）解决家务劳动负担过重的问题。
（3）不断增加闲暇时间的配置。
（4）为经济与文化建设提供各种信息。

（三）非劳动时间分配的统计指标和内容

（1）上下班路途时间。
（2）个人生活必需的时间。
（3）家务劳动时间。
（4）从事社会活动时间。
（5）闲暇时间。

四、管理与工程技术人员时间配置与利用统计

（一）研究管理和工程技术人员时间配置与利用的意义

（二）研究管理和工程技术人员时间配置与利用的一般方法

（1）管理和工程技术人员与生产工人时间构成的差异。
（2）研究管理和工程技术人员时间利用的方法。

（三）管理和工程技术人员劳动时间利用统计分析

（1）管理和工程技术人员劳动时间利用程度指标与分析。
（2）管理和工程技术人员劳动时间损失统计指标与分析。

（四）工程技术人员时间配置与利用应注意的其他问题

（1）连续工作时间。
（2）辅助工作时间。
（3）家务劳动时间。
（4）闲暇时间。

重点和难点

本章重点是掌握时间配置的基本分类、时间配置与利用统计的目标与任务、劳动时间的构成与核算、劳动时间平衡表的编制与运用、非劳动时间的基本分类、非劳动时间分配统计的目的、非劳动时间分配的统计指标和内容、研究管理和工程技术人员时间配置与利用的一般方法及一些问题。难点是劳动时间的构成与核算、掌握劳动时间配置与利用统计计算公式、劳动时间平衡表的编制与运用。

同步综合练习题

一、单项选择题

1. 企业劳动者在单位从事生产与管理等活动所花费的时间是指（　　）。

A. 劳动时间　　B. 非劳动时间

C. 日历时间　　D. 非生产时间

2. 劳动者从事无报酬社会劳动耗费的时间是指（　　）。

A. 劳动时间　　B. 非劳动时间

C. 加班时间　　D. 非生产时间

3. 劳动时间的核算依据是（　　）。

A. 按照工业企业正式职工的劳动时间进行核算的

B. 按照工业企业从业人员的劳动时间进行核算的

C. 按照工业企业生产工人的劳动时间进行核算的

D. 按照工业企业基本生产工人的劳动时间进行核算的

4. 在一定时期内所拥有的全部可能劳动时间是指（　　）。

A. 制度劳动时间　　B. 出勤时间

C. 日历时间　　D. 非生产时间

5. 报告期内国家（或企业）制度规定员工休息的节日、假日时间总和是指（　　）。

A. 制度劳动时间　　B. 制度公休时间

C. 全部实际劳动时间　　D. 制度内实际劳动时间

6. 由于某种原因，工人在公休日内未休息而进行加班或加点的时间是指（　　）。

A. 加班加点时间　　B. 制度公休时间

C. 全部实际劳动时间　　D. 制度内实际劳动时间

7. 按照国家（或企业）制度规定应该出勤上班劳动的时间是指（　　）。

A. 制度劳动时间　　B. 制度公休时间

C. 全部实际劳动时间　　D. 制度内实际劳动时间

8. 在规定的制度劳动时间内实际上班的时间，一般指报告期内制度劳动日实际上班人数的累计是指（　　）。

A. 制度劳动时间　　B. 出勤时间

C. 缺勤时间　　D. 非生产时间

9. 企业员工按制度应该上班参加工作，但由于员工本身的原因未能上班参加工作的时间是指（　　）。

A. 制度劳动时间　　B. 出勤时间

C. 缺勤时间　　D. 非生产时间

10. 企业员工在执行国家或社会义务，或经企业指定从事其他社会活动而未能从事本企业劳动的时间是指（　　）。

A. 停工时间　　B. 出勤时间

C. 缺勤时间　　D. 非生产时间

11. 参加各种会议、选举、参观、听报告等的时间属于（　　）。

A. 停工时间　　B. 停工被利用时间

C. 非生产时间　　D. 缺勤时间

12. 在出勤时间内由于某种原因未能从事生产工作而浪费的时间是指（　　）。

A. 停工损失时间　　B. 停工被利用时间

C. 非生产时间　　D. 缺勤时间

13. 员工停工后被调做非本职工作或其他非生产性劳动所占用的时间是指（　　）。

A. 停工时间　　B. 停工被利用时间

C. 停工损失时间　　D. 缺勤时间

14. 企业员工在制度规定的劳动时间内实际从事生产或工作活动的时间是指（　　）。

A. 制度劳动时间　　B. 出勤时间

C. 全部实际劳动时间　　D. 制度内实际劳动时间

15. 做饭、购物、缝洗、清扫、照料家庭成员等时间属于（　　）。

A. 个人生活必需的时间　　B. 闲暇时间

C. 从事社会活动的时间　　D. 家务劳动时间

16. 以下正确计算制度内实际劳动工时的公式是（　　）。

A. 制度内实际劳动工时＝制度劳动工时－（缺勤工时＋停工工时＋非生产工时）－停工被利用工时

B. 制度内实际劳动工时＝制度劳动工时－（缺勤工时－停工工时＋非生产工时）＋停工被利用工时

C. 制度内实际劳动工时＝制度劳动工时－（缺勤工时＋停工工时－非生产工时）＋停工被利用工时

D. 制度内实际劳动工时＝制度劳动工时－（缺勤工时＋停工工时＋非生产工时）＋停工被利用工时

17. 企业员工在报告期内实际从事生产活动的时间是指（　　）。

A. 制度劳动时间　　B. 出勤时间

C. 全部实际劳动时间　　D. 制度内实际劳动时间

18. 反映劳动时间构成最基本的数据，是生产工人劳动时间自然极限的时间是（　　）。

A. 制度劳动时间　　B. 出勤时间

C. 日历时间　　D. 制度内实际劳动时间

19. 劳动时间中最重要的部分，也是最核心的部分是指（　　）。

A. 制度劳动时间　　B. 出勤时间

C. 全部实际劳动时间　　D. 制度内实际劳动时间

20. 考核企业劳动时间利用程度充分与否的标准是（　　）。

A. 制度劳动时间　　B. 加班加点时间

C. 全部实际劳动时间　　D. 制度内实际劳动时间

21. 能比较精确地反映企业员工实际用于生产活动上劳动时间的总量是（　　）。

A. 制度劳动时间　　B. 制度公休时间
C. 全部实际劳动时间　　D. 制度内实际劳动时间

22. 既能反映出最大可能利用的劳动时间，又能考核企业劳动时间利用情况的基础是（　　）。
A. 制度内实际劳动时间　　B. 全部实际劳动时间
C. 出勤时间　　D. 制度劳动时间

23. 作为志愿者参与社会公益、扶贫、救助及探亲、应酬等活动属于（　　）。
A. 个人生活必需的时间　　B. 闲暇时间
C. 从事社会活动的时间　　D. 家务劳动时间

24. 在劳动现场对员工的劳动轮班时间利用情况按时间消耗的顺序进行实地观察、逐项记录的方法是（　　）。
A. 专人劳动日写实　　B. 工时抽样
C. 劳动日写实　　D. 自我劳动日写实

25. 由员工本人按顺序记录自己在劳动轮班中的各项时间消耗，经部门或主管领导审阅后，再进行汇总统计和分析的方法是（　　）。
A. 专人劳动日写实　　B. 工时抽样
C. 劳动日写实　　D. 自我劳动日写实

26. 指定专人对特定对象的劳动时间利用进行跟踪记录的一种写实方式是（　　）。
A. 专人劳动日写实　　B. 工时抽样
C. 劳动日写实　　D. 自我劳动日写实

27. 睡眠、饮食、个人卫生保健、休息等时间属于（　　）。
A. 个人生活必需的时间　　B. 闲暇时间
C. 从事社会活动的时间　　D. 家务劳动时间

28. 业余学习、上网冲浪、看电视电影、教育子女时间属于（　　）。
A. 个人生活必需的时间　　B. 闲暇时间
C. 从事社会活动的时间　　D. 家务劳动时间

29. 饮食、睡眠、卫生保健时间属于（　　）。
A. 闲暇时间　　B. 可自由支配的时间
C. 工作时间　　D. 必须支付的时间

30. 工作时间构成中最重要的和最核心的部分是（　　）。
A. 制度工日数　　B. 全部实际工作工日数
C. 制度内实际工作时间　　D. 停工被利用工日数

31. 参加社会性的抢险救灾活动属于（　　）。
A. 缺勤工日　　B. 非生产工日
C. 加班工日　　D. 停工工日

32. 下列计算制度内实际工作时间的公式正确的是（　　）。
A. 制度内实际工作时间＝制度工作时间－出勤时间－停工时间－非生产时间
B. 制度内实际工作时间＝制度工作时间－停工时间－非生产时间＋停工被利用时间

C. 制度内实际工作时间＝出勤时间－停工时间－非生产时间＋停工被利用时间
D. 制度内实际工作时间＝制度工作时间＋缺勤时间－非生产时间

33. 按工时计算出勤率的计算方法是（　　）。
A. 出勤工时数÷实作工时数
B. 出勤工时数÷日历工时数
C. 出勤工时数÷制度工时数
D. 出勤工时数÷制度内实际工作工时数

34. 在工作时间核算中停工被利用时间计入（　　）。
A. 损失时间　　B. 非生产时间
C. 制度内实际工作时间　　D. 制度工作时间

35. 计算工作时间一般采用的单位为（　　）。
A. 以工日与月为单位　　B. 以工日与季度为单位
C. 以工日与分钟为单位　　D. 以工日与工时为单位

36. 下面不属于非工作时间的是（　　）。
A. 社交时间　　B. 上下班路途时间
C. 医疗卫生保健时间　　D. 工间操时间

37. 法定的劳动时间总量是（　　）。
A. 制度工作时间　　B. 日历工作时间
C. 加班加点工作时间　　D. 全部实际工作时间

38. 在工作时间核算中停工被利用时间计入（　　）。
A. 损失的工作时间　　B. 制度内实际工作时间
C. 非生产时间　　D. 制度工作时间

39. 设每天制度工时数为 8 小时，则下列关系式正确的是（　　）。
A. 8×出勤工日数≥出勤工时数　　B. 8×出勤工时数＜出勤工时数
C. 8×出勤工日数＝出勤工时数　　D. 8×出勤工时数≠出勤工时数

二、多项选择题

1. 时间配置受到的制约因素主要有（　　）。
A. 社会生活习惯　　B. 生产力发展水平的制约
C. 传统风俗　　D. 生产关系的制约
E. 道德信仰

2. 时间配置的基本分类是（　　）。
A. 制度劳动时间　　B. 必须支付的时间
C. 自由支配的时间　　D. 劳动时间
E. 非劳动时间

3. 时间配置与利用统计的目标与任务是（　　）。
A. 为企业编制各种计划和检查执行情况、加强成本核算提供基础资料
B. 为企业合理设置相关组织部门、不断提高劳动生产率提供参考资料

C. 为企业合理分配劳动成果提供工作量依据

D. 研究非劳动时间的变化，为反映社会发展程度提供依据

E. 研究一些特殊群体的时间配置与利用情况，为不同时期社会发展需要提供资料

4. 非劳动时间配置的基本分类是（　　）。

A. 制度劳动时间　　B. 必须支付的时间

C. 自由支配的时间　　D. 劳动时间

E. 非劳动时间

5. 非劳动时间分配的统计指标包括（　　）。

A. 上下班路途时间　　B. 个人生活必需的时间

C. 闲暇时间　　D. 从事社会活动时间

E. 家务劳动时间

6. 统计工程技术人员时间配置与利用应注意的问题包括（　　）。

A. 时间利用不充分　　B. 业务不对口

C. 连续工作时间　　D. 辅助工作时间

E. 家务劳动时间

7. 劳动时间配置与利用的意义主要表现在（　　）。

A. 通过对劳动时间配置与利用进行统计分析，可以了解我国企业劳动时间的配置情况是否合理

B. 观察企业劳动时间利用程度与效果是否达标

C. 发现劳动时间配置与利用中的浪费现象，找出其中的原因

D. 发现和总结劳动时间配置与利用方面的宝贵经验，更好地利用时间，从而提高劳动效率，促进社会发展

E. 合理配置必须支付的时间和自由支配的时间，促进人的自由和全面发展

8. 企业合理地利用劳动时间，可以（　　）。

A. 提高企业生产率　　B. 加强企业经营管理

C. 降低成本　　D. 增加产量

E. 提高经济效益

9. 以下公式计算正确的是（　　）。

A. 制度公休工日＝报告期平均人数×制度公休工日数

B. 制度公休工日＝日历工日数－制度劳动工日数

C. 制度公休工时＝报告期平均人数×制度公休工日数×制度劳动日长度

D. 加班加点工日＝制度公休工日数－实际公休工日数

E. 加班加点工时＝加班工日数×制度劳动日长度＋加点工时数

10. 劳动时间利用的静态基本分析指标有（　　）。

A. 出勤率　　B. 制度劳动时间利用率

C. 加班加点强度　　D. 出勤时间利用率

E. 加班加点比重

11. 劳动时间利用的损益分析主要指标有（　　）。

A. 人工成本超支
B. 年制度劳动时间损失程度
C. 月制度劳动时间损失程度
D. 劳动时间损失造成的经济损失
E. 月人均劳动时间损失程度

12. 劳动时间利用的潜力主要计算指标有（　　）。
A. 缺勤和停工时间的潜力
B. 出勤工时利用率的潜力
C. 出勤率的潜力
D. 工时效率的潜力
E. 出勤工时利用率的潜力

13. 企业劳动时间利用情况可以用多种方法进行统计和分析，其中主要有（　　）。
A. 岗位调查
B. 工时抽样
C. 劳动日写实
D. 问卷调查
E. 出勤时间调查

14. 个人生活必需的时间主要包括（　　）。
A. 睡眠时间
B. 饮食时间
C. 个人卫生时间
D. 休息时间
E. 个人医疗保健时间

15. 家务劳动时间主要包括（　　）。
A. 购买商品时间
B. 做饭时间
C. 缝洗时间
D. 照顾家庭成员时间
E. 清洁、维修房屋时间

16. 通过分析影响企业管理与工程技术人员（不能）充分利用劳动时间的主要原因，可以（　　）。
A. 研究寻找提高他们时间利用程度的有效途径
B. 有利于提高他们的工作效率，促进企业的进步与发展
C. 努力减少他们不必要的非劳动时间支付
D. 最大限度地利用他们的专业专长
E. 最大限度地发挥他们的作用

17. 管理和工程技术人员与生产工人时间构成中存在的差异主要表现在（　　）。
A. 管理和工程技术人员时间构成中存在非生产时间
B. 生产工人时间构成中存在非生产时间
C. 管理和工程技术人员时间构成中存在停工被利用时间
D. 生产工人时间构成中存在停工被利用时间
E. 管理和工程技术人员时间构成中不存在非生产时间

18. 管理和工程技术人员劳动时间损失统计指标主要表现在（　　）。
A. 业务不对口造成的时间损失
B. 劳动时间利用不充分造成的工时损失
C. 连续工作时间过长造成的时间损失
D. 辅助工作时间过长造成的时间损失
E. 家务劳动时间过长造成的时间损失

19. 管理和工程技术人员劳动时间利用程度的特殊指标包括（　　）。
A. 岗位劳动负荷率　　B. 岗位劳动时间利用率
C. 加班加点强度　　D. 加班加点程度
E. 非岗位劳动时间利用率

三、简答题

1. 简述时间配置的基本分类。
2. 简述时间配置与利用统计的具体任务。
3. 简述非劳动时间配置的基本分类。
4. 简述非劳动时间分配统计的目的。
5. 简述非劳动时间分配的统计指标。
6. 简述时间配置的制约因素。
7. 简述非劳动时间配置与利用统计分析的意义。
8. 简述企业时间配置与利用统计的目标。
9. 简述准确核算劳动时间的方法。
10. 简述劳动时间利用的潜力主要计算指标。
11. 简述研究管理和工程技术人员时间配置与利用的意义。

四、论述题

1. 论述劳动时间平衡表的主要内容。
2. 论述劳动时间平衡表的功能。
3. 画出劳动时间的构成关系图。

五、计算题

1. 某企业某月份（30天）公假8天，采取一班制劳动，生产工人月平均人数为2000人，其他情况如表3-1所示。

表3-1　　单位：工日

项目	合计	项目	合计
缺勤工日	1000	停工被利用工日	300
停工工日	400	加班工日	6000
非生产工日	800		

问题：该企业该月的日历工日数、公假工日数、制度工日数、出勤工日数、制度内实际工作工日数、全部实际工日数。

2. 某制造企业1月份（31天）有制度公休日9天，采取一班制劳动，每班8小时，生产工人月平均人数为500人，其他情况如下：全日缺勤300工日，非全日缺勤600工时；全日停工50工日，其中被利用40工日，非全日停工300工时；全日非生产40工日，非全日非生产100工时；公休日加班200工日，加点300小时。

问题：计算该企业的日历工时数、公假工时数、制度工时数、缺勤工时数、出勤工时数、停工工时数、非生产工时数、制度内实际工作工时数、加班加点工时数、全部实际工时数。

3. 某企业 2008 年 8 月份（31 天）公假 8 天，采取一班制劳动，生产工人月平均人数为 600 人，其他情况如表 3-2 所示。

表 3-2 单位：工日

项目	合计
缺勤工日	400
停工工日	100
非生产工日	50
加班工日	200
停工被利用工日	80

问题：

（1）分析计算该企业的时间（工日）利用情况的基本分析指标。

（2）分析计算该企业的加班（工日）程度。

六、综合计算分析题

某车间 2008 年 1 月份（31 天）有公假 9 天，采取一班制劳动，生产工人月平均人数为 1200 人，其他情况如下：缺勤 600 工日；停工 600 工日；非生产 200 工日；加班加点 300 工日；停工被利用 200 工日。

（1）计算：①制度工日数；②出勤工日数；③制度内实际工作工日数；④全部实际工日数。

（2）试分析计算该企业的工作时间利用情况。

参考答案

一、 单项选择题

1. A	2. B	3. C	4. C	5. B
6. A	7. A	8. B	9. C	10. D
11. C	12. A	13. B	14. D	15. D
16. D	17. C	18. C	19. D	20. A
21. C	22. D	23. C	24. C	25. D
26. A	27. A	28. B	29. D	30. C
31. B	32. C	33. C	34. C	35. D
36. D	37. A	38. B	39. A	

二、 多项选择题

1. ABCDE　2. DE　3. ABCDE　4. BC　5. ABCDE
6. ABCD　7. ABCD　8. ABCDE　9. ABCDE　10. ABD
11. ACDE　12. ABCDE　13. BCD　14. ABCDE　15. ABCDE
16. ABCDE　17. BDE　18. AB　19. ABE

三、简答题

1. 时间配置的基本分类为：劳动时间是指劳动者从事有酬性社会劳动所花费的时间；非劳动时间是指劳动者从事无报酬社会劳动耗费的时间。其基本分类如图 3-4 所示。

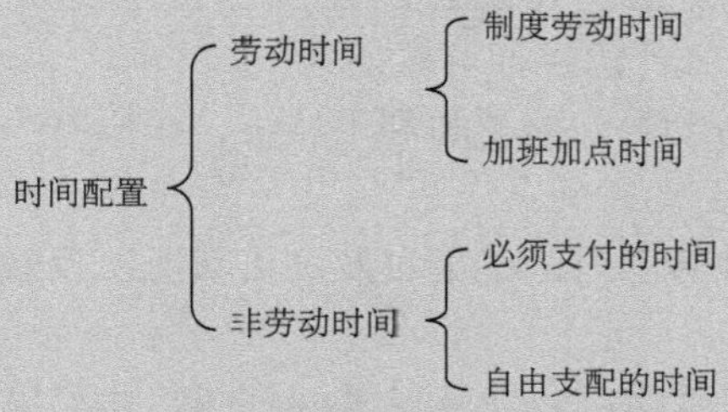

图 3-4　时间配置的基本分类

2. 时间配置与利用统计的具体任务为：

（1）为企业编制各种计划和检查执行情况、加强成本核算提供基础资料；

（2）为企业合理设置相关组织部门、不断提高劳动生产率提供参考资料；

（3）为企业合理分配劳动成果提供工作量依据；

（4）研究非劳动时间的变化，为反映社会发展程度提供依据；

（5）研究一些特殊群体的时间配置与利用情况，为不同时期社会发展需要提供资料。

3. 非劳动时间配置主要包括必须支付的时间与自由支配的时间。具体分类如图3-5 所示。

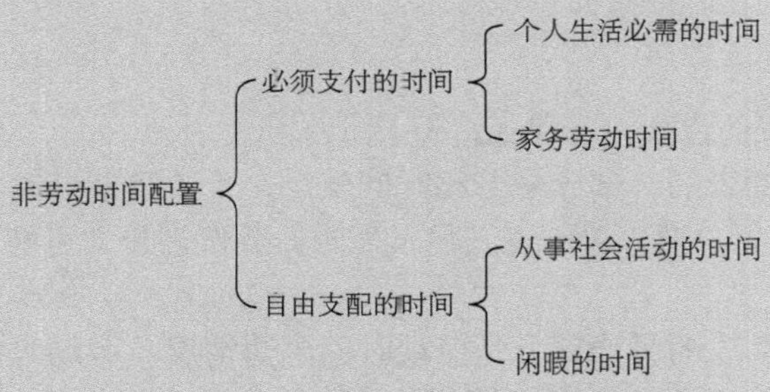

图 3-5　非劳动时间配置的基本分类

4. 非劳动时间分配统计的目的：①了解人们的社会生活方式；②合理引导人们配置和利用非劳动时间；③解决家务劳动负担过重的问题；④不断增加闲暇时间的配置；⑤为经济与文化建设提供各种信息。

5. 非劳动时间分配的统计指标有：①上下班路途时间；②个人生活必需的时间；③家务劳动时间；④从事社会活动时间；⑤闲暇时间。

6. 时间配置受到的制约因素众多，其中主要有以下几个：①生产力发展水平的制约；②生产关系的制约；③社会生活习惯；④传统风俗；⑤道德信仰。

7. 具体表现在：

（1）非劳动时间越长，表明社会生产力水平越高；

（2）自由支配的时间越长，表明社会发展层次越高；

（3）分析必须支付的时间的配置与利用情况，提出减少非劳动时间中必须支付的时间的社会措施；

（4）分析自由支配时间的配置与利用情况，促进员工努力学习科学文化知识和专业技能；

（5）合理配置必须支付的时间和自由支配的时间，促进人的自由和全面发展。

8. 企业时间配置与利用统计的目标可概括为：

（1）研究企业劳动者劳动时间配置与利用状况，提出减少时间损耗的各项措施，促进企业更加合理地配置和利用劳动时间；

（2）研究劳动者各种非劳动时间的配置及利用状况，反映劳动者社会生活质量，促进劳动者的全面而自由发展。

9. 为了准确地核算劳动时间，必须掌握劳动时间的计算单位和劳动时间的构成及核算方法。劳动时间的单位一般有工日和工时两个指标，一个轮班的劳动时间以工日计算，不满一个轮班的劳动时间以工时计算，工日可按照制度劳动日长度折算成工时，而工时却不能折算成工日。

10. 劳动时间利用的潜力主要计算指标有：①缺勤和停工时间的潜力；②出勤工时利用率的潜力；③工时效率的潜力；④出勤率的潜力；⑤出勤工时利用率的潜力；⑥制度工时利用率的潜力；⑦有效工时利用率的潜力。

11. 研究管理和工程技术人员时间配置与利用的意义表现在：①研究寻找提高他们时间利用程度的有效途径；②有利于提高他们的工作效率，促进企业的进步与发展；③努力减少他们不必要的非劳动时间支付；④最大限度地利用他们的专业专长；⑤最大限度地发挥他们的作用。

四、论述题

1. 劳动时间平衡表的主要内容包括：

（1）劳动时间平衡表的一部分是劳动时间资源，反映可能劳动的劳动时间，其中最基本的是制度工日（工时）总数。以制度工日（工时）数作为最大可能劳动时间，并作为劳动时间平衡的基础。

（2）劳动时间平衡表的另一部分是劳动时间配置情况。劳动时间配置除列出制度内实际劳动工日（工时）外，把企业未利用的劳动时间按其性质分为因正当理由而未利用的工日（工时）和浪费的工日（工时）两大类。同时，这两类工日（工时）按其发生的原因分别列出各项工日（工时）数。

（3）劳动时间平衡表还列出加班加点工日（工时）数。应当指出，在劳动时间平衡表中，停工被利用劳动工日（工时）数，既包括在制度内实际劳动工日（工时）内，又包括在全部停工工日（工时）内，在时间利用配置合计中为了避免重复，应将其扣除。

2. 劳动时间平衡表的功能表现在：

（1）通过劳动时间平衡表就可以反映出利用和未利用劳动时间的整个构成，并为进一步进行统计分析和调查研究提供线索；

（2）利用劳动时间平衡表，可以进一步全面系统地分析劳动时间的利用状况；

（3）综合分析各个时期的劳动时间平衡表，可以找出影响劳动时间未能充分利用的长期稳定因素及不同时期影响劳动时间利用的主要原因的变化；

（4）对比同一时期本企业与同类其他企业的劳动时间平衡表，可以发现本企业在劳动时间利用上存在的薄弱环节和问题，并采取有效措施加以改进。

3. 劳动时间的构成关系如图 3-6 所示。

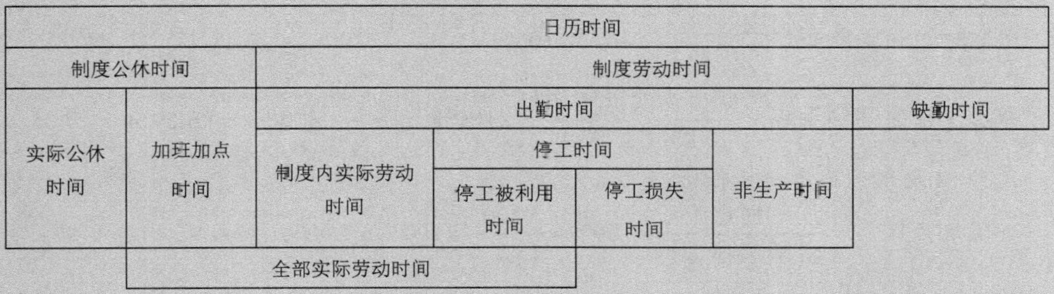

图 3-6　劳动时间构成

五、计算题

1. 解：各种工作时间计算如下：

日历工日数＝2000×30＝60 000（工日）

公假工日数＝8×2000＝16 000（工日）

制度工日数＝日历工日数－公假工日数＝60 000－16 000＝44 000（工日）

出勤工日数＝制度工作时间－缺勤工作时间=44 000－1000＝43 000（工日）

制度内实际工作工日数＝出勤工日－非生产工日－停工工日+停工被利用工日

＝43 000－800－400+300＝42 100（工日）

全部实际工日数＝制度内实际工日＋加班工日＝42 100+6 000＝48 100（工日）

2. 解：各种工时指标计算如下：

日历工时数＝500×31×8=124 000（工时）

公假工时数＝9×501×8=36 000（工时）

制度工时数＝日历工时数－公假工时数=124 000－36 000＝88 000（工时）

缺勤工时数＝8×300+600＝3000（工时）

出勤工时数＝制度工时－缺勤工时=88 000－3000＝85 000（工时）

停工工时数＝8×500+300＝700（工时）

停工被利用工时=8×40＝320（工时）

非生产工时数＝8×40+100＝420（工时）

制度内实际工作工时数＝出勤工时－非生产工时－停工工时＋停工被利用工时

＝85 000－420－700+320＝84 200（工时）

加班加点工时数 = 8×200+300 = 1900（工时）

全部实际工时数 = 制度内实际工时＋加班工时 = 84 200+1900 = 86 100（工时）

3. 解：

（1）先行计算各种工作时间指标：

制度工日数 = 18 600－4800 = 13 800（工日）

出勤工日数 = 13 800－400 = 13 400（工日）

制度内实际工作工日数 =13 400－50－100+80 = 13 330（工日）

全部实际工日数 =13 330+200 = 13 530（工日）

工作时间主要利用指标：

$$出勤率 = \frac{出勤工日}{制度工日}\times100\% = \frac{13\,400}{13\,800}\times100\% = 97.10\%$$

$$出勤时间利用率 = \frac{制度内实际工作日}{出勤工日}\times100\% = \frac{13\,330}{13\,400}\times100\% = 99.48\%$$

$$制度工作时间利用率 = \frac{制度内实际工作日}{制度工作日}\times100\% = \frac{13\,330}{13\,800}\times100\% = 96.59\%$$

（2）加班加点程度分析指标：

$$加班加点比重 = \frac{加班加点工日}{全部实际工日}\times100\% = \frac{200}{13\,530}\times100\% = 1.48\%$$

$$加班强度 = \frac{加班加点工日}{制度内实际工日}\times100 = \frac{200}{13\,330}\times100 = 1.50（工日）$$

注：指标算错而时间算对可酌情给分。

六、综合计算分析题

解：（1）各种工作时间计算如下：

制度工日数 = 日历工日数– 公假工日数 = （31– 9）× 1200 = 26 400（工日）

出勤工日数 = 制度工作时间– 缺勤工作时间= 26400 – 600 = 25 800（工日）

制度内实际工作工日数 = 出勤工日– 非生产工日– 停工工日＋停工被利用工日

= 25 800 – 200 – 600 +200 = 25 200（工日）

全部实际工日数= 制度内实际工日＋加班加点工日= 25 200+300 = 25 500（工日）

（2）工作时间主要利用指标：

$$出勤率 = \frac{出勤工日}{制度工日}\times100\% = \frac{25\,800}{26\,400}\times100\% = 97.73\%$$

$$出勤时间利用率 = \frac{制度内实际工作日}{出勤工日}\times100\% = \frac{25\,200}{25\,800}\times100\% = 97.67\%$$

$$制度工作时间利用率 = \frac{制度内实际工作日}{制度工作日}\times100\% = \frac{25\,200}{26\,400}\times100\% = 95.45\%$$

$$加班加点比重 = \frac{加班加点工日}{全部实际工日}\times100\% = \frac{300}{25\,500}\times100\% = 1.18\%$$

$$平均加班加点强度 = \frac{加班加点工日}{制度内实际工日} = \frac{300}{25200}\times100 = 1.19（工日）$$

第4章 劳动效率与劳动效益统计

考核内容

1. 掌握劳动效率与劳动效益的概念与统计公式。
2. 掌握工业企业劳动生产率统计内容。
3. 掌握企业劳动生产率动态统计指标、劳动生产率指数体系。
4. 掌握影响企业劳动生产率变动的因素分析。
5. 劳动生产率变动对产量和劳动量的影响。
6. 劳动效益统计、分析与评价。

一、劳动效率与劳动效益统计概述

企业的生产经营活动受多种因素的影响和制约，企业的人力资源、生产工具和劳动对象是其进行生产经营活动的基本要素，其中人及人的劳动是公司生产经营活动的最基本的和决定性的因素。人力资源对公司生产经营的影响因素主要表现为劳动力数量和劳动效率。

（一）企业劳动效率的概念及其表现形式

劳动效率是企业劳动者在单位时间内生产产品的能力，或者劳动者通过劳动产生单位劳动成果所消耗的劳动量。前者可以理解为劳动者在一定时期内所生产产品的数量与相应的活劳动消耗量的比值，后者可理解为劳动者在一定时期内的劳动消耗与相应的劳动成果的比值。

劳动效率主要反映劳动者的劳动成果与劳动消耗量之间的对比关系。

用单位劳动时间所创造的劳动成果来表示劳动效率的"正指标"。

用单位劳动成果所消耗的劳动时间来表示劳动效率的"逆指标"。

单位时间生产的产品（产值）越多，表示企业劳动效率越高；反之，则越低。因此，单位时间内生产的产品（产值）数量的多少和劳动效率的高低是成正比的。

平均单位劳动成果所耗用的劳动消耗量越少，则劳动效率水平越高；反之，则越低。单位劳动成果消耗的劳动时间的多少，与劳动效率的高低是成反比的。

劳动效率的正指标与逆指标只是表现形式不同，其经济意义完全一样，从纯数学的角度来看，正指标和逆指标互为倒数。

（二）劳动效率统计的意义与任务

劳动效率水平的高低，对于加速社会经济发展和提高社会生产效益具有重要意义。

（1）各企业劳动效率的提高，是改善和提高劳动者物质文化生活的基础，有利于增加工业总产值，提高全社会全员劳动生产率。

（2）提高劳动效率不仅可以改善劳动条件、减轻劳动强度、提高产品质量，而且还会增加企业效益，推动社会经济的发展。

（3）工业生产的增长，不能单纯依靠增加劳动力的数量，而主要是靠提高劳动效率来实现的。

（4）通过对企业劳动效率的统计分析，能够使企业根据不同劳动效率水平招收劳动力及确定经济发展速度。

（5）通过比较培训前后劳动效率的变化来反映各企业技术培训的效果。

（6）通过对企业劳动效率进行统计分析，为研究和提高企业劳动效率提供服务。

（7）劳动效率指标是考核和评价企业经营业绩最主要的指标之一。

（8）劳动效率指标还是确定劳动报酬、制定劳动定额的依据。

企业劳动效率统计研究的基本任务主要有：

（1）计算各企业劳动效率水平。

（2）计算劳动效率的增长速度。

（3）对各企业劳动效率水平和变动情况进行横向比较，找出其中的差距及制约因素。

（4）研究决定劳动效率变化的各种因素及其影响程度，揭示其发展变化趋势。

（5）研究和分析劳动效率的变化对社会总产量及劳动力变动的影响，推广提高劳动效率的最佳途径。

（三）企业劳动效益的概念及其计算公式

劳动效益是指劳动者在单位劳动消耗量内获得实际收益的能力，或者劳动者通过劳动产生的单位实际收益所消耗的劳动量。

企业劳动活动中“投入”与“产出”的比值，即称为劳动效益。

用单位劳动消耗量产生的实际收益来表示劳动效益的“正指标”。

单位劳动消耗量所带来的实际收益与劳动效益成正比，统计上习惯称为“正指标”。

用单位实际收益所消耗的劳动量来表示劳动效益的“逆指标”。

单位实际收益所消耗的劳动量与劳动效益成反比，统计上习惯称为“逆指标”。

（四）企业劳动效益的分类标准及统计意义

1. 劳动效益的分类标准

根据社会再生产各环节、层次划分，劳动效益可分为以下几类:

（1）单个企业劳动效益和社会整体劳动效益。

（2）内部劳动效益和外部劳动效益。

（3）直接劳动效益和间接劳动效益。

单个企业劳动效益是指从单个企业、单位范围内进行核算的劳动效益；社会整体劳动效益是从一个部门（地区）以至整个社会进行核算的劳动效益。

一个企业经济实体范围内的劳动效益称为内部劳动效益；与该企业相关的经济实体得到的劳动效益称为该企业的外部劳动效益。

直接劳动效益是指一项劳动活动本身直接体现出来的经济收益；间接劳动效益是指通过某个劳动活动间接反映在其他活动方面的经济收益。

2. 劳动效益统计的意义

（1）提高劳动效益是市场经济的要求。

（2）有利于降低企业的劳动消耗。

（3）有利于合理配置劳动力资源。

（4）有利于认识企业劳动活动的规律性。

（5）有利于提高企业的产品质量。

（五）企业劳动效率与劳动效益的关系

劳动效益与劳动效率既有区别，又有联系。从广义上讲，劳动效益包含劳动生产率，两者虽然都是反映劳动者的劳动效率，即反映人力资源的利用效率；而从狭义上讲，劳动效益仅指劳动者为社会提供的实际收益，不包含劳动效率。

劳动效率与劳动效益的主要区别表现在以下几个方面。

（1）反映的生产过程不同。劳动效率一般只反映产品生产过程中的效率情况，而劳动效益则要反映产前决策、产品生产、产品销售、售后服务四个过程的效率和效益。

（2）数量关系不同。劳动效率指标始终大于劳动效益指标。

（3）反映的效果不同。劳动效率只能反映人力资源的生产效率，不能明确反映企业经营效果。而劳动效益更能适应市场经济体制的需要，能更直观地反映企业（或国家）的人力资源所带来的实际收益。

企业在生产经营活动中，必须兼顾劳动生产率和劳动效益的提高。两者数值既不能相差太大，也不能相差太小。相差太大，说明企业产品积压严重或成本过大，相差太小，说明企业生产不足或售后服务等成本过大。只有当劳动生产率和劳动效益保持适当的比例，才能使企业人力资源达到合理利用的程度。

二、工业企业劳动生产率统计

（一）按不同产量指标计算的劳动生产率

1. 按产品产量指标计算的劳动生产率

劳动生产率的实物量指标，是指工业企业在一定时期内所生产的产品实物总量与相应的活劳动消耗量之间的比值。

2. 按产品价值量计算的劳动生产率

（1）按总产值计算的劳动生产率。

（2）按净产值计算的劳动生产率。

（3）按增加值计算的劳动生产率。

3. 按生产工作量指标（产品劳动量）计算的劳动生产率

当企业产品品种繁多，规格复杂，用生产工作量指标来反映劳动生产率水平比较方便。

产品实物量劳动生产率不能综合反映多种产品的劳动生产率，无法对多品种产品的企业的总体水平进行评价，所以有其局限性。

生产工作量劳动生产率指标在企业之间的可比性较差。这样，该指标的应用，就受到了很大限制，一般只适合于企业内部，用于企业自身的纵向比较。

（二）按不同时间单位计算的劳动生产率

1. 小时劳动生产率

小时劳动生产率，是指以小时为单位计算的劳动生产率，反映每个工人在纯工作时间内的劳动效率或者生产产品的能力。

2. 日劳动生产率

日劳动生产率，是指以工日为单位计算的劳动生产率，反映每个工人平均一个实际工作日生产产品或完成生产任务的能力。

3. 月劳动生产率

月劳动生产率是以自然月为单位计算的劳动生产率，综合反映工作月生产工人或全部职工平均能提供多少有用产品的能力。

4. 季劳动生产率

5. 年劳动生产率

（三）按不同人员范围计算的劳动生产率

1. 基本生产工人劳动生产率

基本生产工人劳动生产率的高低，取决于基本生产工人的工艺技术水平、劳动熟练程度和劳动积极性，直接影响到企业劳动生产率的高低，是决定企业劳动效率水平高低的主要因素。

2. 生产工人劳动生产率

3. 全员劳动生产率

全员劳动生产率、生产工人劳动生产率和基本生产工人劳动生产率之间存在如下关系：

生产工人劳动生产率 = 基本生产工人劳动生产率 × 基本生产工人比重

全员劳动生产率 = 基本生产工人劳动生产率 × 基本生产工人占全部职工比重

全员劳动生产率 = 生产工人劳动生产率 × 生产工人占全部职工比重

全员劳动生产率 = 基本工人劳动生产率 × 基本工人占生产工人比重 × 生产工人占全部职工比重

三、其他企业劳动生产率统计

（一）建筑企业劳动生产率统计

（二）商业企业劳动生产率统计

（三）交通运输企业劳动生产率统计

（四）农业企业劳动生产率统计

四、企业劳动生产率动态统计与分析

（一）企业劳动生产率动态统计指标

$$劳动生产率指数 = \frac{报告期劳动生产率}{基期劳动生产率} = \frac{q_1}{q_0}$$

（二）劳动生产率指数体系

1. 劳动生产率可变组成指数

企业劳动生产率总指数是两个不同时期企业劳动生产率平均水平之比，这一指数又称为企业劳动生产率可变组成指数。

劳动生产率可变组成指数是用两个不同时期的总平均劳动生产率对比来表示，说明劳动生产率总变动水平的情况。其计算公式为

$$\bar{K}_{\bar{q}}\ \frac{\bar{q}_1}{\bar{q}_0}=\frac{\dfrac{\sum q_1T_1}{\sum T_1}}{\dfrac{\sum q_0T_0}{\sum T_0}}=\frac{\sum q_1\dfrac{T_1}{\sum T_1}}{\sum q_0\dfrac{T_0}{\sum T_0}}$$

2. 劳动生产率固定组成指数

劳动生产率固定组成指数是指将总体各单位（组）人员的人数假定在报告期，即将总体各组的人员结构固定在报告期，以消除人员结构变动的影响，从而只反映各组劳动生产率水平的变动程度。这样可以单独考察各组劳动生产率变动对整个企业劳动生产率水平的影响程度。其计算公式为

$$\bar{K}_q\ \frac{\dfrac{\sum q_1T_1}{\sum T_1}}{\dfrac{\sum q_0T_1}{\sum T_1}}=\frac{\sum q_1\dfrac{T_1}{\sum T_1}}{\sum q_0\dfrac{T_1}{\sum T_1}}$$

3. 劳动生产率结构影响指数

劳动生产率结构影响指数是用来分析总体结构变动对劳动生产率总水平变动的影响。它是在假定各组职工劳动生产率维持基期水平不变的基础上计算的。这是为了反映人员结构变动的影响，故称为劳动生产率结构变动影响指数。其计算公式为

$$\bar{K}_{\frac{T}{\sum T}}=\frac{\dfrac{\sum q_0T_1}{\sum T_1}}{\dfrac{\sum q_0T_0}{\sum T_0}}=\frac{\sum q_0\dfrac{T_1}{\sum T_1}}{\sum q_0\dfrac{T_0}{\sum T_0}}$$

三种指数的相互关系如下：

可变组成指数=固定组成指数×结构影响指数

$$\frac{\dfrac{\sum q_1T_1}{\sum T_1}}{\dfrac{\sum q_0T_0}{\sum T_0}}=\frac{\dfrac{\sum q_1T_1}{\sum T_1}}{\dfrac{\sum q_0T_1}{\sum T_1}}\times\frac{\dfrac{\sum q_0T_1}{\sum T_1}}{\dfrac{\sum q_0T_0}{\sum T_0}}，\ 即\ \frac{\bar{q}_1}{\bar{q}_0}=\frac{\bar{q}_1}{\bar{q}_{01}}\times\frac{\bar{q}_{01}}{\bar{q}_0}$$

绝对数关系为

$$\frac{\sum q_1T_1}{\sum T_1}-\frac{\sum q_0T_0}{\sum T_0}=\left(\frac{\sum q_1T_1}{\sum T_1}-\frac{\sum q_0T_1}{\sum T_1}\right)+\left(\frac{\sum q_0T_1}{\sum T_1}-\frac{\sum q_0T_0}{\sum T_0}\right)，即\ \bar{q}_1-\bar{q}_0=(\bar{q}_1-\bar{q}_{01})+(\bar{q}_{01}-\bar{q}_0)$$

（三）影响企业劳动生产率变动的因素分析

影响企业劳动生产率变动的因素主要有三种：工人工时利用情况、企业人员结构变动情况及企业人均技术装备情况。

1. 生产工人工时利用情况对劳动生产率的影响

$$\text{月劳动生产率指数}=\text{小时劳动生产率指数}\times\text{工作日长度指数}\times\text{工作月长度指数}$$

$$\frac{q_1}{q_0}=\frac{a_1b_1c_1}{a_0b_0c_0}=\frac{a_1b_1c_1}{a_0b_1c_1}\times\frac{a_0b_1c_1}{a_0b_0c_1}\times\frac{a_0b_0c_1}{a_0b_0c_0}$$

$$q_1-q_0=a_1b_1c_1-a_0b_0c_0=a_1b_1c_1-a_0b_1c_1+a_0b_1c_1-a_0b_0c_1+a_0b_0c_1-a_0b_0c_0$$

2. 企业人员结构变动对劳动生产率影响的动态分析

全员劳动生产率指数＝生产工人劳动生产率指数×生产工人在全部职工中的比重指数

$$\frac{q_{全员1}}{q_{全员0}}=\frac{\sum q_1T_1}{\sum q_0T_0}=\frac{\sum q_1T_1}{\sum q_0T_1}\times\frac{\sum q_0T_1}{\sum q_0T_0}$$

$$\sum q_1T_1-\sum q_0T_0=\left(\sum q_1T_1-\sum q_0T_1\right)+\left(\sum q_0T_1-\sum q_0T_0\right)$$

3. 劳动者技术装备程度及利用效率对劳动生产率的影响分析

劳动生产率指数＝劳动者技术装备程度指数×技术装备利用效率指数

$$\text{劳动生产率变动的增减额}=\text{人均动力装备变动对劳动生产率变动影响的增减额}+\text{单位动力利用程度变动对劳动生产率变动影响的增减额}$$

（四）劳动生产率变动对产量和劳动量的影响

1. 劳动生产率变动及职工人数变动对总产量变动的影响分析

产量指数＝全员劳动生产率指数×职工人数指数

总产量的变动＝报告期的总产量－基期的总产量

2. 劳动生产率的变动对总产值和劳动力数量的影响分析

五、劳动效益统计、分析与评价

（一）企业劳动效益包含的内容

企业劳动效益包含两个方面的内容：企业产出与企业劳动投入。企业产出是指企业生产经营的成果。

企业劳动投入，按投入的内容不同，分为活劳动的投入与物化劳动的投入。前者指人力的投入；后者指物力、财力的投入。

评价劳动效益高低的基本方法有两种：一种是按“最大效果原则”，即在相同劳动消耗和劳动占用的基础上，产出的成果越大，则劳动效益越高。另一种是按“最小支出原则”评价，即在取得相同成果的前提下，劳动消耗和劳动占用越少则经济效益越高。

（二）劳动效益指标的核算

为了对企业劳动活动所取得的经济效益做出全面、客观的评价，需要建立一套完善的企业劳动效益指标体系。建立企业劳动效益指标体系应遵循以下几项基本原则：①要全面反映企业的劳动效益；②选取的统计指标要突出重点内容；③选择的指标应具有普遍性、可比性和相对稳定性。

企业一定时期内人力、物力利用效果如何，一般用人均增加值、全员劳动生产率和人均利润额等指标，反映人力利用的效果；用百元固定资产产值、百元材料费用生产产值（物化产值率）等指标，反映物力利用效果。

（三）企业劳动效益分析

企业劳动效益分析是运用一定的技术方法，分析企业在一定时期内的劳动耗费和占用同劳动成果之间的对比，反映企业对人力、物力利用的效果之间的对比，从而为企业进行有效的经营决策提供可靠的资料依据，以达到提高企业劳动效益的一种科学方法。企业劳动效益分析常用的定量分析方法主要有比较分析法、因素分析法、差额分析法、平衡分析法、综合分析法、线性规划分析法等。

（四）企业劳动效益评价

1. 劳动效益评价应注重的几个方面

（1）收益性评价。收益性评价主要是考察企业一定时期消耗一定劳动量的获利能力。主要分析指标是人均创利率指标。

（2）成长性评价。成长性评价是用来判断企业的发展属于速度型还是效益型。主要分析指标是利润增长率、净产值劳动生产率、附加值劳动生产率、平均工资利润率等。

（3）稳定性评价。稳定性评价主要是分析企业劳动效益指标的稳定性，具体分析企业的获利能力与各种劳动消耗状况、盈利状态、劳动与资金使用的安全性等。主要分析企业产品的市场地位、满足社会需要的程度及人力资源使用的成本变动程度。

2. 企业劳动效益评价体系与原则

（1）企业劳动效益与社会整体劳动效益相统一的原则。

（2）直接劳动效益与间接劳动效益相统一的原则。

（3）内部劳动效益与外部劳动效益相统一的原则。

（4）长远劳动效益与短期劳动效益相统一的原则。

（5）使用价值与价值统一的原则。

3. 企业劳动效益的综合评价方法

综合评价企业劳动效益的方法有多种，这里只简要介绍几种方法。

（1）利用指数体系进行评价。根据企业选择的劳动效益指标体系，利用综合指数法对各项劳动效益指标个体指数进行加权平均，计算出劳动效益综合值，用以综合评价企业劳动效益的一种方法。

（2）利用综合性指标进行评价。企业的有些劳动效益指标可以表示为多个劳动效益分指标的连乘积，或者说某项劳动效益指标受多种因素的影响，可以把该项劳动效益指标作为综合评价企业劳动效益的指标。

（3）利用功效系数法进行评价。功效系数法是用多目标规划的原理去评价劳动效益综合指标的一种方法，其基本思想是通过功效函数把各种不同度量的劳动效益指标转化成为同度量的功效系数，然后将这些功效系数加权平均得出一个综合指标，即总功效系数。

（4）利用打分法进行评价。这种方法是根据企业劳动效益各指标的重要程度对指标设定一个分数值，各项指标的总分值通常定为 100 分。然后根据指标的实际水平进行打分，将所有得分值相加算出总分，作为评价企业劳动效益的一种方法。

重点和难点

本章重点是掌握劳动效率与劳动效益的概念与统计公式；掌握工业企业劳动生产率统计内容；掌握企业劳动生产率动态统计指标、劳动生产率指数体系；掌握影响企业劳动生产率变动的因素分析；掌握劳动生产率变动对产量和劳动量的影响；掌握劳动效益统计、分析与评价的内容、原则与方法。难点是劳动生产率指数体系的计算分析；影响企业劳动生产率变动的因素分析：生产工人工时利用情况、企业人员结构变动、劳动生产率变动对产量和劳动量影响的计算分析；劳动生产率变动对产量和劳动量影响的计算分析。

同步综合练习题

一、单项选择题

1. 企业进行生产经营活动的基本要素不包括（　　）。

A. 人力资源　　B. 生产工具
C. 劳动对象　　D. 经济政策

2. 企业进行生产经营活动最基本的和决定性的因素是（　　）。

A. 劳动对象　　B. 人及人的劳动
C. 生产工具　　D. 经济政策

3. 用来表示劳动效率“正指标”的是（　　）。

A. 用单位劳动时间所创造的劳动成果
B. 用单位劳动成果所消耗的劳动时间
C. 用单位劳动消耗量产生的实际收益
D. 用单位实际收益所消耗的劳动量

4. 用来表示劳动效益“逆指标”的是（　　）。

A. 用单位劳动时间所创造的劳动成果
B. 用单位劳动成果所消耗的劳动时间
C. 用单位劳动消耗量产生的实际收益
D. 用单位实际收益所消耗的劳动量

5. 关于劳动力与劳动效率，以下说法不正确的是（　　）。

A. 工业生产的增长，主要依靠增加劳动力的数量，而不是靠提高劳动效率来实现的
B. 对企业劳动效率进行统计分析，为研究和提高企业劳动效率提供服务
C. 劳动效率指标是考核和评价企业经营业绩最主要的指标之一
D. 劳动效率指标是确定劳动报酬、制定劳动定额的依据

6. 企业劳动者在单位时间内生产产品的能力，或者劳动者通过劳动产生单位劳动成果所消耗的劳动量指标是（　　）。

A. 劳动对象　　B. 劳动效益
C. 生产工具　　D. 劳动效率

7. 劳动者在单位劳动消耗量内获得实际收益的能力，或者劳动者通过劳动产生的单位实际收益所消耗的劳动量指标是（　　）。

A. 劳动对象　　B. 劳动效益
C. 生产工具　　D. 劳动效率

8. 从一个部门（地区）以至整个社会进行核算的劳动效益是（　　）。

A. 单个企业劳动效益　　B. 间接劳动效益
C. 直接劳动效益　　D. 社会整体劳动效益

9. 一个企业经济实体范围内的劳动效益称为（　　）。

A. 单个企业劳动效益　　B. 外部劳动效益

C. 内部劳动效益　　D. 社会整体劳动效益

10. 从单个企业、单位范围内进行核算的劳动效益是（　　）。

A. 单个企业劳动效益　　B. 外部劳动效益

C. 直接劳动效益　　D. 社会整体劳动效益

11. 通过某一劳动活动间接反映在其他活动方面的经济收益称为（　　）。

A. 单个企业劳动效益　　B. 间接劳动效益

C. 直接劳动效益　　D. 社会整体劳动效益

12. 表明工业企业平均每个生产者在一定时间内生产某种产品的数量，是每种产品的实物产量与其相应的劳动消耗量的比率的指标是（　　）。

A. 净产值劳动生产率指标　　B. 增加产值劳动生产率指标

C. 劳动生产率的实物量指标　　D. 劳动生产率的工作量指标

13. 表明企业人均新创造的价值增大，也表明工业企业每个生产者提供了多少新创造价值，更准确地反映企业职工活劳动的生产成果，并且说明了企业增产和节约两方面效果的指标是（　　）。

A. 净产值劳动生产率指标　　B. 增加产值劳动生产率指标

C. 劳动生产率的实物量指标　　D. 劳动生产率的工作量指标

14. 能正确反映劳动成果和劳动消耗之间的关系，表明一个劳动者在一定时期内创造的增加值有多少，同时能反映增产和节约两方面成果的指标是（　　）。

A. 净产值劳动生产率指标　　B. 增加产值劳动生产率指标

C. 劳动生产率的实物量指标　　D. 劳动生产率的工作量指标

15. 用两个不同时期的总平均劳动生产率对比来表示，说明劳动生产率总变动水平情况的指数是（　　）。

A. 劳动生产率结构影响指数　　B. 劳动生产率可变组成指数

C. 劳动生产率固定组成指数　　D. 劳动生产率的动态指数

16. 单独考察各组劳动生产率变动对整个企业劳动生产率水平的影响程度的指数是（　　）。

A. 劳动生产率结构影响指数　　B. 劳动生产率可变组成指数

C. 劳动生产率固定组成指数　　D. 劳动生产率的动态指数

17. 在假定各组职工劳动生产率维持基期水平不变的基础上计算的，用来分析总体结构变动对劳动生产率总水平变动影响的指数是（　　）。

A. 劳动生产率结构影响指数　　B. 劳动生产率可变组成指数

C. 劳动生产率固定组成指数　　D. 劳动生产率的动态指数

18. 按“最大效果原则”评价劳动效益的高低的基本方法是（　　）。

A. 考察企业一定时期消耗一定劳动量的获利能力的方法

B. 在相同劳动消耗和劳动占用的基础上，产出的成果越大，则劳动效益越高

C. 用来判断企业的发展属于速度型还是效益型的方法

D. 在取得相同成果的前提下，劳动消耗和劳动占用越少则经济效益越高

19. 按“最小支出原则”评价劳动效益的高低的基本方法是（　　）。

A. 考察企业一定时期消耗一定劳动量的获利能力的方法
B. 在相同劳动消耗和劳动占用的基础上，产出的成果越大，则劳动效益越高
C. 用来判断企业的发展属于速度型还是效益型的方法
D. 在取得相同成果的前提下，劳动消耗和劳动占用越少则经济效益越高

20. 考察企业一定时期消耗一定劳动量的获利能力，主要分析人均创利率指标的评价方法是（　　）。
A. 收益性评价　　B. 成长性评价
C. 社会性评价　　D. 稳定性评价

21. 用来判断企业的发展属于速度型还是效益型，主要分析利润增长率、净产值劳动生产率、附加值劳动生产率、平均工资利润率等指标的评价方法是（　　）。
A. 收益性评价　　B. 成长性评价
C. 社会性评价　　D. 稳定性评价

22. 具体分析企业的获利能力与各种劳动消耗状况、盈利状态、劳动与资金使用的安全性等，主要分析企业产品的市场地位及满足社会需要的程度及人力资源使用的成本变动程度的评价方法是（　　）。
A. 收益性评价　　B. 成长性评价
C. 社会性评价　　D. 稳定性评价

23. 根据企业选择的劳动效益指标体系，利用综合指数法对各项劳动效益指标个体指数进行加权平均，计算出劳动效益综合值，用以综合评价企业劳动效益的一种方法是（　　）。
A. 打分法　　B. 功效系数法
C. 综合性指标　　D. 指数体系

24. 把企业的劳动效益指标表示为多个劳动效益分指标的连乘积，或者说某项劳动效益指标受多种因素的影响，进而把该项劳动效益指标作为综合评价企业劳动效益的指标是（　　）。
A. 打分法　　B. 功效系数法
C. 综合性指标　　D. 指数体系

25. 用多目标规划的原理去评价劳动效益综合指标的一种方法，基本思想是通过功效函数把各种不同度量的劳动效益指标转化成为同度量的功效系数，然后将这些功效系数加权平均得出一个综合指标，即总功效系数的方法是（　　）。
A. 打分法　　B. 功效系数法
C. 综合性指标　　D. 指数体系

26. 根据企业劳动效益各指标的重要程度对指标设定一个分数值，各项指标的总分值通常定为 100 分。然后根据指标的实际水平进行打分，将所有得分值相加算出总分，作为评价企业劳动效益的一种方法是（　　）。
A. 打分法　　B. 功效系数法
C. 综合性指标　　D. 指数体系

27. 企业生产过程一般可分为以下四个过程，一般来说，劳动效率只反映下列哪个过程的效率情况（　　）。

A. 产前决策　　B. 产品生产

C. 产品销售　　D. 售后服务

28. 能明确、具体地说明问题，易于理解，比较直观，能够体现每个劳动者单位时间内生产某种产品的能力，在实际对比工作和国际对比中广泛采用的指标是（　　）。

A. 标准实物量劳动生产率　　B. 产品实物量劳动生产率

C. 生产工作量（产品劳动量）劳动生产率　　D. 产品价值量劳动生产率

29. 可综合反映各种不同产品的总产量，综合测定企业生产各种不同产品的平均劳动生产率及其变化情况，综合反映了多种产品的生产效率，运用十分广泛的指标是（　　）。

A. 标准实物量劳动生产率　　B. 产品实物量劳动生产率

C. 生产工作量（产品劳动量）劳动生产率　　D. 产品价值量劳动生产率

30. 适用于产品性质不同、种类繁多、规格复杂的企业，用以综合反映多种机械产品的总产量，可以消除总产值固有特点对劳动生产率水平影响的指标是（　　）。

A. 标准实物量劳动生产率　　B. 产品实物量劳动生产率

C. 生产工作量（产品劳动量）劳动生产率　　D. 产品价值量劳动生产率

31. 只适于单一产品的统计，只能就各种产品分别计算，不能综合反映多种产品的劳动生产率，无法对多品种产品的企业的总体水平进行评价的指标是（　　）。

A. 标准实物量劳动生产率　　B. 产品实物量劳动生产率

C. 生产工作量（产品劳动量）劳动生产率　　D. 产品价值量劳动生产率

32. 以小时为单位计算的劳动生产率，反映每个工人在单位工作时间内的劳动效率或者生产产品的能力，是计算其他各种时间尺度的劳动生产率指标变动的最基本的、决定性因素的指标是（　　）。

A. 日劳动生产率　　B. 小时劳动生产率

C. 月劳动生产率　　D. 年劳动生产率

33. 以工日为单位计算的劳动生产率，反映每个工人平均一个实际工作日生产产品或完成生产任务能力的指标是（　　）。

A. 日劳动生产率　　B. 小时劳动生产率

C. 月劳动生产率　　D. 年劳动生产率

34. 以自然月为单位计算的劳动生产率，综合反映工作月生产工人或全部职工平均能提供多少有用产品能力的指标是（　　）。

A. 日劳动生产率　　B. 小时劳动生产率

C. 月劳动生产率　　D. 年劳动生产率

35. 企业月劳动生产率水平不受下列哪个因素的影响（　　）。

A. 日劳动生产率　　B. 小时劳动生产率

C. 工作日长度　　D. 年劳动生产率

36. 下列哪个指标直接影响企业劳动生产率的高低，是决定企业劳动效率水平高低的主要因素（　　）。

A. 基本生产工人劳动生产率　　B. 生产工人劳动生产率

C. 辅助生产工人劳动生产率　　D. 全员劳动生产率

37. 关于全员劳动生产率和生产工人劳动生产率、基本生产工人劳动生产率之间的关系，下列说法错误的是（　　）。

A. 全员劳动生产率＝基本生产工人劳动生产率×生产工人占全部职工比重

B. 全员劳动生产率＝生产工人劳动生产率×生产工人占全部职工比重

C. 全员劳动生产率＝基本生产工人劳动生产率×基本生产工人占全部职工比重

D. 生产工人劳动生产率＝基本生产工人劳动生产率×基本生产工人占工人比重

38. 下列哪个公式是劳动生产率可变组成指数（　　）。

A. $\dfrac{\dfrac{\sum q_1T_1}{\sum T_1}}{\dfrac{\sum q_0T_0}{\sum T_0}}$　B. $\dfrac{\dfrac{\sum q_1T_1}{\sum T_1}}{\dfrac{\sum q_0T_1}{\sum T_1}}$　C. $\dfrac{\dfrac{\sum q_0T_1}{\sum T_1}}{\dfrac{\sum q_0T_0}{\sum T_0}}$　D. $\dfrac{\dfrac{\sum q_1T_0}{\sum T_0}}{\dfrac{\sum q_0T_0}{\sum T_0}}$

39. 下列公式哪个是劳动生产率固定组成指数（　　）。

A. $\dfrac{\dfrac{\sum q_1T_1}{\sum T_1}}{\dfrac{\sum q_0T_0}{\sum T_0}}$　B. $\dfrac{\dfrac{\sum q_1T_1}{\sum T_1}}{\dfrac{\sum q_0T_1}{\sum T_1}}$　C. $\dfrac{\dfrac{\sum q_0T_1}{\sum T_1}}{\dfrac{\sum q_0T_0}{\sum T_0}}$　D. $\dfrac{\dfrac{\sum q_1T_0}{\sum T_0}}{\dfrac{\sum q_0T_0}{\sum T_0}}$

40. 下列公式哪个是劳动生产率结构组成指数（　　）。

A. $\dfrac{\dfrac{\sum q_1T_1}{\sum T_1}}{\dfrac{\sum q_0T_0}{\sum T_0}}$　B. $\dfrac{\dfrac{\sum q_1T_1}{\sum T_1}}{\dfrac{\sum q_0T_1}{\sum T_1}}$　C. $\dfrac{\dfrac{\sum q_0T_1}{\sum T_1}}{\dfrac{\sum q_0T_0}{\sum T_0}}$　D. $\dfrac{\dfrac{\sum q_1T_0}{\sum T_0}}{\dfrac{\sum q_0T_0}{\sum T_0}}$

二、多项选择题

1. 以下关于劳动效率与劳动效益的描述中正确的是（　　）。

A. 劳动效率可以理解为劳动者在一定时期内所生产产品的数量与相应的活劳动消耗量的比值

B. 劳动效率可理解为劳动者在一定时期内的劳动消耗与相应的劳动成果的比值

C. 劳动效益是指企业劳动活动中“投入”与“产出”的比值

D. 单位劳动消耗量所带来的实际收益与劳动效益成正比

E. 单位实际收益所消耗的劳动量与劳动效益成反比

2. 人力资源对公司生产经营的影响因素主要表现为（　　）。

A. 劳动效益　　B. 劳动力数量

C. 劳动积极性　　D. 劳动效率

E. 销售水平

3. 企业进行生产经营活动的基本要素包括（　　）。

A. 人力资源　　B. 生产工具

C. 研发技术　　D. 劳动对象

E. 销售合同

4. 关于劳动力与劳动效率，以下说法正确的是（　　）。

A. 单位时间生产的产品（产值）越多，表示企业劳动效率越高
B. 单位时间内生产的产品（产值）数量的多少和劳动效率的高低是成正比的
C. 平均单位劳动成果所耗用的劳动消耗量越少，则劳动效率水平越高
D. 单位劳动成果消耗的劳动时间的多少，与劳动效率的高低是成反比的
E. 单位产品（产值）耗费的时间越多，表示企业劳动效率越高

5. 关于劳动力与劳动效率，以下说法正确的是（　　）。
A. 工业生产的增长，主要依靠增加劳动力的数量，而不是靠提高劳动效率来实现的
B. 提高劳动效率是改善和提高劳动者物质文化生活的基础，有利于增加工业总产值，提高全社会全员劳动生产率
C. 提高劳动效率不仅可以改善劳动条件、减轻劳动强度、提高产品质量，而且还会增加企业效益，推动社会经济的发展
D. 通过对企业劳动效率的统计分析，能够使企业根据不同劳动效率水平招收劳动力及确定经济发展速度
E. 通过比较培训前后劳动效率的变化来反映各企业技术培训的效果

6. 企业月劳动生产率水平受哪三个因素的影响（　　）。
A. 小时劳动生产率水平　　B. 实际工作日长度
C. 实际工作季长度　　D. 实际工作人数
E. 实际工作月长度

7. 全员劳动生产率和生产工人劳动生产率、基本生产工人劳动生产率之间的关系有（　　）。
A. 全员劳动生产率 = 基本工人劳动生产率 × 基本工人占生产工人比重 × 生产工人占全部职工比重
B. 全员劳动生产率 = 生产工人劳动生产率 × 生产工人占全部职工比重
C. 全员劳动生产率 = 基本生产工人劳动生产率 × 生产工人占全部职工比重
D. 全员劳动生产率 = 生产工人劳动生产率 × 基本生产工人占全部职工比重
E. 全员劳动生产率 = = 基本生产工人劳动生产率 × 基本生产工人占全部职工比重

8. 劳动效率与劳动效益的主要区别表现在（　　）。
A. 劳动效率一般只反映产品生产过程中的效率情况
B. 劳动效益则要反映产前决策、产品生产、产品销售、售后服务四个过程的效率和效益
C. 劳动效益指标始终是大于劳动效率指标的
D. 劳动生产率和劳动效益相差太大，说明企业产品积压严重或成本过大
E. 劳动生产率和劳动效益相差太小，说明企业生产不足或售后服务等成本过大

9. 影响企业劳动生产率变动的因素主要有（　　）。
A. 工人工时利用情况
B. 企业人员结构变动情况
C. 领导重视劳动效率的程度
D. 企业人均技术装备情况
E. 企业资金的多少

10. 企业劳动效益分析常用的定量分析方法主要有（　　）。
A. 比较分析法　　B. 因素分析法
C. 差额分析法　　D. 平衡分析法
E. 线性规划分析法

11. 劳动效益评价应注重哪几个方面（　　）。
A. 收益性评价　　B. 成长性评价
C. 安全性评价　　D. 稳定性评价
E. 劳动环境评价

12. 企业劳动效益的综合评价方法主要包括（　　）。
A. 利用指数体系进行评价
B. 利用综合性指标进行评价
C. 利用功效系数法进行评价
D. 利用打分法进行评价
E. 利用环境测评进行评价

三、简答题

1. 简述企业劳动效率的概念及其表现形式。
2. 简述企业劳动效率统计研究的基本任务。
3. 简述提高劳动效益的意义。
4. 简述建立企业劳动效益指标体系应遵循的基本原则。
5. 简述企业劳动效益分析的内容。
6. 简述企业劳动效益评价体系与原则。

四、论述题

1. 论述按不同产量指标计算的劳动生产率的指标及内容。
2. 论述按不同时间单位计算的劳动生产率的指标及内容。
3. 论述按不同人员范围计算的劳动生产率指标及内容。
4. 论述劳动生产率指数体系。

五、计算题

1. 某企业 9～10 月的月劳动生产率统计资料如表 4-1 所示。

表 4-1

指标	9 月	10 月	指数
小时劳动生产率/（件 / 人）	60	72	
工作日长度/工时	7. 8	8. 0	
日劳动生产率/（件 / 人）	468	576	
工作月长度/工日	24	22	
月劳动生产率/（件 / 人）	11 232	12 672	

问题：

（1）请计算指数列并把计算结果填入表 4-1 中。

（2）计算并分析小时劳动生产率、工作日长度、工作月长度变动对月劳动生产率变动的影响。

2. 某企业基期与报告期的总产值、生产工人人数与全部职工人数如表 4-2 所示。

表 4-2

指标	总产值/万元	全部职工人数/人	生产工人人数/人
基期	200	2000	1500
报告期	1000	8000	5800

问题：

（1）分别计算基期、报告期的生产工人比重及其指数、生产工人劳动生产率及其指数、全员劳动生产率及其指数。

（2）分析生产工人劳动生产率变动及生产工人占全员比重变动对全员劳动生产率变动的影响。

3. 山西某煤炭企业资料如表 4-3 所示。

表 4-3

年份	2000 年	2008 年
总产量/万吨	4000	9000
平均职工人数/人	1000	1500

问题：

（1）计算报告期、基期的劳动生产率。

（2）计算并分析劳动生产率变动及职工人数变动对总产量变动的影响。

4. 某企业资料如表 4-4 所示。

表 4-4

指标	总产值 /万元	职工人数 /人
基期	2000	5000
报告期	3000	3000

问题：试计算分析劳动生产率变动对总产量变动影响及劳动生产率变动对劳动量的影响。

六、综合计算分析题

1. 某企业甲乙车间的统计材料如表 4-5 所示。

表 4-5

指标	总产值/万元		平均人数/人		劳动生产率/（万元/人）	
	基期	报告期	基期	报告期	基期	报告期
甲车间	18 000	24 000	2 000	2 200		
乙车间	12 000	21 000	1 200	1 600		
全厂	30 000	46 000	3 200	3 800		

问题：

（1）计算甲、乙两车间基期、报告期的劳动生产率及其指数。

（2）计算全厂基期、报告期的劳动生产率。

（3）分析计算全厂劳动生产率可变组成指数、固定组成指数、结构影响指数及它们之间的关系，并分析全厂的劳动生产率变动对全厂总产值的影响（要求精确到 3 位小数）。

2. 某企业总产值、生产工人人数与全部职工人数如表 4-6 所示。

表 4-6

指标	总产值/万元	职工人数			劳动生产率/（元/人）	
		全部职工/人	生产工人/人	生产工人比重/%	生产工人劳动生产率	全员劳动生产率
基期	200	1000	800			
报告期	500	2000	1800			
指数		不填数据				

问题：

（1）计算基期、报告期的生产工人比重及其指数并填入表格中空白处。

（2）计算基期、报告期的生产工人劳动生产率及其指数并填入表格中空白处。

（3）计算基期、报告期的全员劳动生产率及其指数并填入表格中空白处。

（4）分析生产工人劳动生产率变动及生产工人占全员劳动生产率比重变动对全员劳动生产率的影响。

参 考 答 案

一、 单项选择题

1. D	2. B	3. A	4. D	5. A
6. D	7. B	8. D	9. C	10. A
11. B	12. C	13. A	14. B	15. B
16. C	17. A	18. B	19. D	20. A
21. B	22. D	23. D	24. C	25. B

26. A	27. B	28. B	29. D	30. C
31. B	32. B	33. A	34. C	35. D
36. A	37. A	38. A	39. B	40. C

二、 多项选择题

1. ABCDE	2. BD	3. ABD	4. ABCD	5. BCDE
6. ABE	7. ABE	8. ABDE	9. ABD	10. ABCDE
11. ABD	12. ABCD			

三、简答题

1. 劳动效率是企业劳动者在单位时间内生产产品的能力，或者劳动者通过劳动产生单位劳动成果所消耗的劳动量。前者可以理解为劳动者在一定时期内所生产产品的数量与相应的活劳动消耗量的比值，后者可理解为劳动者在一定时期内的劳动消耗与相应的劳动成果的比值。

2. 企业劳动效率统计研究的基本任务主要有:

（1）计算各企业劳动效率水平；

（2）计算劳动效率的增长速度；

（3）对各企业劳动效率水平和变动情况进行横向比较，找出其中的差距及制约因素；

（4）研究决定劳动效率变化的各和因素及其影响程度，揭示其发展变化趋势；

（5）研究和分析劳动效率的变化对社会总产量及劳动力变动的影响，推广提高劳动效率的最佳途径。

3. 提高劳动效益的意义表现在：①提高劳动效益是市场经济的要求；②有利于降低企业的劳动消耗；③有利于合理配置劳动力资源；④有利于认识企业劳动活动的规律性；⑤有利于提高企业的产品质量。

4. 建立企业劳动效益指标体系应遵循的基本原则有：①要全面反映企业的劳动效益；②选取的统计指标要突出重点内容；③选择的指标应具有普遍性、可比性和相对稳定性。

5. 企业劳动效益分析是运用一定的技术方法，分析企业在一定时期内的劳动耗费和占用同劳动成果之间的对比，反映企业对人力、物力利用的效果之间的对比，从而为企业进行有效的经营决策提供可靠的资料依据，以达到提高企业劳动效益的一种科学方法。

6. 企业劳动效益评价体系与原则有：①企业劳动效益与社会整体劳动效益相一致的原则；②直接劳动效益与间接劳动效益相统一的原则；③内部劳动效益与外部劳动效益相统一的原则；④长远劳动效益与短期劳动效益相统一的原则；⑤使用价值与价值统一的原则。

四、论述题

1. 按不同产量指标计算的劳动生产率的指标及内容包括以下几个方面。

（1）按产品产量指标计算的劳动生产率。劳动生产率的实物量指标是指工业企业在一定时期内所生产的产品实物总量与相应的活劳动消耗量之间的比值。

（2）按产品价值量计算的劳动生产率。包括：①按总产值计算的劳动生产率；②按净产值计算的劳动生产率；③按增加值指标计算劳动生产率。

（3）按生产工作量指标（产品劳动量）计算的劳动生产率。当企业产品品种繁多、规格复杂时，用生产工作量指标来反映劳动生产率水平比较方便。

产品实物量劳动生产率不能综合反映多种产品的劳动生产率，无法对多品种产品的企业的总体水平进行评价，所以有其局限性。

生产工作量劳动生产率指标在企业之间的可比性较差。这样，该指标的应用，就受到了很大限制，一般只适合于企业内部使用，用于企业自身的纵向比较。

2. 按不同时间单位计算的劳动生产率的指标及内容包括以下几个方面。

（1）小时劳动生产率。小时劳动生产率，是指以小时为单位计算的劳动生产率，反映每个工人在纯工作时间内的劳动效率或者生产产品的能力。

（2）日劳动生产率。日劳动生产率，是指以工日为单位计算的劳动生产率，反映每个工人平均一个实际工作日生产产品或完成生产任务的能力。

（3）月劳动生产率。月劳动生产率是以自然月为单位计算的劳动生产率，综合反映工作月生产工人或全部职工平均能提供多少有用产品的能力。

（4）季劳动生产率。季劳动生产率，是在月劳动生产率基础上扩大报告期，从而说明劳动生产率在相应时期的水平。无论是表示企业生产工人，还是表示企业全部职工的劳动效率，都可以采用季劳动生产率。

（5）年劳动生产率。按年平均人数计算的劳动生产率叫年劳动生产率。它表明每个工人年生产能力，反映了一个年度企业人均劳动生产率。

3. 按不同人员范围计算的劳动生产率指标及内容包括以下几个方面。

（1）基本生产工人劳动生产率。基本生产工人是企业直接从事产品生产的工人，即在工业企业的基本生产车间从事工业产品生产作业的生产工人。基本工人劳动生产率的高低，取决于基本工人的工艺技术水平、劳动熟练程度和劳动积极性，直接影响企业劳动生产率的高低，是决定企业劳动效率水平高低的主要因素。

（2）生产工人劳动生产率。企业要按全部生产工人计算劳动生产率，表明每一个生产工人在一定时间内创造了多少产品。生产工人劳动生产率的高低直接影响整个企业的全部劳动生产率水平。生产工人劳动生产率的高低，反映了基本工人劳动生产率的高低，也说明了基本工人和辅助工人的配置比例。

（3）全员劳动生产率指标。“全员”是指工业企业的全部职工，包括企业直接从事工业生产的人员、工程技术人员、管理人员、服务人员等。全员劳动生产率是指以企业全部职工为对象计算的劳动生产率。全员劳动生产率指标能使同行业各企业之间的全员劳动生产率指标具有可比性。全员劳动生产率的高低，除了取决于生产工人劳动生产率的高低外，还受到生产工人在全部职工中所占比重大小的影响。

4. 劳动生产率指标体系包括以下内容。

（1）劳动生产率可变组成指数。企业劳动生产率总指数是两个不同时期企业劳动生产率平均水平之比，这一指数又称为企业劳动生产率可变组成指数。劳动生产率可变组成指数是用两个不同时期的总平均劳动生产率对比来表示，说明劳动生产率总变动水平的情况。其计算公式为

$$\bar{K}_{\bar{q}}=\frac{\bar{q}_1}{\bar{q}_0}=\frac{\frac{\sum q_1T_1}{\sum T_1}}{\frac{\sum q_0T_0}{\sum T_0}}=\frac{\sum q_1\frac{T_1}{\sum T_1}}{\sum q_0\frac{T_0}{\sum T_0}}$$

（2）劳动生产率固定组成指数。劳动生产率固定组成指数是指将总体各单位（组）人员的人数假定在报告期，即将总体各组的人员结构固定在报告期，以消除人员结构变动的影响，从而只反映各组劳动生产率水平的变动程度。这样可以单独考察各组劳动生产率变动对整个企业劳动生产率水平的影响程度。其计算公式为

$$\bar{K}_q=\frac{\frac{\sum q_1T_1}{\sum T_1}}{\frac{\sum q_0T_1}{\sum T_1}}=\frac{\sum q_1\frac{T_1}{\sum T_1}}{\sum q_0\frac{T_1}{\sum T_1}}$$

（3）劳动生产率结构影响指数。劳动生产率结构影响指数是用来分析总体结构变动对劳动生产率总水平变动的影响。它是在假定各组职工劳动生产率维持基期水平不变的基础上计算的。这是为了反映人员结构变动的影响，故称之为劳动生产率结构变动影响指数。其计算公式为

$$\bar{K}_{\frac{T}{\sum T}}=\frac{\frac{\sum q_0T_1}{\sum T_1}}{\frac{\sum q_0T_0}{\sum T_0}}=\frac{\sum q_0\frac{T_1}{\sum T_1}}{\sum q_0\frac{T_0}{\sum T_0}}$$

（4）三种指数的相互关系。

相对数关系，计算公式为

可变组成指数＝固定组成指数×结构影响指数

$$\frac{\frac{\sum q_1T_1}{\sum T_1}}{\frac{\sum q_0T_0}{\sum T_0}}=\frac{\frac{\sum q_1T_1}{\sum T_1}}{\frac{\sum q_0T_1}{\sum T_1}}\times\frac{\frac{\sum q_0T_1}{\sum T_1}}{\frac{\sum q_0T_0}{\sum T_0}}，\text{即}\frac{\bar{q}_1}{\bar{q}_0}=\frac{\bar{q}_1}{\bar{q}_{01}}\times\frac{\bar{q}_{01}}{\bar{q}_0}$$

绝对数关系，计算公式为

$$\frac{\sum q_1T_1}{\sum T_1}-\frac{\sum q_0T_0}{\sum T_0}=\left(\frac{\sum q_1T_1}{\sum T_1}-\frac{\sum q_0T_1}{\sum T_1}\right)+\left(\frac{\sum q_1T_1}{\sum T_1}-\frac{\sum q_0T_0}{\sum T_0}\right)，\text{即}\bar{q}_1-\bar{q}_0=(\bar{q}_1-\bar{q}_{01})+(\bar{q}_{01}-\bar{q}_0)$$

五、计算题

1. 解：

（1）设 a、b、c 分别为小时劳动生产率、工作日长度、工作月长度，得

$$\text{月劳动生产率指数}=\frac{a_1b_1c_1}{a_0b_0c_0}=\frac{12\,672}{11\,232}=112.82\%$$

绝对数：$a_1b_1c_1-a_0b_0c_0=12\,672-11\,232=1440$（件/人）

小时劳动生产率指数 $=\dfrac{a_1b_1c_1}{a_0b_1c_1}=\dfrac{72\times8.0\times22}{60\times8.0\times22}=\dfrac{12\,672}{10\,560}=120\%$

绝对数：$a_1b_1c_1-a_0b_1c_1=12\,672-10\,560=2112$（件/人）

工作日长度指数 $=\dfrac{a_0b_1c_1}{a_0b_0c_1}=\dfrac{60\times8.0\times22}{60\times7.8\times22}=\dfrac{10\,560}{10\,296}=102.56\%$

绝对数：$a_0b_1c_1-a_0b_0c_1=10\,560-10\,296=264$（件/人）

工作月长度指数 $=\dfrac{a_0b_0c_1}{a_0b_0c_0}=\dfrac{60\times7.8\times22}{60\times7.8\times24}=\dfrac{10\,296}{11\,232}=91.67\%$

绝对数：$a_0b_0c_1-a_0b_0c_0=10\,296-11\,232=-936$（件/人）

（2）通过计算得出如下关系式。

相对数：112.82%=120%×102.56%×91.67%

绝对数：1440（件/人）=2112+264+(−936)

2. 解：

（1）设 T 为生产工人在全部职工中的比重，$q_{全员}$ 为全员劳动生产率，q 为生产工人劳动生产率。

$T_0=1600/2000=80\%$，$T_1=5800/8000=72.5\%$，$T_1/T_0=72.5\%/80\%=90.63\%$

$q_0=200\times10\,000/1600=1250$（元/人），$q_1=1000\times10\,000/5800=1724.14$（元/人）

$q_1/q_0=1724.14/1250=137.93\%$

$q_{全员0}=200\times10\,000/2000=1000$（元/人）

$q_{全员1}=1000\times10\,000/8000=1250$（元/人）

$q_{全员1}/q_{全员0}=1250/1000=125\%$

全员劳动生产率的变动情况计算如下

相对数：$\dfrac{q_{全员1}}{q_{全员0}}=\dfrac{\sum q_1T_1}{\sum q_0T_0}=\dfrac{1250}{1000}=125\%$

绝对数：$\sum q_1T_1-\sum q_0T_0=1250-1000=250$（元/人）

生产工人劳动生产率指数变动对全员劳动生产率的影响

$\dfrac{\sum q_1T_1}{\sum q_0T_1}=\dfrac{1724.14\times72.5\%}{1250\times72.5\%}=\dfrac{1250}{906.25}=137.93\%$

$\sum q_1T_1-\sum q_0T_1=1250-906.25=343.75$（元/人）

生产工人比重指数变动对全员劳动生产率的影响

$\dfrac{\sum q_0T_1}{\sum q_0T_0}=\dfrac{1250\times72.5\%}{1250\times80\%}=\dfrac{906.25}{1000}=90.63\%$

$\sum q_0T_1-\sum q_0T_0=906.25-1000=-93.75$（元/人）

（2）分析：全员劳动生产率指数提高了25%，绝对数增加了250元/人。这是因为：生产工人劳动生产率指数提高了37.93%，使全员劳动生产率绝对数增加了343.75元/人；生产工人比重指数下降了9.37%，使全员劳动生产率报告期比基期绝对数减少了93.75元/人。

计算结果归纳，得出平衡式：

125% = 137.93% × 90.63%

250(元/人) = 343.75 − 93.75

3. 解：

（1）设 Q 为产品产量，q 为劳动生产率，T 为平均职工人数，则

$$q_1 = \frac{Q_1}{T_1} = \frac{9000}{1500} = 6(\text{万吨 / 人}),\quad q_0 = \frac{Q_0}{T_0} = \frac{4000}{1000} = 4(\text{万吨 / 人})$$

相对数：$\frac{\sum q_1 T_1}{\sum q_0 T_0} = \frac{9000}{4000} = 225\%$

绝对数：$Q_1 - Q_0 = 9000 - 4000 = 5000$ （万吨）

表明报告期产量比基期产量提高了 225%，绝对数增加了 5000 万吨。

（2）由于劳动生产率变动总产量变动为

$$\frac{\sum q_1 T_1}{\sum q_0 T_1} = \frac{6\times 1500}{4\times 1500} = \frac{9000}{6000} = 150\%$$

$$\sum q_1 T_1 - \sum q_0 T_1 = 9000 - 6000 = 3000(\text{万吨})$$

表明劳动生产率指数报告期比基期提高了 50%，使产量报告期比基期增加了 3000 万吨。

由于职工人数变动对总产量的影响为

$$\frac{\sum q_0 T_1}{\sum q_0 T_0} = \frac{4\times 1500}{4\times 1000} = \frac{6000}{4000} = 150\%$$

$$\sum q_0 T_1 - \sum q_0 T_0 = 6000 - 4000 = 2000(\text{万吨})$$

表明职工人数指数报告期比基期提高了 50%，使总产量绝对数增加了 2000 万吨。

综合以上分析可得

225% = 150% × 150%

5000(万吨) = 3000(万吨) + 2000(万吨)

4. 解：设 Q 为总产值，q 为劳动生产率，T 为平均职工人数，则

$$q_0 = \frac{Q_0}{T_0} = \frac{2000}{5000} = 0.4,\qquad q_1 = \frac{Q_1}{T_1} = \frac{3000}{3000} = 1$$

总产值 Q 变动情况如下：

相对数：$\frac{\sum q_1 T_1}{\sum q_0 T_0} = \frac{3000}{2000} = 150\%$

绝对数：$Q_1 - Q_0 = 3000 - 2000 = 1000$ （万元）

即报告期产值比基期产值提高了 50%，绝对数增加了 1000 万元。

由于劳动生产率变动对总产量变动影响计算如下：

$$\frac{\sum q_1 T_1}{\sum q_0 T_1} = \frac{1\times 3000}{0.4\times 3000} = \frac{3000}{1200} = 250\%$$

$$\sum q_1 T_1 - \sum q_0 T_1 = 3000 - 1200 = 1800(\text{万元})$$

说明劳动生产率指数报告期比基期增加了 150%，使产量报告期比基期增加了 1800 万元。

劳动生产率变动对劳动量变动影响计算如下：

由于报告期产值比基期产值提高了 50%，如果劳动生产率不变，则劳动力数量必须增加 50%，从而使劳动力数量达到 $T_0(100\%+50\%)=5000\times150\%=7500$ 人；而实际上企业只用了 3000 人，这就是说，劳动生产率报告期比基期增加了 150%，使企业节约劳动力 $7500-3000=4500$ 人。

六、综合计算分析题

1. 解：设 $\overline{q}$ 为全厂劳动生产率，q 为各车间劳动生产率，f 为各车间人数，则

（1）甲车间：$q_1=24\ 000/2200=10.909$（万元/人）

$q_0=18\ 000/2000=9$（万元/人）

乙车间：$q_1=21\ 000/1600=13.125$（万元/人）

$q_0=12\ 000/1200=10$（万元/人）

（2）全厂：

$$\overline{q}_1=\frac{\sum q_1f_1}{\sum f_1}=\frac{10.91\times2200+13.125\times1600}{2200+1600}=\frac{46\ 000}{3800}=12.105(\text{万元 / 人})$$

$$\overline{q}_0=\frac{\sum q_0f_0}{\sum f_0}=\frac{9\times2000+10\times1200}{2000+1200}=\frac{30\ 000}{3200}=9.375(\text{万元 / 人})$$

$$\overline{q}_{01}=\frac{\sum q_0f_1}{\sum f_1}=\frac{9\times2200+10\times1600}{2200+1600}=\frac{35\ 800}{3800}=9.421(\text{万元 / 人})$$

（3）全厂劳动生产率可变组成指数计算如下：

$$\frac{\sum q_1f_1}{\sum f_1}\Big/\frac{\sum q_0f_0}{\sum f_0}=\frac{12.105}{9.375}=129.12\%$$

$$\frac{\sum q_1f_1}{\sum f_1}-\frac{\sum q_0f_0}{\sum f_0}=12.105-9.375=2.73(\text{万元/人})$$

对总产量的影响：$2.73\times3800=10\ 374$（万元）。

劳动生产率固定组成指数计算如下：

$$\frac{\sum q_1f_1}{\sum f_1}\Big/\frac{\sum q_0f_1}{\sum f_1}=\frac{12.105}{9.421}=128.490\%$$

$$\frac{\sum q_1f_1}{\sum f_1}-\frac{\sum q_0f_1}{\sum f_1}=12.105-9.421=2.684(\text{万元/人})$$

对总产量的影响：$2.684\times3800=10\ 199.2$（万元）。

劳动生产率结构影响指数计算如下：

$$\frac{\sum q_0f_1}{\sum f_1}\Big/\frac{\sum q_0f_0}{\sum f_0}=\frac{9.421}{9.375}=100.49\% \quad \frac{\sum q_0f_1}{\sum f_1}-\frac{\sum q_0f_0}{\sum f_0}=9.421-9.375=0.046(\text{万元/人})$$

对总产量的影响：$0.046\times3800=174.8$（万元）。

分析：全厂劳动生产率可变组成指数提高了 29.12%，绝对数增加了 2.73 万元/人，使全厂总产量增加了 10 374 万元。这是由于劳动生产率固定组成指数提高了 28.49%，全厂劳动生产率绝对数增加了 2.684 万元/人，全厂总产量增加了 10 199.2 万元；而由于劳动生产率结构影响指数提高了 0.49%，全厂劳动生产率报告期比基期绝对数增加了 0.046 万元/人，全厂总产量增加了 174.8 万元。

综合以上计算结果得出平衡式：

129. 12% = 128. 49% × 100. 49%

2. 73（万元/人）= 2. 684 + 0. 046

10 374（万元）= 10 199. 2 + 174. 8

2. 解：设 $q_{全员}$ 为全员劳动生产率，q 为生产工人劳动生产率，T 为生产工人在全部职工中的比重。

计算并把计算结果填入表 4-7 中。

表 4-7

指标	总产值/万元	职工人数			劳动生产率/（元/人）	
		全部职工/人	生产工人/人	生产工人比重/%	生产工人劳动生产率	全员劳动生产率
基期				80	2500	2000
报告期				90	2777. 78	2500
指数		不填数据		1. 125	1. 11	1. 25

（1）$T_0 = 800/1000 = 80\%$，$T_1 = 1800/2000 = 90\%$，$T_1/T_0 = 90/80 = 1.125$。

（2）$q_0 = 200 \times 10\,000/800 = 2500$（元/人），$q_1 = 500 \times 10\,000/1800 = 2777.78$（元/人），$q_1/q_0 = 2777.78/2500 = 1.11$。

（3）$q_{全员0} = 200 \times 10\,000/1000 = 2000$（元/人），$q_{全员1} = 500 \times 10\,000/2000 = 2500$（元/人），$q_{全员1}/q_{全员0} = 2500/2000 = 1.25$。

（4）全员劳动生产率的变动情况计算如下：

相对数：$\dfrac{q_{全员1}}{q_{全员0}} = \dfrac{\sum q_1T_1}{\sum q_0T_0} = \dfrac{2777.78 \times 90\%}{2500 \times 80\%} = \dfrac{2500}{2000} = 125\%$

绝对数：$\sum q_1T_1 - \sum q_0T_0 = 2500 - 2000 = 500$ （元/人）

生产工人劳动生产率指数变动对全员劳动生产率的影响：

$$\frac{\sum q_1T_1}{\sum q_0T_1} = \frac{2777.78 \times 90\%}{2500 \times 90\%} = \frac{2500}{2250} = 111.11\%$$

$\sum q_1T_1 - \sum q_0T_1 = 2500 - 2250 = 250$ （元/人）

生产工人比重指数变动对全员劳动生产率的影响

$$\frac{\sum q_0T_1}{\sum q_0T_0} = \frac{2500 \times 90\%}{2500 \times 80\%} = \frac{2250}{2000} = 112.50\%$$

$\sum q_0T_1 - \sum q_0T_0 = 2250 - 2000 = 250$（元/人）

分析：①全员劳动生产率指数提高了 25%，绝对数增加了 500 元/人。这是由于②生产工人劳动生产率指数提高了 11. 11%，使全员劳动生产率绝对数增加了 250 元/人。③生产工人比重指数提高了 12. 5%，使全员劳动生产率报告期比基期绝对数增加了 250 元/人。

计算结果归纳，得出平衡式：

125% = 111. 11% × 112. 5%　　　即相对数：① = ② × ③

500（元/人）= 250 + 250　　　即绝对数：① = ② + ③

第5章 劳动定额统计

考核内容

1．劳动定额的概念、性质与类型。
2．劳动定额统计的重要性与任务。
3．劳动时间统计。
4．劳动定额完成情况统计。
5．劳动定额实施结果分析。
6．劳动定额管理状况的统计分析。

一、劳动定额的概念、性质与类型

（一）劳动定额的概念

劳动定额是指在一定生产技术组织条件下，采用科学合理的方法，为劳动者完成单位合格产品或劳务，所预先规定的必要劳动消耗量的标准，或者规定在单位时间内完成合格产品的数量标准。具体地说，就是在单位时间内应当生产多少产品，或者生产每一单位产品应当用多少时间。

（二）劳动定额的性质

劳动定额的性质，主要有以下四方面。

（1）规范性。劳动定额具有一定强制性、约束性。

（2）凝固性。劳动定额作为一种标准，衡量和反映劳动的凝固形态，不是潜在或流动形态。

（3）综合性。劳动定额是一项综合指标，综合反映企业一定时期的技术和管理水平。

（4）相对性。劳动定额是相对的概念，在一定时间和生产技术组织条件下制定，不是一成不变的。

（三）劳动定额的类型

（1）工时定额。也称时间定额，用时间来表示劳动定额，即规定一个工人（或一组工人）完成单位质量合格产品或完成某项工作必须消耗的劳动时间标准，一般以 8 个“工时”的工作时间为 1 个“工日”单位。

（2）产量定额。用产量来表示劳动定额。规定在单位时间（一般是一个工日）内，一个工人（或一组工人）应完成单位质量合格产品或完成某项工作的数量。

（3）看管定额。用看管机器设备的数量来表示的劳动定额。即在单位时间（一般是一个工日）内，一个工人（或一组工人）应当同时看管的机器设备台数，或机器设备上的操作岗位的数目。

（4）服务定额。用服务量来表示劳动定额。即在单位时间（工日）内，一个工人（或一组工人）应完成服务项目的数量。

（5）工作定额。是指为完成企业的技术、经济、管理、服务等工作规定的必要劳动消耗量。

二、劳动定额统计的重要性与任务

（一）劳动定额统计的重要性

（1）劳动定额统计是合理组织劳动的重要依据。

（2）劳动定额统计是调动劳动者生产积极性的手段。

（3）劳动定额统计是组织劳动竞赛，不断提高劳动生产率的重要工具之一。

（4）劳动定额统计是企业中贯彻按劳分配原则的条件。
（5）劳动定额统计是全面经济效益核算及分析的手段。

（二）劳动定额统计的主要任务

（1）统计和计算实耗工时与完成定额工时。
（2）统计、检查、分析与评定劳动定额的完成情况及各项指标。
（3）统计与分析现行劳动定额水平。
（4）统计与分析劳动定额管理工作情况。

三、劳动时间统计

（一）产品实耗工时的概念和种类

1. 产品实耗工时的概念

产品实耗工时，也称实作工时、实用工时、实动工时等，即在正常的生产技术组织条件下，生产工人为完成生产任务或生产质量合格产品而实际消耗的以工时为统计单位的劳动时间。

2. 产品实耗工时的类型

产品实耗工时根据不同的角度可以划分为不同的类型。

（1）按照统计范围分类：总产品的实耗工时和单位产品的实耗工时。

（2）按照生产单位和工艺过程分类：车间或班组的实耗工时、工种的实耗工时、工序的实耗工时等。

3. 产品实耗工时的统计方法

（1）以产品为对象统计产品实耗工时。
（2）以生产者或生产单位为对象统计产品实耗工时。

（二）以产品为对象汇总产品实耗工时

1. 以原始记录为根据的产品实耗工时统计

（1）按产品零件逐道工序汇总产品的实耗工时。
（2）按产品批量统计汇总实耗工时。
（3）按照重点产品、重点零部件和主要工序统计汇总实耗工时。

2. 以现场测定为基础的产品实耗工时统计

为了确切掌握生产工人工作时间的支配情况，使制定和修订出的新定额达到先进合理的要求，还必须采用以下几种方法，对生产工人加工产品的实耗工时，以及整个工作班、工作时间消耗进行直接观察。

（1）工作日写实。对生产工人整个工作日中工时利用情况进行观测可以掌握以下几类时间及其在工作日中的比重。

一是实际用于作业及完成作业所必需的工时消耗，如作业时间、组织与技术性宽放时间、休息与生理需要宽放时间、准备与结束时间等。

二是不必要的工时损失和占用，如停工时间、非生产工作时间等。

产品实耗工时主要是由第一类时间构成的，而第二类时间直接制约和影响着产品实耗工时的多少。

（2）测时。以工序为对象进行现场观测，可以进一步掌握工人在加工产品中作业等类时间的消耗情况，分析和研究各个工序工时消耗的构成，为统计汇总产品实耗工时提供基础数据。

（3）瞬间观察法。根据统计抽样的原理，通过对现场操作者或机器设备进行随机的瞬间观测，调查各项活动作业事项的发生次数及发生率，可以对产品实耗工时进行统计推断，并能保证其具有一定的信度和效度。

（三）以生产者为对象汇总产品实耗工时

这种方法是按照生产单位和生产者个人统计总实耗工时。由于各生产单位和每个生产工人在同一时期内，加工制作的产品是不同的，这种方法适用于品种单一，生产比较稳定，大量、大批生产的企业，便于生产单位之间的比较。

（四）计算单位产品的实耗工时

（1）直接计算法。直接利用实耗工时除以产品总量求出单位产品实耗工时。

（2）间接计算法。对大量生产的企业，由于生产连续性强，很难区别投入批量。这时，可以企业产品现行工时定额为基础，按车间分产品，根据分工种的定额完成系数（劳动定额完成程度指标）计算出单位产品的实耗工时。

（五）生产者完成定额工时的统计

四、劳动定额完成情况统计

（一）作业者个人劳动定额完成情况统计

作业者个人生产单一产品或完成某道工序的计算。

（二）生产单位劳动定额完成情况统计

1. 综合计算法

首先计算出生产单位在一定时期内所完成的定额工时的综合与实耗工时的总和，然后计算生产单位综合平均定额完成率。

2. 分组计算法

在对生产人员按定额完成程度分组的基础上，计算平均定额完成率和达额面，说明生产单位内部成员完成定额的情况。

（三）劳动定额完成情况统计应注意的问题

1. 报告期产品产量的范围

（1）如果为了反映劳动效率来计算生产工人、班组或车间的劳动定额完成率指标，那么不是因为工人、班组或车间过失而造成的废品，应统计在产品产量范围内，因为生产废品也要消耗劳动时间，这样才能真实地反映工人、班组及车间完成定额的能力。但是如果废品是由于工人、班组、车间自身原因产生的，则不应统计在内。

（2）如果为了反映整个企业劳动定额的完成情况而计算劳动定额完成率指标，那么，不论何种原因造成的废品，都不能计算在产量范围之内。因为企业产生的废品，无论是因为什么原因造成的，都是企业自身的责任，应由企业负责。因此，废品不应计算在内，以真实地反映整个企业完成劳动定额的水平。

2. 工时定额的内容

企业在生产失常情况下计算劳动定额应该考虑如何处理追加定额或补充定额。此时，正常生产条件下的原工时定额称为基本定额。

（1）计算整个生产单位劳动定额完成程度指标时，不正常的生产技术组织条件的出现是企业自身的责任，所以，工时定额中不应包括追加定额，这样才能反映出企业在劳动定额管理中存在的问题。

（2）计算车间劳动定额完成情况指标时，也必须先分析原因。如果不正常的生产技术条件是车间的责任，则工时定额中就不应包括追加定额，否则就包括追加定额。

（3）计算生产工人或班组劳动定额完成率时，对不正常的生产技术组织条件和非工人、班组自身原因所造成的追加定额或补充定额，应该计算在单位产品工时定额之内。

（四）劳动定额完成情况指标的计算方法

（1）工人小时劳动定额完成情况指标为$\dfrac{\sum(Q_1+Q_1')\times(t_n+t_n')}{\sum T_1}$。

（2）企业综合劳动定额完成情况指标为$\dfrac{\sum Q_1\times t_n}{\sum T_1+\sum T_2+\sum T_3+\sum T_4}$。

（3）企业合格品劳动定额完成情况指标为$\dfrac{\sum Q_1\times t_n}{\sum T_1}$。

（4）劳动条件失常情况下增耗劳动时间占实际消耗工时的比重指标为$\dfrac{\sum(Q_1+Q_1')\times t_n'+Q_1'\times t_n}{\sum T_1}$。

五、劳动定额实施结果分析

（一）劳动定额水平的统计分析

作为对比标准的劳动定额，可以分别采用下列方法得出：①技术测定的劳动定额；②按定额标准制定的劳动定额；③同行业先进的劳动定额；④历史上最高水平的劳动定额。

（二）企业劳动条件失常对劳动定额完成情况的影响分析

需要统计分析的主要计算指标有：①生产工人劳动定额完成程度；②企业劳动定额完成情况；③企业劳动条件失常下的增耗工时占实耗工时的比重；④以企业全部工时消耗为基础的劳动定额综合完成程度指标。

六、劳动定额管理状况的统计分析

（一）企业劳动定额实行范围的统计指标

（1）基本生产工人定额实施率。
（2）生产工人定额实施率。
（3）全部职工定额实施率。

（二）产品定额制定规模和方法的统计指标

（1）产品工序定额制定率。
（2）产品工序技术定额率。

（三）劳动定额调整幅度的统计指标

（1）定额工时压缩率。
（2）定额产量增长率。

重点和难点

本章重点主要是劳动定额的概念、性质与类型的辨析、劳动工时的统计、劳动定额完成情况统计与工人、企业劳动定额完成情况计算及企业劳动条件失常对劳动定额完成情况的影响分析。

同步综合练习题

一、单项选择题

1. 在一定生产技术组织条件下，采用科学合理的方法，为劳动者完成单位合格产品或劳务，所预先规定的必要劳动消耗量的标准是指（　　）。

A. 工时定额　　B. 看管定额

C. 产量定额　　D. 劳动定额

2. 规定一个工人（或一组工人）完成单位质量合格产品或完成某项工作必须消耗的劳动时间标准是指（　　）。

A. 工时定额　　B. 工作定额

C. 产量定额　　D. 劳动定额

3. 规定在单位时间（一般是一个工日）内，一个工人（或一组工人）应完成单位质量合格产品或完成某项工作的数量是指（　　）。

A. 工时定额　　B. 工作定额

C. 产量定额　　D. 劳动定额

4. 定额工时压缩率、定额产量增长率属于（　　）。

A. 劳动定额调整幅度的统计指标

B. 产品定额制定规模和方法的统计指标

C. 追加的劳动定额调整幅度的统计指标

D. 企业劳动定额实行范围的统计指标

5. 在单位时间（一般是一个工日）内，一个工人（或一组工人）应当同时看管的机器设备台数，或机器设备上的操作岗位的数目是指（　　）。

A. 看管定额　　B. 工时定额

C. 产量定额　　D. 工作定额

6. 为企业的技术、经济、管理、服务等工作规定的必要劳动消耗量是指（　　）。

A. 工作定额　　B. 工时定额

C. 产量定额　　D. 服务定额

7. 在正常的生产技术组织条件下，生产工人为完成生产任务或生产质量合格产品而实际消耗的以工时为统计单位的劳动时间称为（　　）。

A. 产品实耗工时　　B. 产品计划工时

C. 产品定额工时　　D. 产品加班工时

8. 将产品实耗工时的类型分为“总产品的实耗工时和单位产品的实耗工时”两类，分类的依据是（　　）。

A. 按照统计范围分类　　B. 按照生产单位和工艺过程分类

C. 按照生产对象分类　　D. 按照生产过程分类

9. 将产品实耗工时的类型分为“车间或班组的实耗工时、工种的实耗工时、工序的实耗工时”三类，分类的依据是（　　）。

A. 按照统计范围分类　　B. 按照生产单位和工艺过程分类
C. 按照生产对象分类　　D. 按照生产过程分类

10. 在现场测定为基础的产品实耗工时统计中，对生产工人整个工作日中工时利用情况进行观测的方法属于（　　）。

A. 原始记录统计　　B. 工作日写实
C. 测时　　D. 瞬间观察法

11. 在现场测定为基础的产品实耗工时统计中，以工序为对象进行现场观测，可以进一步掌握工人在加工产品中作业等类时间的消耗情况，分析和研究各个工序工时消耗构成的方法属于（　　）。

A. 原始记录统计　　B. 工作日写实
C. 测时　　D. 瞬间观察法

12. 在现场测定为基础的产品实耗工时统计中，对现场操作者或机器设备进行随机的瞬间观测，调查各项活动作业事项的发生次数及发生率，可以对产品实耗工时进行统计推断的方法属于（　　）。

A. 原始记录统计　　B. 工作日写实
C. 测时　　D. 瞬间观察法

13. 一工人生产某种产品的产量定额为一个工日 110 个，实际一个工日完成了 120 个，则该工人产量定额完成率是（　　）。

A. 91.67%　　B. 139%　　C. 80%　　D. 109%

14. 某企业某工序加工某产品 A 零件的工时定额为 3 小时，B 零件为 2 小时，C 零件为 8 小时，D 零件为 4 小时，某工人分别各生产了 8、5、3、4 个，实耗总工时为 60 小时，则该工人的工时定额完成程度为（　　）。

A. 123.33%　　B. 139%　　C. 91.67%　　D. 81.08%

15. 某车间完成定额工时的总和为 19 000 小时，实耗工时的总和为 17 800 小时，则该车间综合平均定额完成率计算为（　　）。

A. 123.33%　　B. 106.74%　　C. 91.67%　　D. 81.08%

16. 首先计算出生产单位在一定时期内所完成的定额工时的综合与实耗工时的总和，然后计算生产单位综合平均定额完成率的方法属于（　　）。

A. 原始记录法　　B. 综合计算法
C. 分组计算法　　D. 瞬间观察法

17. 在对生产人员按定额完成程度分组的基础上，计算平均定额完成率和达额面，说明生产单位内部成员完成定额的情况的方法属于（　　）。

A. 原始记录法　　B. 综合计算法
C. 分组计算法　　D. 瞬间观察法

18. 在计算报告期产品产量时，为了反映劳动效率来计算生产工人、班组或车间的劳动定额完成率指标，下列说法不成立的是（　　）。

A. 如果废品不是因为工人、班组过失而造成的废品，应统计在产品产量范围内
B. 如果废品是由于工人、班组自身原因产生的，则不应统计在内

C. 如果为了反映整个企业劳动定额的完成情况而计算劳动定额完成率指标，那么，不论何种原因造成的废品，都不能计算在产量范围之内

D. 废品不应计算在内，以真实地反映劳动定额完成情况

19. 在计算报告期产品产量时，为了反映整个企业劳动定额的完成情况而计算劳动定额完成率指标，下列说法不成立的是（　　）。

A. 如果废品不是因为工人、班组过失而造成的废品，应统计在产品产量范围内

B. 如果废品是由于工人、班组自身原因产生的，则不应统计在内

C. 不论何种原因造成的废品，都计算在产量范围之内

D. 废品不应计算在内，以真实地反映劳动定额完成情况

20. 基本生产工人定额实施率、生产工人定额实施率属于（　　）。

A. 劳动定额调整幅度的统计指标

B. 产品定额制定规模和方法的统计指标

C. 追加的劳动定额调整幅度的统计指标

D. 企业劳动定额实行范围的统计指标

21. 生产工人在工作时间内劳动条件失常情况下的劳动定额完成情况指标是指（　　）。

A. 企业工人劳动定额完成情况统计指标

B. 合格品追加的定额工时占实耗工时的比重

C. 增耗工时占实耗工时的比重

D. 计入产品产量的废品的实际消耗工时指标

22. 作业者实作工时公式为（　　）。

A. 实作工时 = 制度工时 − 缺勤工时 − 停工工时 − 非生产工时 + 停工被利用工时 −加班加点工时

B. 实作工时 = 制度工时 − 缺勤工时 − 停工工时 − 非生产工时 − 停工被利用工时 + 加班加点工时

C. 实作工时 = 制度工时 − 缺勤工时 − 停工工时 − 非生产工时 + 停工被利用工时 + 加班加点工时

D. 实作工时 = 制度工时＋缺勤工时 − 停工工时 − 非生产工时 + 停工被利用工时 + 加班加点工时

23. 定额工时压缩率代表的是（　　）。

A. 劳动定额调整幅度的指标　　B. 产品定额制定规模的指标

C. 产品定额制定方法的指标　　D. 劳动定额实行范围的指标

24. 劳动定额是在生产（工作）进行的哪个时间段制定的（　　）。

A. 之后　　B. 之前

C. 当中　　D. 前三种均可以

25. 生产工人劳动定额完成程度指标为（　　）。

A. $\dfrac{\sum(Q_1+Q_1')\times(t_n+t_n')}{\sum T_1}$　　B. $\dfrac{\sum(Q_1+Q_1')\times t_n'+Q_1'\times t_n}{\sum T_1}$

C. $\frac{\sum Q_1 \times t_n}{\sum T_1}$　　D. $\frac{\sum Q_1 \times t_n}{\sum T_1 + \sum T_2 + \sum T_3 + \sum T_4}$

26. 企业劳动条件失常增耗工时占实耗工时的比重指标为（　　）。

A. $\frac{\sum (Q_1 + Q_1') \times (t_n + t_n')}{\sum T_1}$　　B. $\frac{\sum (Q_1 + Q_1') \times t_n' + Q_1' \times t_n}{\sum T_1}$

C. $\frac{\sum Q_1 \times t_n}{\sum T_1}$　　D. $\frac{\sum Q_1 \times t_n}{\sum T_1 + \sum T_2 + \sum T_3 - \sum T_4}$

27. 企业劳动定额完成程度指标为（　　）。

A. $\frac{\sum (Q_1 + Q_1') \times (t_n + t_n')}{\sum T_1}$　　B. $\frac{\sum (Q_1 + Q_1') \times t_n' + Q_1' \times t_n}{\sum T_1}$

C. $\frac{\sum Q_1 \times t_n}{\sum T_1}$　　D. $\frac{\sum Q_1 \times t_n}{\sum T_1 + \sum T_2 + \sum T_3 + \sum T_4}$

28. 企业劳动定额综合完成程度指标为（　　）。

A. $\frac{\sum (Q_1 + Q_1') \times (t_n + t_n')}{\sum T_1}$　　B. $\frac{\sum (Q_1 + Q_1') \times t_n' + Q_1' \times t_n}{\sum T_1}$

C. $\frac{\sum Q_1 \times t_n}{\sum T_1}$　　D. $\frac{\sum Q_1 \times t_n}{\sum T_1 + \sum T_2 + \sum T_3 + \sum T_4}$

二、多项选择题

1. 关于劳动定额，下列说法正确的是（　　）。
   A. 劳动定额是规定劳动者完成单位合格产品，所预先规定的必要劳动消耗量的标准
   B. 劳动定额是规定劳动者完成单位符合质量的劳务，所预先规定的必要劳动消耗量的标准
   C. 劳动定额是规定在单位时间内完成合格产品的数量标准
   D. 劳动定额是规定在单位时间内应当生产多少产品
   E. 劳动定额是规定生产每一单位产品应当用多少时间
2. 劳动定额的性质，主要有哪些方面（　　）。
   A. 规范性　　B. 凝固性
   C. 综合性　　D. 相对性
   E. 绝对性
3. 常用的劳动定额类型有（　　）。
   A. 工时定额　　B. 产量定额
   C. 看管定额　　D. 服务定额
   E. 工作定额
4. 劳动定额统计的重要性主要体现在（　　）。
   A. 劳动定额统计是合理组织劳动的重要依据
   B. 劳动定额统计是调动劳动者生产积极性的手段

C. 劳动定额统计是组织劳动竞赛，不断提高劳动生产率的重要工具之一
D. 劳动定额统计是企业中贯彻按劳分配原则的条件
E. 劳动定额统计是全面经济效益核算及分析的手段

5. 劳动定额统计的主要任务包括以下哪几个方面（　　）。
A. 统计和计算实耗工时与完成定额工时
B. 统计、检查、分析与评定劳动定额的完成情况及各项指标
C. 统计与分析现行劳动定额水平
D. 统计与分析其他企业劳动定额水平
E. 统计与分析劳动定额管理工作情况

6. 属于劳动定额调整幅度统计的指标有（　　）。
A. 定额产量增长率　　B. 产品工序定额制定率
C. 产品工序技术定额率　　D. 生产工人定额实施率
E. 定额工时压缩率

7. 按照生产单位和工艺过程分类，产品实耗工时的类型可划分为（　　）。
A. 车间或班组的实耗工时　　B. 单位产品的实耗工时
C. 总产品的实耗工时　　D. 工种的实耗工时
E. 工序的实耗工时

8. 常用的产品实耗工时统计方法有（　　）。
A. 按产品零件逐道工序汇总产品的实耗工时
B. 以生产者或生产单位为对象统计产品实耗工时
C. 按产品批量统计汇总实耗工时
D. 以产品为对象统计产品实耗工时
E. 按照重点产品、重点零部件和主要工序统计汇总实耗工时

9. 在计算报告期产品产量时，为了反映劳动效率来计算生产工人、班组或车间的劳动定额完成率指标，下列说法正确的是（　　）。
A. 如果废品不是因为工人、班组过失而造成的废品，应统计在产品产量范围内
B. 如果废品是由于工人、班组自身原因产生的，则不应统计在内
C. 不论何种原因造成的废品，都不能计算在产量范围之内
D. 废品不应计算在内，以真实地反映劳动定额完成情况
E. 不论何种原因造成的废品，都计算在产量范围之内

10. 以现场测定为基础的产品实耗工时统计方法中，主要采用的方法有（　　）。
A. 工作日写实　　B. 测时
C. 瞬间观察法　　D. 统计台账汇总
E. 原始记录统计

11. 在计算报告期产品产量时，为了反映劳动效率来计算整个企业的劳动定额完成情况指标，下列说法正确的是（　　）。
A. 如果废品不是因为工人、班组过失而造成的废品，应统计在产品产量范围内
B. 如果废品是由于工人、班组自身原因产生的，也不应统计在内
C. 不论何种原因造成的废品，都不能计算在产量范围之内

D. 废品不应计算在内，以真实地反映劳动定额完成情况

E. 不论何种原因造成的废品，都计算在产量范围之内

12. 作为对比标准的劳动定额，可以分别采用下列哪些方法得出（　　）。

A. 技术测定的劳动定额

B. 按定额标准制定的劳动定额

C. 同行业先进的劳动定额

D. 历史上最高水平的劳动定额

E. 历史上最低水平的劳动定额

13. 对企业劳动条件失常对劳动定额完成情况的影响进行分析时，需要统计分析的主要计算指标有（　　）。

A. 生产工人劳动定额完成程度

B. 管理人员劳动定额完成程度

C. 企业劳动定额完成情况

D. 企业劳动条件失常下的增耗工时占实耗工时的比重

E. 以企业全部工时消耗为基础的劳动定额综合完成程度指标

三、简答题

1. 简述劳动定额统计的重要性的主要表现。
2. 简述劳动定额统计的主要任务。
3. 简述以现场测定为基础的产品实耗工时统计方法的分类。
4. 简述企业劳动条件失常对劳动定额完成情况的影响分析。

四、论述题

试论述企业在实际工作中计算劳动定额的方法。

五、计算题

1. 某企业计算期生产工人工时消耗与产量等资料为：合格品产量6000件，非工人原因造成的废品产量400件；基本定额3.5工时/件，追加定额0.5工时/件；实耗工时22 200工时，缺勤2000工时，停工1200工时，非生产400工时。

问题：

（1）计算该企业工人与企业各种劳动定额完成情况。

（2）分析条件失常和劳动时间利用欠佳对劳动定额完成情况的影响。

2. 某企业生产产量与工时定额如表5-1所示。

表5-1

指标名称	合格品 Q_1	非工人过失造成的废品 Q_n	基本工时定额 T_n	追加工时定额 T_n'	全部实耗工时 T_1	停工工时 T_2	缺勤工时 T_3	非生产工时 T_4
单位	件	件	工时/件	工时/件	工时	工时	工时	工时
指标值	10 000	200	4	0.5	44 000	2 000	1 500	600

问题：

（1）计算该企业工人与企业各种劳动定额完成情况。

（2）分析条件不正常和劳动时间利用不充分对劳动定额完成情况的影响。

六、综合计算分析题

1. 某企业 12 月份（31 天）公假 8 天，采取一班制劳动（8 小时/日），生产工人月平均人数为 300 人，其他情况如表 5-2 所示。

表 5-2　　单位：工时

项目	缺勤工时	停工工时	非生产工时	加班加点工时	停工被利用工时
合计	1500	1800	900	2200	900

生产产量与工时定额如表 5-3 所示。

表 5-3

指标名称	合格品 Q_1	非工人原因的废品 Q'_1	基本工时定额 t_n	追加工时定额 t'_n
单位	件	件	工时/件	工时/件
指标值	20 000	500	2. 5	0. 5

问题：

（1）该企业的日历工时数、制度工时数、出勤工时数、制度内实际工作工时数、全部实际工时数。

（2）计算该企业工人与企业各种劳动定额完成情况。

（3）分析条件不正常和劳动时间利用不充分对劳动定额完成情况的影响。

2. 某企业 2008 年 4 月份（30 天）有公假 8 天，采取一班制劳动，每班 8 小时，生产工人月平均人数为 500 人，其他情况如表 5-4 和表 5-5 所示。

表 5-4　　单位：工日

项目	缺勤工日	停工工日	非生产工日	加班加点工日	停工被利用工日
合计	600	300	100	300	200

表 5-5

项目	合格品产量/件	非工人原因造成的废品产量/件	基本定额工时/工时	追加定额工时/工时
合计	40 000	1 800	2	0. 5

问题：

（1）该企业的日历工日数、公假工日数、制度工日数、出勤工日数、制度内实际工作工日数、全部实际工日数。

（2）计算该企业工人与企业各种劳动定额完成情况并分析条件不正常和劳动时间利用不充分对劳动定额完成情况的影响。

参考答案

一、 单项选择题

1. D	2. A	3. C	4. A	5. A
6. A	7. A	8. A	9. B	10. B
11. C	12. D	13. D	14. A	15. B
16. B	17. C	18. D	19. C	20. D
21. C	22. C	23. A	24. B	25. A
26. B	27. C	28. D		

二、 多项选择题

1. ABCDE	2. ABCD	3. ABCDE	4. ABCDE	5. ABCE
6. AE	7. ADE	8. ABCDE	9. AB	10. ABC
11. BCD	12. ABCD	13. ACDE		

三、简答题

1. 劳动定额统计的重要性主要表现在:

（1）劳动定额统计是合理组织劳动的重要依据；

（2）劳动定额统计是调动劳动者生产积极性的手段；

（3）劳动定额统计是组织劳动竞赛，不断提高劳动生产率的重要工具之一；

（4）劳动定额统计是企业中贯彻按劳分配原则的条件；

（5）劳动定额统计是全面经济效益核算及分析的手段。

2. 劳动定额统计的主要任务包括:

（1）统计和计算实耗工时与完成定额工时；

（2）统计、检查、分析与评定劳动定额的完成情况及各项指标；

（3）统计与分析现行劳动定额水平；

（4）统计与分析劳动定额管理工作情况。

3. 以现场测定为基础的产品实耗工时统计方法可分为:

（1）工作日写实。对生产工人整个工作日中工时利用情况进行观测可以掌握以下几类时间及其在工作日中的比重。

（2）测时。以工序为对象进行现场观测，可以进一步掌握工人在加工产品中作业等类时间的消耗情况，分析和研究各个工序工时消耗的构成，为统计汇总产品实耗二时提供基础数据。

（3）瞬间观察法。根据统计抽样的原理，通过对现场操作者或机器设备进行随机的瞬间观测，调查各项活动作业事项的发生次数及发生率，可以对产品实耗工时进行统计推断，并能保证其具有一定的信度和效度。

4. 需要统计分析的主要计算指标有：

（1）生产工人劳动定额完成程度；

（2）企业劳动定额完成情况；

（3）企业劳动条件失常下的增耗工时占实耗工时的比重；

（4）以企业全部工时消耗为基础的劳动定额综合完成程度指标。

四、论述题

企业在实际工作中是通过以下方法计算劳动定额的：

（1）生产工人定额完成程度 $=\dfrac{\sum(Q_1+Q_1')\times(t_n+t_n')}{\sum T_1}\times100\%$。

（2）企业劳动定额完成程度指标 $=\dfrac{\sum Q_1\times t_n}{\sum T_1}\times100\%$。

（3）企业劳动条件失常增耗工时占实耗工时的比重 $=\dfrac{\sum(Q_1+Q_1')\times t_n'+Q_1'\times t_n}{\sum T_1}\times100\%$。

（4）以企业全部工时消耗为基础的劳动定额综合完成程度

$$=\frac{\sum Q_1\times t_n}{\sum T_1+\sum T_2+\sum T_3+\sum T_4}\times100\%\ 。$$

五、计算题

1. 解：

（1）生产工人定额完成程度

$$=\frac{\sum(Q_1+Q_1')\times(t_n+t_n')}{\sum T_1}\times100\%$$

$$=\frac{(6000+400)\times(3.5+0.5)}{22\,200}\times100\%$$

$$=\frac{22\,925}{22\,200}\times100\%=115.32\%$$

企业劳动条件失常增耗工时占实耗工时的比重

$$=\frac{\sum(Q_1+Q_1')\times t_n'+Q_1'\times t_n}{\sum T_1}\times100\%$$

$$=\frac{(6000+400)\times0.5+400\times3.5}{22\,200}\times100\%$$

$$=\frac{4600}{22\,200}\times100\%=20.72\%$$

企业劳动定额完成程度指标 $=\dfrac{\sum Q_1\times t_n}{\sum T_1}\times100\%=\dfrac{6000\times3.5}{22\,200}\times100\%=94.60\%$

以企业全部工时消耗为基础的劳动定额综合完成程度

$$=\frac{\sum Q_1\times t_n}{\sum T_1+\sum T_2+\sum T_3+\sum T_4}\times 100\%$$

$$=\frac{6000\times 3.5}{22\,200+2000+1200+400}\times 100\%$$

$$=\frac{21\,000}{25\,800}=81.40\%$$

（2）劳动条件不正常和劳动时间利用不充分对劳动定额完成情况的影响分析如下：由于劳动条件失常，损失了4600个定额工时，企业劳动定额少完成20.72%；由于停工时间、非生产时间、缺勤工时合计为3600小时，按企业劳动定额完成程度计算，总计约3600 × 94.59% = 3405工时，企业劳动定额少完成了13.20%（3405/25 800 × 100%），企业最后劳动定额完成程度为81.40%。

2. 解：

（1）生产工人定额完成程度

$$=\frac{(\text{合格品数量}+\text{废品数量})\times(\text{基本定额}+\text{追加定额})}{\text{实耗工时总数}}\times 100\%$$

$$=\frac{(10\,000+200)\times(4+0.5)}{44\,000}\times 100\%=\frac{10\,200\times 4.5}{44\,000}\times 100\%=\frac{45\,900}{44\,000}\times 100\%=104.31\%$$

$$\text{企业劳动定额完成程度指标}=\frac{\text{合格品数量}\times\text{基本定额}}{\text{实耗工时总数}}\times 100\%=\frac{10\,000\times 4.0}{44\,000}\times 100\%=90.91\%$$

企业劳动条件失常增耗工时占实耗工时的比重

$$=\frac{(\text{合格品数量}+\text{废品数量})\times\text{追加定额}+\text{废品数量}\times\text{基本定额}}{\text{实耗工时总数}}\times 100\%$$

$$=\frac{(10\,000+200)\times 0.5+200\times 4.0}{44\,000}\times 100\%=\frac{5100+800}{44\,000}\times 100\%=\frac{5900}{44\,000}=13.41\%$$

以企业全部工时消耗为基础的劳动定额综合完成程度

$$=\frac{\text{合格品数量}\times\text{基本定额工时}}{\text{实耗工时总数}+\text{停工工时总数}+\text{非生产工时总数}+\text{缺勤工时总数}}\times 100\%$$

$$=\frac{10\,000\times 4.0}{44\,000+2000+1500+600}\times 100\%=\frac{40\,000}{48\,100}=83.16\%$$

（2）企业与生产工人的劳动定额完成程度存在差别的原因分析如下：由于劳动条件不正常，损失了5900个定额工时，企业劳动定额少完成13. 41%；由于出勤率偏低，劳动时间利用不充分，停工时间、非生产时间、缺勤工时合计为4100小时，按企业劳动定额完成程度计算，总计约4100 × 90. 91% = 3727工时，企业劳动定额少完成了90.91% − 83.16% = 7.75 %。

六、综合计算分析题

1. 解：

（1）各种工作时间计算如下：

日历工时数 = 300 × 31 × 8 = 74 400（工时）

公假工时数 = 8 × 300 × 8 = 19 200（工时）

制度工时数 = 日历工时数 － 公假工时数 = 74 400 − 19 200 = 55 200（工时）

出勤工时数 = 制度工作时间 − 缺勤工作时间 = 55 200 − 1500 = 53 700（工时）

制度内实际工作工时数 = 出勤工时 − 非生产工时 − 停工工时 + 停工被利用工时 = 53 700 − 900 − 1800 + 900 = 51 900（工时）

全部实际工时数 = 制度内实际工时 + 加班加点工时 = 51 900 + 2 200 = 54 100（工时）

（2）该企业工人与企业各种劳动定额完成情况计算如下：

$$\text{生产工人定额完成程度} = \frac{(\text{合格品数量}+\text{废品数量})\times(\text{基本定额}+\text{追加定额})}{\text{实耗工时总数}}\times 100\%$$

$$= \frac{(20\,000+500)\times(2.5+0.5)}{54\,100}\times 100\% = \frac{61\,500}{54\,100}\times 100\% = 113.68\%$$

企业劳动条件失常增耗工时占实耗工时的比重

$$= \frac{(\text{合格品数量}+\text{废品数量})\times\text{追加定额}+\text{废品数量}\times\text{基本定额}}{\text{实耗工时总数}}\times 100\%$$

$$= \frac{(20\,000+500)\times 0.5+500\times 2.5}{54\,100}\times 100\% = \frac{11\,500}{54\,100} = 21.26\%$$

$$\text{企业劳动定额完成程度指标} = \frac{\text{合格品数量}\times\text{基本定额}}{\text{实耗工时总数}}\times 100\%$$

$$= \frac{20\,000\times 2.5}{54100}\times 100\% = 92.42\%$$

企业整体劳动定额综合完成程度

$$= \frac{\text{合格品数量}\times\text{基本定额工时}}{\text{实耗工时总数}+\text{停工工时总数}+\text{非生产工时总数}+\text{缺勤工时总数}}\times 100\%$$

$$= \frac{20\,000\times 2.5}{54\,100+1500+1800+900}\times 100\% = \frac{50\,000}{58\,300} = 85.76\%$$

（3）条件不正常和劳动时间利用不充分对劳动定额完成情况的影响如下：由于劳动条件不正常，损失了 11 500 个定额工时，企业劳动定额少完成 21. 26%；由于停工时间、非生产时间、缺勤工时合计为 4200 小时，按企业劳动定额完成程度计算，总计约 4200 × 92. 42% = 3881 工时，企业劳动定额少完成了 92. 42% − 85. 76%=6. 66 %。

2. 解：

（1）各种工作时间计算如下：

日历工日数 = 500 × 30 = 15 000（工日）

公假工日数 = 8 × 500 = 4000（工日）

制度工日数 = 日历工日数 − 公假工日数 = 15 000 − 4000 = 11 000（工日）

出勤工日数 = 制度工作时间 − 缺勤工作时间 = 11 000 − 600 = 10 400（工日）

制度内实际工作工日数 = 出勤工日 − 非生产工日 − 停工工日 + 停工被利用工日

= 10 400 − 100 − 300 + 200 = 10 200（日）

全部实际工日数 = 制度内实际工日 + 加班加点工日 − 10 200 + 300 = 10 500（工日）

（2）企业工人与企业各种劳动定额完成情况如下：

$$生产工人定额完成程度=\frac{\sum(Q_1+Q_1')\times(t_n+t_r')}{\sum T_1}\times100\%=\frac{(40\,000+1800)\times(2+0.5)}{10\,500\times8}\times100\%$$

$$=\frac{41\,800\times2.5}{84\,000}\times100\%=\frac{104\,500}{84\,000}\times100\%=124.405\%$$

$$企业劳动定额完成程度指标=\frac{\sum Q_1\times t_n}{\sum T_1}\times100\%=\frac{40\,000\times2.0}{10\,500\times8}\times100\%=95.238\%$$

企业劳动条件失常增耗工时占实耗工时的比重

$$=\frac{\sum(Q_1+Q_1')\times t_n'+Q_1'\times t_n}{\sum T_1}\times100\%$$

$$=\frac{(40\,000+1800)\times0.5+1800\times2.0}{84\,000}\times100\%=\frac{20\,900+3600}{84\,000}\times100\%=\frac{24\,500}{84\,000}=29.167\%$$

以企业全部工时消耗为基础的劳动定额综合完成程度

$$=\frac{\sum Q_1\times t_n}{\sum T_1+\sum T_2-\sum T_3+\sum T_4}\times100\%$$

$$=\frac{4000\times2.0}{10\,500\times8+(600+300+100)\times8}\times100\%=\frac{80\,000}{84\,000+8000}=86.957\%$$

劳动条件不正常和劳动时间利用不充分对劳动定额完成情况的影响：①由于劳动条件不正常，损失了 24 500 个定额工时，企业劳动定额少完成 29.167%；②由于出勤率偏低，劳动时间利用不充分，停工时间、非生产时间、缺勤工时合计为 8000 小时，按企业劳动定额完成程度计算，总计约 8000 × 95.238% = 7619 工时，企业劳动定额少完成了 95.238% − 86. 957% = 8. 281%。

第6章 劳动报酬统计

考核内容

1. 劳动报酬的含义及劳动报酬统计的意义。
2. 企业工资总额的构成分析。
3. 企业工资总额的核算与统计分析。
4. 平均工资的统计核算与分析。

一、劳动报酬的含义及劳动报酬统计的意义

（一）劳动报酬的含义

职工工资收入总额反映了一定时期内劳动者在企业获得的全部劳动报酬，它是员工为社会所创造价值中取得的、归个人占用和支配的那一部分价值。

（二）劳动报酬统计的意义

劳动报酬不仅是劳动者及其家属生活的主要来源，也是社会对其劳动的承认和评价。在企业的劳动报酬中，工资支付是主要形式，所以劳动报酬统计研究的重点放在从业人员的工资方面。

首先，职工工资收入总额统计在宏观上反映国民生活水平提高的情况、宏观分配关系和分配政策。

其次，职工工资收入总额统计对企业管理有重要作用。

二、企业工资总额的核算与统计分析

（一）企业工资总额的含义

企业工资总额是企业一定时期内以货币或实物形式支付给全体员工的劳动报酬总额。企业工资总额反映了一定时期内员工从企业得到的全部收入，也反映了企业总产出中有多大比例分配给了劳动者。

由于工资总额的构成广泛，为准确地核算企业工资总额，必须遵循如下的核算原则和要求。

（1）职工工资属于劳动报酬性质。企业职工工资是根据职工的劳动数量和质量支付的劳动报酬的货币表现。因此，凡属于劳动报酬性质支付给职工的，都应计入企业工资总额核算范围内；

区别企业的劳动报酬性支出与企业的劳动保护支出、各种保险支出、职工福利支出及退休人员支出等其他人工成本费用的差异非常重要。

（2）职工工资应按实发数核算。

（3）注意工资支付形式和经费来源。

（二）企业工资总额的核算

企业工资总额构成内容的研究构成企业劳动报酬统计分析的基础。按照我国统计部门的要求，企业工资总额的构成内容主要有以下几部分：计时工资、计件工资、奖金、津贴和补贴、加班加点工资和其他工资等。其中，计时工资、计件工资是工资支付的基本形式，奖金、津贴和补贴、加班加点工资和其他工资是工资支付的辅助形式。

1. 计时工资

计时工资是考虑劳动者的技术熟练程度、劳动的繁重程度及工作时间长度等因素后，按计时工资标准和实际工作时间计算和支付工资的形式。它是最基本的工资支付形式，是一切工资形式的基础。

计时工资需要考虑工资的时间计量单位、工资标准及有效劳动时间三因素，它的核算包括以下内容：

（1）对已完成工作任务按计时工资标准支付的工资；

（2）实行结构工资制支付给员工的基础工资、职务工资、等级工资和岗位工资等；

（3）新参加工作人员的见习工资；

（4）职工受处分期间的工资；

（5）根据法律法规和条例规定，职工因病假、事假、工伤、生育、婚丧假、探亲等原因未参加劳动，按计时工资标准或一定比例支付的工资。

2. 计件工资

计件工资是按照员工生产的合格产品的数量或完成的工作量，按照预先确定的计件单价支付的劳动报酬。

3. 奖金

奖金是支付给在岗员工的超额劳动报酬和增收节支的劳动报酬。奖金的发放可以根据个人的工资业绩来评定，也可以根据部门和企业的效益来评定。奖金比其他的劳动报酬具有更强的灵活性和针对性。奖金的形式多种多样，如生产奖、劳动竞赛奖、节约奖、业务人员的业绩奖、科研人员的研发奖金及年终奖金等，总体上可以分为短期奖金和年终奖金两大类。

4. 津贴和补贴

津贴和补贴是为了补偿职工特殊或额外的劳动消耗和因其他特殊原因支付给职工的津贴，以及为了保证职工工资水平不受物价影响而支付给职工的物价补贴。根据不同的目的，企业的津贴一般分为三类：地域性津贴、劳动性津贴和生活性津贴。

5. 加班加点工资

加班加点工资是指对法定节假日和公休假日工作的员工，以及在正常工作日以外延长工作时间的员工，按规定支付的加班工作和加点工资。

6. 其他工资

其他工资指按有关规定支付的其他形式的工资，如附加工资、保留工资及调整工资后补发的工资等。

另外，在工资总额的核算中，有一部分内容不属于劳动报酬性质的但由企业支付给员工的货币或实物，这部分内容不应该包括在劳动报酬的核算范围内。具体包括以下内容：

（1）根据国务院有关规定发放的发明创造奖、自然科学奖、社会科学奖、科学技术进步奖等一次性的奖励，以及支付合理化建议奖和技改奖等。

（2）有关劳动保险和职工福利方面的支出。职工劳动保险支出和福利方面的支出，如企业为职工支付的劳动保险费、医疗卫生费、职工生活困难补助、集体福利事业设施费、计划生育补贴、独生子女补贴等支出，计入企业的人工成本支出核算。

（3）劳动保护的各种支出，如工作服、工作帽及劳保手套等劳动保护用品，对接触有毒物质、矽尘作业、放射性作业、潜水及沉箱作业、高温作业等特殊作业环境发生的劳动保护费用开支的保健食品开支。

（4）有关离休、退休、退职人员待遇的各项支出。

（5）单位职工集资入股或购买企业债券后发放给职工的股息红利、债券利息等。

（6）劳动合同制职工在解除劳动合同时由企业支付的各种补偿费用及一次性的工龄买断费用。

（7）对自带工具、牲畜等来企业工作的从业人员所支付的工具、牲畜的补偿费用。

（8）由企业承担并支付的各种社会保险费用、住房公积金。

（9）支付给参加企业劳动的在校学生的补贴。

（10）计划生育独生子女补贴。

（三）企业工资总额的变动分析

$$\text{工资总额指数}=\frac{G_1}{G_0}=\frac{T_1\times X_1}{T_0\times X_0}=\frac{T_1}{T_0}\times\frac{X_1}{X_0}$$

工资总额指数 = 平均工资指数 × 平均人数指数

三、平均工资的统计分析

（一）劳动报酬水平分析

企业的劳动报酬水平通过企业的平均工资水平来核算。所谓平均工资指一定时期内职工的人均工资水平，即一定时期的职工工资总额与职工平均人数的比值。

从企业角度看，平均工资是企业在从业人员身上的平均投入，反映一定时期内企业生产经营的人工成本水平，将企业平均工资与员工的劳动生产率相比较，可以反映企业的劳动投入产出的效率；从员工个人角度看，平均工资反映企业职工的平均收入和生活水平。另外，平均工资是企业用来计算员工退休金、员工缴纳个人所得税及社会保障费用的基础，也是政府部门制定最低工资及失业救济的标准等，因此具有重要意义。

1. 企业员工的工资水平

$$\text{平均工资}=\frac{\text{企业工作总额}}{\text{企业人员平均人数}}$$

2. 企业员工工资水平的变动分析

企业员工工资水平的变动，是通过计算平均工资的变动来实现的。而平均工资的变动一般通过计算平均工资指数得到。平均工资指数是指报告期平均工资水平与基期平均工资水平的比率，它可以表示平均工资的变化趋势。

（二）平均工资指数体系

1. 平均工资可变组成指数

企业整体的平均工资为各类人员平均工资的加权算术平均数，企业平均工资的变动不仅受到各类人员平均工资变动的影响，还受到各类人员在企业中所占比重的变化（人员结构变化）的影响。由于企业总体平均工资指数综合反映了这两个方面的变动，平均工资指数又被称为平均工资可变组成指数（K_A）。

2. 平均工资固定组成指数

企业总体的平均工资的变动，受到企业内部各类员工平均工资变化的影响，也受到企业内各类员工人数变动的影响。在研究企业内部各类员工平均工资变化影响的时候，将企业各类人员占企业全体人员的比重（即企业各类人员结构）固定在报告期，可以剔除企业各类人员结构变化对企业平均工资的影响，这个指数被称为平均工资固定组成指数（K_B）。

3. 平均工资人员结构影响指数

企业总体的平均工资的变动，受到企业内部各类员工平均工资变化的影响，也受到企业内各类员工人数变动的影响。在研究企业内部各类员工的人数变动对企业整体平均工资的影响时，将企业各类人员的平均工资固定在基期，可以剔除企业各类人员的平均工资变化对企业总体平均工资的影响，这个指数被称为平均工资人员结构影响指数（K_C）。

4. 平均工资指标体系

上述三个指数构成平均工资指标体系，三种之间关系为

平均工资可变组成指数 = 平均工资固定组成指数 × 平均工资人员结构影响指数

（三）实际工资水平的变动分析

1. 实际工资的计算

如前所述，在计算实际工资的时候要扣除货币购买力变动（或物价变动）的影响，而物价变动的主要指标（物价指数）是居民消费价格指数（consumer price index，CPI），因此实际工资可以用报告期货币工资与报告期居民消费价格指数的比值来计算。

2. 实际工资指数

实际工资指数表明实际工资的增减幅度，表明企业员工用货币工资购买的生活消费品数量和服务数量的变化程度，反映员工的实际生活水平的变化情况。

（四）企业职工劳动关系统计分析

1. 企业员工工资关系分析

2. 企业员工工资收入差距的分析

分析工资收入差距的方法有工资增收与减收差距分析法、最高工资与最低工资差异分析

法、“五等分”分析法及基尼系数法等多种方法。

（1）工资增收与减收差距分析法。在计算企业职工工资收入差距的时候，该方法将工资按其工资（相对基期）是增加、持平还是减少分为三组，在此基础上分别计算增加、持平和减少这三组的人员在企业全体员工中的比重。

（2）最高工资与最低工资差异分析法。该方法通过比较企业工资最高人员的工资与最低人员的工资，确定工资的差异程度，分析职工工资差异的合理程度及差异的原因。

（3）“五等分”分析法。“五等分”分析法与最高工资与最低工资差异分析法的思路类似，将企业职工的工资收入水平由高到低排列，再将职工总人数平均分为五等分，重点分析最高工资收入水平的1/5员工与最低工资收入水平的1/5员工的工资收入的差距。

（五）工资效益统计

工资效益为一定时期内工资总额与企业效益的比值，而企业的效益可以用企业的产量成果、销售成果、财务成果（利润）等指标来表示，因此工资效益指标可以从以下几个方面来计算和分析：①工资效益的产量成果指标；②工资效益的销售成果指标；③工资效益的财务成果指标。

重点和难点

本章重点主要是劳动报酬的含义及劳动报酬统计、企业工资总额的核算与统计分析、企业工资总额的变动分析、平均工资的统计分析。

同步综合练习题

一、单项选择题

1. 关于劳动报酬，下列说法中错误的是（　　）。
   A. 企业工资总额反映了一定时期内劳动者在企业获得的劳动报酬
   B. 企业工资总额是员工为社会所创造价值中取得的、归个人占用和支配的那一部分价值
   C. 劳动报酬统计研究的重点放在从业人员的保险和福利方面
   D. 劳动报酬不仅是劳动者及其家属生活的主要来源，也是社会对其劳动的承认和评价

2. 在企业的劳动报酬中，支付的主要形式是（　　）。
   A. 奖金　　B. 保险
   C. 工资　　D. 福利

3. 关于企业工资总额，下列说法中错误的是（　　）。
   A. 企业工资总额是企业一定时期内以货币或实物形式支付给全体员工的劳动报酬总额
   B. 企业工资总额反映了一定时期内员工从企业得到的全部收入
   C. 企业工资总额反映了企业总产出中有多大比例分配给了劳动者
   D. 企业工资总额反映了一定时期内劳动者在企业获得的奖金、福利和报酬总额

4. 企业工资总额的构成的基本形式是（　　）。
   A. 津贴和补贴　　B. 计时工资与计件工资
   C. 奖金、津贴和补贴　　D. 加班加点工资和其他工资

5. 下列哪项是最基本的工资支付形式，是一切工资形式的基础（　　）。
   A. 补贴　　B. 加班加点工资
   C. 计件工资　　D. 计时工资

6. 考虑劳动者的技术熟练程度、劳动的繁重程度及工作时间长度等因素后，按计时工资标准和实际工作时间计算和支付工资的形式是（　　）。
   A. 计时工资　　B. 津贴和补贴
   C. 计件工资　　D. 奖金

7. 实行结构工资制支付给员工的基础工资、职务工资、等级工资和岗位工资等属于（　　）。
   A. 计件工资　　B. 加班加点工资
   C. 计时工资　　D. 奖金、津贴和补贴

8. 按照员工生产的合格产品的数量或完成的工作量，按照预先确定的计件单价支付的劳动报酬属于（　　）。
   A. 计时工资　　B. 津贴和补贴
   C. 计件工资　　D. 奖金

9. 全额无限计价、超额无限计价、超额累进计价、提成计件等形式属于（　　）。

A. 计件工资　　　　B. 计时工资

C. 津贴和补贴　　　　D. 加班加点工资

10. 支付给在岗员工的超额劳动报酬和增收节支的劳动报酬属于（　　）。

A. 计件工资　　　　B. 计时工资

C. 奖金　　　　D. 加班加点工资

11. 节约奖、业务人员的业绩奖、科研人员的研发奖金及年终奖金属于（　　）。

A. 非劳动报酬的奖金　　　　B. 合理化建议奖

C. 工资报酬中的奖金　　　　D. 福利奖励

12. 不属于劳动报酬性质的但由企业支付给员工的货币或实物，不应该包括在劳动报酬的核算范围内的奖励是（　　）。

A. 生产奖　　　　B. 合理化建议奖

C. 劳动竞赛奖　　　　D. 节约奖

13. 下列由企业支付给员工的货币或实物，应该包括在劳动报酬的核算范围内的奖励是（　　）。

A. 发明创造奖　　　　B. 社会科学奖

C. 劳动竞赛奖　　　　D. 自然科学奖

14. 为了补偿职工特殊或额外的劳动消耗和因其他特殊原因支付给职工的报酬属于（　　）。

A. 计时工资　　　　B. 津贴和补贴

C. 计件工资　　　　D. 奖金

15. 下列属于工资总额范畴的是（　　）。

A. 职工劳动保险支出和福利方面的支出

B. 劳动保护的各种支出，如工作服、工作帽及劳保手套等劳动保护用品

C. 根据法律法规和条例规定，职工因病假、事假、工伤、生育、婚丧假、探亲等原因未参加劳动，按计时工资标准或一定比例支付的工资

D. 自带工具、牲畜等来企业工作的从业人员所支付的工具、牲畜的补偿费用

16. 下列不属于工资总额范畴的是（　　）。

A. 发给员工的生产奖、劳动竞赛奖、节约奖、业务人员的业绩奖、科研人员的研发奖金及年终奖金等

B. 单位职工集资入股或购买企业债券后发放给职工的股息红利、债券利息等

C. 根据法律法规和条例规定，职工因病假、事假、工伤、生育、婚丧假、探亲等原因未参加劳动，按计时工资标准或一定比例支付的工资

D. 支付给员工的附加工资、保留工资及调整工资后补发的工资等

17. 不仅受到各类人员平均工资变动的影响，还受到各类人员在企业中所占比重的变化（人员结构变化）影响的企业平均工资的变动被称为（　　）。

A. 平均工资可变组成指数　　　　B. 平均工资固定组成指数

C. 平均工资人员结构指数　　　　D. 平均工资不变组成指数

18. 将企业各类人员占企业全体人员的比重（即企业各类人员结构）固定在报告期，单

独研究企业内部各类员工平均工资变化影响的指数被称为（　　）。

A. 平均工资可变组成指数　　B. 平均工资固定组成指数

C. 平均工资人员结构指数　　D. 平均工资不变组成指数

19. 将企业各类人员的平均工资固定在基期，单独研究企业内部各类员工的人数变动对企业整体平均工资影响的指数被称为（　　）。

A. 平均工资可变组成指数　　B. 平均工资固定组成指数

C. 平均工资人员结构指数　　D. 平均工资不变组成指数

20. 平均工资指数体系的关系为（　　）。

A. 平均工资固定指数 = 平均工资可变指数 × 平均工资人员结构指数

B. 平均工资人员结构指数 = 平均工资固定指数 × 平均工资可变指数

C. 平均工资可变指数 = 平均工资固定指数 × 平均工资人员结构指数

D. 平均工资可变指数 = 平均工资固定指数 ÷ 平均工资人员结构指数

21. 2012 年某地区职工的平均工资为 65 000 元，同期城镇居民消费物价指数为 104. 8%，则该地区职工的实际平均工资为（　　）。

A. 65 000 元　　B. 68 120 元

C. 62 022. 9 元　　D. 8120 元

22. 将工资按其工资（相对基期）是增加、持平还是减少分为三组，在此基础上分别计算增加、持平和减少这三组的人员在企业全体员工中比重的方法是（　　）。

A. 工资差异综合分析法　　B. 工资增收与减收差距分析法

C. “五等分”分析法　　D. 最高工资与最低工资差异分析法

23. 通过比较企业工资最高人员的工资与最低人员的工资，确定工资的差异程度，分析职工工资差异的合理程度及差异原因的方法是（　　）。

A. 工资差异综合分析法　　B. 工资增收与减收差距分析法

C. “五等分”分析法　　D. 最高工资与最低工资差异分析法

24. 将企业职工的工资收入水平由高到低排列，再将职工总人数平均分为五等分，重点分析最高工资收入水平的 1/5 员工与最低工资收入水平的 1/5 员工的工资收入差距的方法是（　　）。

A. 工资差异综合分析法　　B. 工资增收与减收差距分析法

C. “五等分”分析法　　D. 最高工资与最低工资差异分析法

25. 劳动报酬的具体表现形式是（　　）。

A. 货币　　B. 实物

C. 货币和实物　　D. 工资

26. 下列不属于工资总额范围的是（　　）。

A. 加班加点工资　　B. 职工福利费用

C. 计件工资　　D. 计时工资

27. 如果企业劳动生产率增长速度高于平均工资增长速度，会使企业的工资费用相对（　　）。

A. 稳定　　B. 不稳定

C. 节约　　D. 多支付

28. 为了说明企业活劳动投入取得的净效益的指标是（　　）。

A. 人均创利率　　B. 工资利润率

C. 每百元产值中的工资含量　　D. 净产值工资含量

29. 工资利润率与人均创利率、平均工资三者之间的关系为（　　）。

A. 人均创利率上升、平均工资上升，则工资利润率下降

B. 人均创利率上升、平均工资下降，则工资利润率上升

C. 人均创利率下降、平均工资下降，则工资利润率下降

D. 人均创利率下降、平均工资上升，则工资利润率上升

30. 如果企业劳动生产率增长速度低于平均工资增长速度，会使企业的工资费用相对（　　）。

A. 多支付　　B. 节约

C. 不稳定　　D. 稳定

二、多项选择题

1. 关于劳动报酬与企业工资总额，下列说法正确的是（　　）。

A. 劳动报酬不仅是劳动者及其家属生活的主要来源，也是社会对其劳动的承认和评价

B. 在企业的劳动报酬中，工资支付是主要形式

C. 企业工资总额是企业一定时期内以货币或实物形式支付给全体员工的劳动报酬总额

D. 企业工资总额反映了一定时期内员工从企业得到的全部收入

E. 企业工资总额反映了企业总产出中有多大比例分配给了劳动者

2. 为准确地核算企业工资总额，必须遵循的核算原则和要求是（　　）。

A. 职工工资属于劳动报酬性质　　B. 职工工资应按实发数核算

C. 不考虑工资支付形式　　D. 不考虑统计周期与统计口径

E. 不考虑经费来源

3. 企业工资总额的构成内容主要有（　　）。

A. 计时工资　　B. 计件工资

C. 奖金、津贴和补贴　　D. 加班加点工资

E. 保留工资、附加工资

4. 企业的计件工资主要形式有（　　）。

A. 全额无限计价、超额有限计价工资

B. 超额无限计价、超额累进计价工资

C. 基础工资、职务工资

D. 等级工资和岗位工资

E. 提成计件工资

5. 下列属于工资范围中的奖金有（　　）。

A. 生产奖　　B. 合理化建议奖

C. 劳动竞赛奖　　D. 节约奖

E. 发明创造奖

6. 下列不属于劳动报酬性质的但由企业支付给员工的货币或实物包括（　　）。

A. 劳动合同制职工在解除劳动合同时由企业一次性支付的工龄买断费用

B. 对自带工具、牲畜等来企业工作的从业人员所支付的工具、牲畜的补偿费用

C. 支付给参加企业劳动的在校学生的补贴

D. 计划生育独生子女补贴

E. 为保障职工工资水平不受物价影响而支付给职工的物价补贴

7. 下列不属于劳动报酬性质的但由企业支付给员工的货币或实物包括（　　）。

A. 根据有关规定发放的发明创造奖、自然科学奖、社会科学奖、科学技术进步奖等一次性的奖励，以及支付合理化建议奖和技改奖等

B. 有关劳动保险和职工福利方面的支出

C. 劳动保护的各种支出，如工作服、工作帽及劳保手套等劳保用品支出

D. 有关离休、退休、退职人员待遇的各项支出

E. 单位职工集资入股或购买企业债券后发放给职工的股息红利、债券利息等

8. 下列不属于工资范围中的奖金有（　　）。

A. 合理化建议奖　　B. 自然科学奖

C. 劳动竞赛奖　　D. 节约奖

E. 科学技术进步奖

9. 分析工资收入差距常用的方法有（　　）。

A. 基尼系数法　　B. 工资差距综合分析法

C. 工资增收与减收差距分析法　　D. 最高工资与最低工资差异分析法

E. “五等分”分析法

10. 工资效益为一定时期内工资总额与企业效益的比值，因此工资效益指标可以从以下哪几个方面来计算和分析（　　）。

A. 工资效益的产量成果指标　　B. 工资效益的投入指标

C. 工资效益的销售成果指标　　D. 工资效益的支出指标

E. 工资效益的财务成果指标

三、简答题

1. 简述劳动报酬统计的意义。
2. 简述企业工资总额的含义。
3. 简述企业工资总额统计的原则。

四、论述题

1. 论述工资总额的构成。
2. 论述平均工资指数体系。
3. 请对企业工资总额的变动进行动态分析。

五、计算题

某企业职工工资情况如表 6-1 所示。

表 6-1

指标	单位	报告期	基期	指数/%	增（+）减（–）额
工资总额	万元	1880	1000		
职工平均人数	人	6200	5000		
平均工资	元	3032	2000		

问题：

（1）请计算并把计算结果填入表 6-1 中后两列。

（2）计算分析职工平均工资变动及职工平均人数变动对工资总额变动的影响。

六、综合计算分析题

某企业职工工资情况如表 6-2 所示。

表 6-2

指标	平均工资/元			平均人数/人		工资总额/万元		
	基期/元	报告期/元	指数/%	基期	报告期	基期	报告期	报告期假定
	X_0	X_1	X_1/X_0	T_0	T_1	X_0T_0	X_1T_1	X_0T_1
新职工	2000	2400	120	1000	1200			
老职工	2500	2800	112	2000	2600			
全部职工				3000	3800			

问题：

（1）计算新、老职工基期、报告期的工资总额及报告期假定数据并填入表 6-2 中；计算企业基期、报告期的工资总额及报告期假定数据并填入表 6-2 中；计算企业的平均工资及其指数并填入表 6-2 中。

（2）计算分析新、老职工平均人数变动及新、老职工平均工资变动对企业平均工资变动的综合影响（要求写出计算公式，计算步骤）。

参考答案

一、单项选择题

1. C	2. C	3. D	4. B	5. D
6. A	7. C	8. C	9. A	10. C

11. C	12. B	13. C	14. B	15. C
16. B	17. A	18. B	19. C	20. C
21. C	22. B	23. D	24. C	25. C
26. B	27. C	28. A	29. B	30. A

二、 多项选择题

1. ABCDE	2. ABCE	3. ABCD	4. ABE	5. ACD
6. ABCD	7. ABCDE	8. ABE	9. ACDE	10. ACE

三、简答题

1. 劳动报酬不仅是劳动者及其家属生活的主要来源，也是社会对其劳动的承认和评价。在企业的劳动报酬中，工资支付是主要形式，所以劳动报酬统计研究的重点放在从业人员的工资方面。

首先，职工工资收入总额统计在宏观上反映国民生活水平提高的情况、宏观分配关系和分配政策。

其次，职工工资收入总额统计对企业管理有重要作用。

2. 企业工资总额是企业一定时期内以货币或实物形式支付给全体员工的劳动报酬总额。企业工资总额反映了一定时期内员工从企业得到的全部收入，也反映了企业总产出中有多大比例分配给了劳动者。

3. 由于工资总额的构成广泛，为准确地核算企业工资总额，必须遵循如下的核算原则和要求：①职工工资属于劳动报酬性质；②职工工资应按实发数核算；③注意工资支付形式和经费来源。

四、论述题

1. 工资总额的构成如下：

（1）计时工资。计时工资是考虑劳动者的技术熟练程度、劳动的繁重程度及工作时间长度等因素后，按计时工资标准和实际工作时间计算和支付工资的形式。它是最基本的工资支付形式，是一切工资形式的基础，如实行结构工资制支付给员工的基础工资、职务工资、等级工资和岗位工资等。

（2）计件工资。计件工资是按照员工生产的合格产品的数量或完成的工作量，按照预先确定的计件单价支付的劳动报酬。

（3）奖金。奖金是支付给在岗员工的超额劳动报酬和增收节支的劳动报酬。奖金的形式多种多样，如生产奖、劳动竞赛奖、节约奖、业务人员的业绩奖、科研人员的研发奖金及年终奖金等，总体上可以分为短期奖金和年终奖金两大类。

（4）津贴和补贴。津贴和补贴是为了补偿职工特殊或额外的劳动消耗和因其他特殊原因支付给职工的津贴，以及为了保证职工工资水平不受物价影响而支付给职工的物价补贴。根据不同的目的，企业的津贴一般分为三类：地域性津贴、劳动性津贴和生活性津贴。

（5）加班加点工资。加班加点工资是指对法定节假日和公休假日工作的员工，以及在正常工作日以外延长工作时间的员工，按规定支付的加班工作和加点工资。

（6）其他工资。其他工资指按有关规定支付的其他形式的工资，如附加工资、保留工资及调整工资后补发的工资等。

2.（1）平均工资可变组成指数。企业整体的平均工资为各类人员平均工资的加权算术平均数，企业平均工资的变动不仅受到各类人员平均工资变动的影响，还受到各类人员在企业中所占比重的变化（人员结构变化）的影响。由于企业总体平均工资指数综合反映了这两个方面的变动，平均工资指数又被称为平均工资可变组成指数。

（2）平均工资固定组成指数。企业总体的平均工资的变动，受到企业内部各类员工平均工资变化的影响，也受到企业内各类员工人数变动的影响。在研究企业内部各类员工平均工资变化影响的时候，将企业各类人员占企业全体人员的比重（即企业各类人员结构）固定在报告期，可以剔除企业各类人员结构变化对企业平均工资的影响，这个指数被称为平均工资固定组成指数。

（3）平均工资人员结构影响指数。企业总体的平均工资的变动，受到企业内部各类员工平均工资变化的影响，也受到企业内各类员工人数变动的影响。在研究企业内部各类员工的人数变动对企业整体平均工资的影响时，将企业各类人员的平均工资固定在基期，可以剔除企业各类人员的平均工资变化对企业总体平均工资的影响，这个指数被称为平均工资人员结构影响指数。

（4）平均工资指标体系。上述三个指数构成平均工资指标体系，三种之间关系为

平均工资可变组成指数 = 平均工资固定组成指数 × 平均工资人员结构影响指数

3. 工资总额作为统计资料可以由企业平均人数与平均工资两个指标计算获得。而工资总额的变动，最直接的因素则是企业人员规模的变化和企业工资水平的变化，因此一段时间内企业工资总额的统计有以下基本指标：

工资总额＝平均工资×平均人数

工资总额的变动可以从绝对数和相对数两个角度来统计分析：

$$\text{工资总额指数}=\frac{\text{报告期工资总额}}{\text{基期工资总额}}=\frac{G_1}{G_0}$$

$$\text{工资总额指数}=\frac{G_1}{G_0}=\frac{T_1\times X_1}{T_0\times X_0}=\frac{T_1\times X_1}{T_1\times X_0}\times\frac{T_1\times X_0}{T_0\times X_0}$$

其中，$\frac{T_1\times X_1}{T_1\times X_0}$表示将职工人数固定在报告期，平均工资变动对工资总额的影响，称为平均工资指数；$\frac{T_1\times X_0}{T_0\times X_0}$表示将平均工资固定在基期，职工平均人数变动对工资总额的影响，称为平均人数指数。

用差额分析法对工资总额变动的分析结果如下：

工资总额变动的绝对额 = 报告期工资总额 − 基期工资总额 = G_1-G_0

$$= T_1\times X_1-T_0\times X_0=(X_1-X_0)\times T_1+(T_1-T_0)\times X_0$$

其中，$(X_1-X_0)\times T_1$ 表示工资变动（X_1-X_0）对工资总额的影响绝对额；$(T_1-T_0)\times X_0$ 则表示职工人数变动（T_1-T_0）对工资总额的影响绝对额。

五、计算题

解：（1）设 X 为总工资，$\bar{X}$ 为平均工资，T 为平均职工人数。

计算并把计算结果填入表 6-3 中。

表 6-3

指标	单位	报告期	基期	指数%	增（+）减（-）额
工资总额	万元	1880	1000	188	+880
职工平均人数	人	6200	5000	124	+1200
平均工资	元	3032	2000	151.6	+1032

（2）计算分析如下：

总工资 X 变动情况如下：

相对数：$\dfrac{X_1}{X_0}=\dfrac{\bar{X}_1T_1}{\bar{X}_0T_0}=\dfrac{1880}{1000}=188\%$

绝对数：$\bar{X}_1T_1-\bar{X}_0T_0=1880-1000=880$(万元)

对基期工资总额影响的相对程度：$\dfrac{\bar{X}_1T_1-\bar{X}_0T_0}{\bar{X}_0T_0}=\dfrac{880}{1000}=88\%$

由于职工平均工资变动对工资总额变动的影响如下：

相对数：$\dfrac{\bar{X}_1T_1}{\bar{X}_0T_1}=\dfrac{1880}{1240}=151.61\%$

绝对数：$\bar{X}_1T_1-\bar{X}_0T_0=1880-1240=640$(万元)

对基期工资总额影响的相对程度：$\dfrac{\bar{X}_1T_1-\bar{X}_0T_1}{\bar{X}_0T_0}=\dfrac{640}{1000}=64\%$

由于职工人数变动对工资总额的影响如下：

相对数：$\dfrac{\bar{X}_0T_1}{\bar{X}_0T_0}=\dfrac{1240}{1000}=124\%$

绝对数：$\bar{X}_0T_1-\bar{X}_0T_0=1240-1000=240$(万元)

对基期工资总额影响的相对程度：$\dfrac{\bar{X}_0T_1-\bar{X}_0T_0}{\bar{X}_0T_0}=\dfrac{240}{1000}=24\%$

分析：工资总额指数提高了 88%，绝对数增加了 880 万元；其中由于职工平均工资指数提高了 51. 61%，工资总额绝对数增加了 640 万元； 由于职工人数变动指数提高了 24%，工资总额报告期比基期绝对数增加了 240 万元。

综合计算结果归纳关系如下：

188% = 151. 61% × 124%

880（万元）= 640 + 240

88% = 64% + 24%

六、综合计算分析题

（1）解：计算并把结果填入表 6-4 中。

表 6-4

指标	平均工资/元			平均人数/人		工资总额/万元		
	基期/元	报告期/元	指数/%	基期	报告期	基期	报告期	报告期假定
	X_0	X_1	X_1/X_0	T_0	T_1	X_0T_0	X_1T_1	X_0T_1
新职工	2000	2400	120	1000	1200	200	288	240
老职工	2500	2800	112	2000	2600	500	728	650
全部职工	2333.33	2673.68	114.59	3000	3800	700	1016	890

（2）企业平均工资变动的影响：

企业平均工资指数：$$\bar{K}_{\bar{X}}=\frac{\bar{X}_1}{\bar{X}_0}=\frac{\dfrac{\sum X_1T_1}{\sum T_1}}{\dfrac{\sum X_0T_0}{\sum T_0}}=\frac{\dfrac{1016}{3800}}{\dfrac{700}{3000}}=\frac{2673.68}{2333.33}=114.59\%$$

企业平均工资绝对数：$$\sum X_1\frac{T_1}{\sum T_1}-\sum X_0\frac{T_0}{\sum T_0}=2673.68-2333.33=340.35(\text{元})$$

企业总工资绝对变动：$$(\bar{X}_1-\bar{X}_0)\sum T_1=340.35\times3800=129.333(\text{万元})$$

企业新老职工平均工资变动的影响：

企业新老职工平均工资指数：$$\bar{K}_X=\frac{\bar{X}_1}{\bar{X}_{01}}=\frac{\dfrac{\sum X_1T_1}{\sum T_1}}{\dfrac{\sum X_0T_1}{\sum T_1}}=\frac{\dfrac{1016}{3800}}{\dfrac{890}{3800}}=\frac{2673.68}{2342.11}=114.16\%$$

企业新老职工平均工资绝对数：$$\sum X_1\frac{T_1}{\sum T_1}-\sum X_0\frac{T_0}{\sum T_0}=2673.68-2342.11=331.57(\text{元})$$

企业总工资绝对变动：$$(\bar{X}_1-\bar{X}_{01})\sum T_1=331.57\times3800=125.997(\text{万元})$$

企业新老职工平均人数变动的影响：

企业新老职工平均人数指数：$$\bar{K}_{\frac{T}{\sum T}}=\frac{\bar{X}_{01}}{\bar{X}_0}=\frac{\dfrac{\sum X_0T_1}{\sum T_1}}{\dfrac{\sum X_0T_0}{\sum T_0}}=\frac{2342.11}{2333.33}=100.38\%$$

企业新老职工平均人数绝对数：$\sum X_0 \frac{T_1}{\sum T_1} - \sum X_0 \frac{T_0}{\sum T_0} = 2342.11 - 2333.33 = 8.78$(元)

企业总工资绝对变动：$(\bar{X}_{01} - \bar{X}_0)\sum T_1 = 8.78 \times 3800 = 3.336$(万元)

通过以上计算可得出以下关系：

114. 59% = 114. 16% × 100. 38%

340. 35（元）= 331. 57 + 8. 78

129. 333（万元）= 125. 997 + 3. 336

第7章 人工成本统计

考核内容

1. 人工成本的含义。
2. 我国人工成本的构成。
3. 从会计核算的角度看人工费用的构成。
4. 人工成本统计的国际标准。
5. 企业人工成本总额的变动分析。
6. 企业平均人工成本的变动分析。

一、人工成本统计的意义

（一）人工成本的含义

人工成本指雇主因雇用劳动力而发生的费用，它包括对已完成工作的报酬，对有关未工作而有报酬的时间、红利、食品等费用及其他实物支付，雇主负担的人工住房费用，为雇员支付的社会保险费用，职工技术培训费用，福利费用及其他费用（如员工的上下班交通费、工作服费和招工费用等），还有人工费用的税收。

人工成本指企业一定时期内使用人力资源而发生的各项直接和间接费用的总和。企业从遴选员工入职开始，员工使用、培训直至员工退休期间的一切费用都是企业的人工成本。人工成本的构成内容包括：企业支付给员工的工资费用、保险福利费用、住房补贴、员工培训费用、劳动保护费用、离退休和退职人员费用及其他相关费用等。

从人力资源的取得和使用的角度看，人力资源的成本包括取得成本、开发成本、使用成本保障成本、离职成本和替代成本。人力资源取得成本指企业在招募录用职工的过程中所发生的各种支出，包括招聘成本、挑选成本、录用和安置成本等。人力资源开发成本指为了使新聘用的职工熟悉业务，达到具体的工作岗位所要求的业务水平或为了提高在岗人员的素质而开展的教育培训工作发生的各种支出，包括岗前培训成本、在职培训成本和脱产培训成本等。人力资源使用成本指企业为了补偿和恢复企业员工在从事劳动过程中其体力、脑力的消耗而直接或间接向劳动者支付的各种费用，包括维持成本、奖励成本和调剂成本等。人力资源保障成本指企业为员工支付的各种社会保障费用，包括为职工支付的医疗、养老、失业保险等。人力资源离职成本指员工离职时候企业支付的各种费用，包括退休金、补助费、抚恤费、医疗费、丧葬费及离职赔偿费等。

（二）人工成本与总成本的关系

产品的制造成本指企业的资源消耗能清晰地归集到某具体的成本对象（如某产品），期间费用则指企业的资源消耗无法直接归集到具体的成本对象因而按期间汇总，期间费用按成本费用发生性质分为管理费用、销售费用和财务费用。

在总成本中，有相当一部分是因为用人而发生的成本费用，属于人工成本。人工成本和总成本既有区别又有联系。

总成本的核算是围绕企业的生产经营过程的全部资源投入进行的，而人工成本的核算是围绕企业的劳动投入进行的，两者核算的对象不同。总成本反映整个生产经营过程中的全部消耗，而人工成本是为了核算劳动力的消耗，两者的核算范围和意义不同。

两者之间存在着相互交叉的共有关系。人工成本和总成本共有的交叉部分是：①直接人工的工资与福利费；②制造费用中的工资和福利费；③管理费用中的工资和福利费等；④销售费用中的工资和福利费等。

（三）人工成本统计的意义

人工成本统计是企业成本核算和国民经济统计的基础性工作，对于企业管理和国民经济统计具有重要意义：①企业的效益由投入、产出共同决定，企业的投入包括原材料、设备等物质资料、资金和劳动力的投入等。通过人力成本统计分析，企业可以准确核算劳动力投入的成本，通过人力成本占总成本的比重、人力成本与产出比值等指标，可以反映企业的劳动者的投入产出效率。②企业人工成本可以从整体上反映国家经济结构状况，有助于产业和消费结构政策的制定和调整。人工成本中主要部分为劳动者的工资，它的高低直接决定劳动者的收入水平，因此它的高低从整体上反映社会的消费能力和消费水平，从而对企业投资方向的引导、产业结构的调整、社会保障政策的制定有着重要意义。

二、人工成本的构成

（一）我国人工成本的构成

我国人力资源和社会保障部（原劳动部）颁发的〔1997〕261号文件，对企业人工费用的内容进行了规定，具体包括从业人员劳动报酬（含不在岗职工生活费）、社会保险费用、福利费用、教育经费、劳动保护费用、住房费用和其他人工成本费用七个组成部分。

1. 从业人员劳动报酬（含不在岗职工生活费）

从业人员劳动报酬是指企业在计算期内直接支付给本企业全体从业人员的劳动报酬总额，包括在岗职工工资总额和其他从业人员的劳动报酬两部分。

2. 社会保险费用

企业按照有关规定实际为本企业所使用的劳动力缴纳的各种社会保险费用，包括退休养老保险费用、医疗保险费用、失业保险费用、工伤保险费用和生育保险费用等。

3. 福利费用

福利费用是企业在工资以外、实际支付给企业所使用的劳动力的个人及集体福利费用的总称，主要包括企业支付给劳动力的冬季取暖补贴费、医疗卫生费、计划生育补贴、生活困难补助、文体宣传费、集体福利设施、集体福利事业补贴及丧葬抚恤救济费等。

4. 教育经费

这是企业为提高即将上岗和在岗员工的思想道德修养与专业技术水平而进行的文化、职业道德、技术理论和实际操作等进修培训活动的费用，包括企业自身开办的技校，员工职业技术训练、进修所支付的费用，员工到各类专业学校学习支付的费用，聘请企业外教员的各种费用等。

5. 劳动保护费用

劳动保护费用指企业为实施安全技术措施、工业卫生措施发生的各种费用，以及员工个人的劳动保护用品等费用，如企业购买的工作服、劳动保健用品及作业中使用的各种清凉饮料、保健用品等。

6. 住房费用

这是企业为改善从业人员居住条件而支付的各种费用，包括企业缴纳的住房公积金、实际支付给员工个人的住房补贴、企业住房的维修和管理费用、归还的住房借款本息与住房租赁保证金，以及用于员工住房的其他支出。

7. 其他人工成本费用

由企业支付的不属于前述内容的其他人工费用项目，如工会经费、企业因招聘劳动力而实际花费的招聘费用、解聘辞退费用，以及企业支付的与人工成本有关的税收等。

（二）从会计核算的角度看人工费用的构成

（1）产品生产人员的工资总额（包括工资、奖金及津贴等）、福利费（直接计入产品生产制造成本）。

（2）生产单位管理人员技术人员的工资总额、福利费（分配计入产品生产制造成本）。

（3）劳动保护费用（分配计入产品生产制造成本）。

（4）企业管理人员的工资总额、福利费（管理费用）。

（5）销售部门人员的工资总额、福利费（销售费用）。

（6）职工教育经费、劳动保险费、失业保险费、工会经费——（管理费用）。

（7）子弟学校经费、技工学校经费——（营业务支出）。

（8）职工集体福利设施费用（利润分配——公益金）。

因此，企业的人工费用 = 工资总额 + 职工福利费用 + 职工教育经费 + 劳动保险费用 + 劳动保护费用 + 工会经费 + 学校经费 + 公益金。

（三）人工成本统计的国际标准

根据第十一届国际劳动统计学家会议上形成的《关于人工成本统计的决议》一文的有关决议，组成人工成本的具体项目，包括如下内容。

（1）直接工资和薪金，包括计时工人正常工作时间的报酬、计时工人的鼓励性报酬；计件工人的所得；加班、夜班和节假日工作支付的报酬。

（2）下列未工作时间的支付，包括年假，其他有报酬的休假（包括长期服务休假等）；公共节假日和其他被承认的假期；其他准予带薪不工作时间 （如婚丧假等）；不是社会保险支出的解雇金和解雇补偿费用等。

（3）红利和赏金，包括年终和季度红利；利润分成奖金；对假期的附加支出，对正常假期的补充支付，以及其他奖金和赏金等。

（4）食品、饮料、燃料费用和其他实物费用的支付。

（5）雇主负担的工人住房费用，包括属企业所有的房屋费用；属非企业所有的房屋费用及其他房屋费用。

（6）雇主的社会保障支出，包括：①雇主缴纳的社会保障费用（包括老年、丧生工资能力、患病、生育、工伤、失业及家庭补贴等）；②经劳资谈判同意的、契约性的和非义务性的向私人社会保障项目缴纳的费用；③对因患病、生育、工伤而不能工作的雇员直接支付的、作为对其补偿的费用；④其他作为社会保险福利给雇员的直接支付；⑤医疗和卫生服务费；⑥作为社会保险支出的解雇金与解雇补偿费用。

（7）职业培训费用，包括学费与聘请外单位教师的费用；培训学校的费用和教材支付、职工的进修费用等。

（8）福利服务费用，包括食堂和其他食品服务费用；教育、文化、娱乐和有关设施及服务费用；给信用合作社的赠款和提供给雇员的有关服务的费用等。

（9）其他人工成本，包括雇主付给雇员的上下班交通费；工作服费用、招工费和招聘费用等。

（10）与人工成本有关的税收。

三、人工成本统计分析

（一）企业人工成本总额的变动分析

1. 企业人工成本总额的变动分析

（1）人工成本总额绝对数的增减变化，计算公式为

人工成本总额增减变动额 = 报告期人工成本总额 − 基期人工成本总额

$$人工成本总额增减率 = \left(\frac{报告期人工成本总额}{基期人工成本总额}-1\right)\times100\%$$

（2）人工成本总额变动指数，计算公式为

人工成本总额 = 平均人工成本 × 职工人数

人工成本总额指数 = 平均人工成本指数 × 职工人数指数

$$人工成本总额指数=\frac{L_1T_1}{L_0T_0}=\frac{L_1}{L_0}\times\frac{T_1}{T_0}=\frac{L_1T_1}{L_0T_1}\times\frac{L_0T_1}{L_0T_0}$$

人工成本总额增减变动额的进一步分析：

人工成本总额增减变动额 = 报告期人工成本总额 − 基期人工成本总额

人工成本总额增减变动额 = $L_1T_1-L_0T_0=(L_1T_1-L_0T_1)+(L_0T_1-L_0T_0)$

其中，$(L_1T_1-L_0T_1)=(L_1-L_0)\times T_1$ 为平均人工成本的变动对人工成本总额增减变动的影响程度，$(L_0T_1-L_0T_0)=(T_1-T_0)\times L_0$ 为企业职工人数的变动对人工成本总额增减变动的影响程度。

2. 企业人工成本总额构成变化分析

（二）企业平均人工成本的变动分析

（1）平均人工成本的计算

$$平均人工成本=\frac{（年度）人工成本总额}{（年度）平均人数}\times100\%$$

平均人工成本分为三类：①平均每个从业人员人工成本；②平均每名生产工人人工成本；③单位产品人工成本。

（2）平均人工成本的变动分析方法。与平均工资的分析方法类似。

（三）人工成本支出的劳动效益分析

（1）人工成本的人均水平分析。
（2）人工成本的产出效益分析。
（3）人工成本的经济效益分析。
（4）成本结构指标。

重点和难点

本章重点内容是人工成本包含的基本内容、人工成本构成中的三个分类；我国人工成本构成、从会计核算的角度看人工费用的构成、人工成本统计的国际标准；企业人工成本总额的变动分析与企业平均人工成本的变动分析计算。

同步综合练习题

一、单项选择题

1. 人工成本是指（　　）。
A. 企业支付给员工的工资费用
B. 离退休和退职人员费用
C. 企业一定时期内与使用人力资源而发生的各项直接和间接费用的总和
D. 保险福利费用、住房补贴、员工培训费用、劳动保护费用及其他相关费用

2. 期间费用按成本费用发生性质不能分为（　　）。
A. 管理费用　　B. 销售费用
C. 财务费用　　D. 开发成本

3. 企业在招募录用职工的过程中所发生的各种支出，包括招聘成本、挑选成本、录用和安置成本等属于（　　）。
A. 人力资源取得成本　　B. 人力资源使用成本
C. 人力资源离职成本　　D. 人力资源保障成本

4. 为了使新聘用的职工熟悉业务，达到具体的工作岗位所要求的业务水平而发生的各种支出，包括岗前培训成本、在职培训成本和脱产培训成本等属于（　　）。
A. 人力资源保障成本　　B. 人力资源使用成本
C. 人力资源开发成本　　D. 人力资源离职成本

5. 企业为了补偿和恢复企业员工在从事劳动过程中其体力、脑力的消耗而直接或间接向劳动者支付的各种费用，包括维持成本、奖励成本和调剂成本等属于（　　）。
A. 产品的制造成本　　B. 人力资源使用成本
C. 人力资源开发成本　　D. 期间费用

6. 企业为员工支付的各种社会保障费用，包括为职工支付的医疗、养老、失业保险等属于（　　）。
A. 人力资源取得成本　　B. 人力资源保障成本
C. 期间费用　　D. 产品的制造成本

7. 员工离职时候企业支付的各种费用，包括退休金、补助费、抚恤费、医疗费、丧葬费及离职赔偿费等属于（　　）。
A. 人力资源取得成本　　B. 人力资源使用成本
C. 人力资源离职成本　　D. 人力资源保障成本

8. 企业的资源消耗能清晰地归集到某具体的成本对象而形成的成本属于（　　）。
A. 产品的制造成本　　B. 人力资源保障成本
C. 人力资源开发成本　　D. 期间费用

9. 企业的资源消耗无法直接归集到具体的成本对象因而按期间汇总形成的成本属于（　　）。
A. 人力资源取得成本　　B. 人力资源离职成本

C. 产品的制造成本　　D. 期间费用

10. 围绕企业的劳动投入形成的成本是（　　）。

A. 产品成本　　B. 总成本

C. 物质成本　　D. 人工成本

11. 人工成本的主要部分为（　　）。

A. 职工技术培训费用　　B. 员工的上下班交通费

C. 工作服费和招工费用　　D. 企业支付给员工的工资费用

12. 下列哪个平均人工成本指标不是企业常用的（　　）。

A. 单位产品人工成本　　B. 平均每个班组人工成本

C. 平均每名生产工人人工成本　　D. 平均每个从业人员人工成本

13. 企业在计算期内直接支付给本企业全体从业人员的劳动报酬总额属于（　　）。

A. 教育经费　　B. 从业人员劳动报酬

C. 福利费用　　D. 社会保险费用

14. 企业按照有关规定实际为本企业所使用的劳动力缴纳的各种社会保险费用属于（　　）。

A. 教育经费　　B. 劳动保护费用

C. 住房费用　　D. 社会保险费用

15. 企业在工资以外实际支付给企业所使用的劳动力个人及集体的福利性费用属于（　　）。

A. 社会保险费用　　B. 从业人员劳动报酬

C. 福利费用　　D. 教育经费

16. 企业为实施安全技术措施、工业卫生措施发生的各种费用，以及员工个人的劳动保护用品等费用属于（　　）。

A. 劳动保护费用　　B. 住房费用

C. 从业人员劳动报酬　　D. 社会保险费用

17. 企业为改善从业人员居住条件而支付的各种费用属于（　　）。

A. 教育经费　　B. 劳动保护费用

C. 住房费用　　D. 社会保险费用

18. 人工成本的统计范围不包括（　　）。

A. 职工工资总额　　B. 保险福利费用总额

C. 原材料成本费用　　D. 职工技术培训费和劳动保护费

19. 报告期平均人工成本为 37 元 / 人，基期平均人工成本为 36 元 / 人，则平均人工成本增减率为（　　）。

A. $(37 \div 36 - 1) \times 100\%$　　B. $36 \div 37 \times 100\%$

C. $37 \div 36 \times 100\%$　　D. $(36 \div 37 - 1) \times 100\%$

20. 如果报告期人工成本总额增加，职工平均人数不变，则平均人工成本（　　）。

A. 减少　　B. 增加

C. 不变　　D. 以上都不对

21. 单位产品人工成本的计算公式是（　　）。
   A. 报告期人工成本总额 ÷ 基期职工平均人数
   B. 人工成本总额 ÷ 产品产量
   C. 某种产品人工成本总额 ÷ 某种产品实际产量
   D. 报告期人工成本总额 ÷ 报告期产品产量

二、多项选择题

1. 人工成本包括（　　）。
   A. 已完成工作的报酬
   B. 对有关未工作而有报酬的时间、红利、食品等费用及其他实物支付
   C. 为雇员支付的社会保险费用
   D. 雇主负担的人工住房费用
   E. 离退休和退职人员费用
2. 下列属于人工成本的是（　　）。
   A. 职工技术培训费用
   B. 员工的上下班交通费
   C. 工作服费和招工费用
   D. 人工费用的税收
   E. 企业支付给员工的工资费用
3. 人工成本是指（　　）。
   A. 离退休和退职人员费用
   B. 雇主因雇用劳动力而发生的费用总和
   C. 企业一定时期内与使用人力资源而发生的各项直接和间接费用的总和
   D. 保险福利费用、住房补贴、员工培训费用、劳动保护费用及其他相关费用
   E. 企业从遴选员工入职开始，员工使用、培训直至员工退休期间的一切费用
4. 从人力资源的取得和使用的角度看，人力资源的成本包括（　　）。
   A. 取得成本　　B. 使用成本
   C. 开发成本　　D. 替代成本
   E. 保障成本
5. 企业常用的平均人工成本指标有（　　）。
   A. 单位产品人工成本　　B. 平均每个班组人工成本
   C. 平均每名生产工人人工成本　　D. 平均每个从业人员人工成本
   E. 单批产品人工成本
6. 人工成本和总成本共有的交叉部分是（　　）。
   A. 直接人工的工资和福利费用　　B. 制造费用中的工资和福利费用
   C. 管理费用中的工资和福利费用　　D. 销售费用中的工资和福利费用
   E. 产品制造过程中的期间费用
7. 人工成本统计的重要意义主要表现在（　　）。

A. 通过人力成本统计分析，企业可以准确核算劳动力投入的成本

B. 通过人力成本占总成本的比重、人力成本与产出比值等指标，可以反映企业的劳动者的投入产出效率

C. 企业人工成本可以从整体上反映国家经济结构状况，有助于产业和消费结构政策的制定和调整

D. 从整体上反映社会的消费能力和消费水平

E. 有利于引导企业投资的方向、产业结构的调整、社会保障政策的制定

8. 从业人员劳动报酬主要包括（　　）。

A. 生活困难补助　　B. 在岗职工工资总额

C. 其他从业人员的劳动报酬　　D. 员工解聘辞退费用

E. 员工住房的其他支出

9. 企业社会保险费用主要包括（　　）。

A. 退休养老保险费用　　B. 医疗保险费用

C. 失业保险费用　　D. 工伤保险费用

E. 生育保险费用

10. 企业福利费用主要包括（　　）。

A. 医疗卫生费　　B. 支付给劳动力的冬季取暖补贴费

C. 计划生育补贴　　D. 文体宣传费

E. 工会经费

11. 教育经费主要包括（　　）。

A. 企业开办的技校所支付的费用

B. 员工职业技术训练、进修所支付的费用

C. 企业支付的与人工成本有关的税收

D. 员工到各类专业学校学习支付的费用

E. 聘请企业外教员的各种费用

12. 劳动保护费用主要包括（　　）。

A. 劳动保健用品　　B. 企业购买的工作服

C. 员工住房的其他支出　　D. 作业中使用的各种清凉饮料等保健用品

E. 丧葬抚恤救济费

13. 人工成本支出的劳动效益分析主要指标有（　　）。

A. 人工成本的人均水平分析　　B. 人工成本的产出效益分析

C. 人工成本的经济效益分析　　D. 人工成本的投入效益分析

E. 人工成本结构指标

14. 人工成本一般包括（　　）。

A. 生产成本费用　　B. 住房费用

C. 保险福利费用　　D. 退休和退职人员的费用

E. 企业支付给职工的工资总额

15. 企业人工成本统计的范围为（　　）。

A. 不问计入人工成本的费用的经费来源
B. 不考虑计入人工成本的费用的发放形式
C. 人工成本包括直接费用和间接费用
D. 企业人工成本是由企业（或顾主）支付的
E. 人工成本的支付是以企业全体员工为对象的

三、简答题

1. 简述人工成本的含义。
2. 简述我国人工成本的构成内容。
3. 简述统计我国企业人工成本的重要意义的主要内容。
4. 简述企业住房费用的主要内容。
5. 简述企业福利费用的主要内容。
6. 简述教育经费的主要内容。

四、论述题

1. 论述我国人工成本的构成及其内容。
2. 请从理论上分析企业人工成本总额的变动情况指标。

五、计算题

某企业职工人工成本情况如表 7-1 所示。

表 7-1

指标	单位	报告期	基期
人工成本总额 G	千元	4800	3600
职工平均人数 f	人	1200	1000

问题：

（1）计算基期、报告期的职工平均工资。

（2）分析计算人工成本总额变动、职工平均人工成本变动及职工平均人数变动对人工成本总额的影响。

参 考 答 案

一、 单项选择题

1. C　　2. D　　3. A　　4. C　　5. B
6. B　　7. C　　8. A　　9. D　　10. D

11. D	12. B	13. B	14. D	15. C
16. A	17. C	18. C	19. A	20. B
21. C				

二、 多项选择题

1. ABCDE	2. ABCDE	3. BCE	4. ABCDE	5. ACD
6. ABCD	7. ABCDE	8. BC	9. ABCDE	10. ABCD
11. ABDE	12. ABD	13. ABCE	14. BCDE	15. ABCDE

三、简答题

1. 人工成本指企业一定时期内使用人力资源而发生的各项直接和间接费用的总和。企业从遴选员工入职开始，员工使用、培训直至员工退休期间的一切费用都是企业的人工成本。

2. 人工成本的构成内容包括：企业支付给员工的工资费用、保险福利费用、住房补贴、员工培训费用、劳动保护费用、离退休和退职人员费用及其他相关费用等。

3. 统计我国企业人工成本的重要意义主要表现在:

（1）通过人力成本统计分析，企业可以准确核算劳动力投入的成本；

（2）通过人力成本占总成本的比重、人力成本与产出比值等指标，可以反映企业的劳动者的投入产出效率；

（3）企业人工成本可以从整体上反映国家经济结构状况，有助于产业和消费结构政策的制定和调整；

（4）从整体上反映社会的消费能力和消费水平；

（5）有利于引导企业投资的方向、产业结构的调整、社会保障政策的制定。

4. 企业住房费用是企业为改善从业人员居住条件而支付的各种费用，包括：①企业缴纳的住房公积金；②实际支付给员工个人的住房补贴；③企业住房的维修和管理费用；④归还的住房借款本息与住房租赁保证金；⑤用于员工住房的其他支出。

5. 福利费用是企业在工资以外、实际支付给企业所使用的劳动力的个人及集体福利费用的总称，主要包括：①企业支付给劳动力的冬季取暖补贴费；②医疗卫生费；③计划生育补贴；④生活困难补助；⑤文体宣传费；⑥集体福利设施和集体福利事业补贴；⑦丧葬抚恤救济费等。

6. 教育经费是企业为提高即将上岗和在岗的员工的思想道德修养与专业技术水平而进行的文化、职业道德、技术理论和实际操作等进修培训活动的费用，包括：①企业为其开办技校所支付的费用；②员工职业技术训练、进修所支付的费用；③员工到各类专业学校学习支付的费用；④聘请企业外教员的各种费用等。

四、论述题

1. 我国人力资源和社会保障部（原劳动部）颁发的〔1997〕261 号文件，对企业人工费用的内容进行了规定，具体包括以下内容。

（1）从业人员劳动报酬（含不在岗职工生活费）。从业人员劳动报酬是指企业在计算期内直接支付给本企业全体从业人员的劳动报酬总额，包括在岗职工工资总额和其他从业人员的劳动报酬两部分。

（2）社会保险费用。企业按照有关规定实际为本企业所使用的劳动力缴纳的各种社会保险费用，包括退休养老保险费用、医疗保险费用、失业保险费用、工伤保险费用和生育保险费用等。

（3）福利费用。福利费用是企业在工资以外、实际支付给企业所使用的劳动力的个人及集体福利费用的总称，主要包括企业支付给劳动力的冬季取暖补贴费、医疗卫生费、计划生育补贴、生活困难补助、文体宣传费、集体福利设施和集体福利事业补贴及丧葬抚恤救济费等。

（4）教育经费。这是企业为提高即将上岗和在岗的员工的思想道德修养与专业技术水平而进行的文化、职业道德、技术理论和实际操作等进修培训活动的费用，包括企业为其开办技校所支付的费用，员工职业技术训练、进修所支付的费用，员工到各类专业学校学习支付的费用，聘请企业外教员的各种费用等。

（5）劳动保护费用。劳动保护费用指企业为实施安全技术措施、工业卫生措施发生的各种费用，以及员工个人的劳动保护用品等费用，如企业购买的工作服、劳动保健用品及作业中使用的各种清凉饮料等保健用品。

（6）住房费用。这是企业为改善从业人员居住条件而支付的各种费用，包括企业缴纳的住房公积金、实际支付给员工个人的住房补贴、企业住房的维修和管理费用、归还的住房借款本息与住房租赁保证金，以及用于员工住房的其他支出。

（7）其他人工成本费用。由企业支付的不属于前述内容的其他人工费用项目，如工会经费，企业因招聘劳动力而实际花费的招聘费用、解聘辞退费用，以及企业支付的与人工成本有关的税收等。

2.（1）人工成本总额变动指数指标如下：

人工成本总额 = 平均人工成本 × 职工人数

人工成本总额指数 = 平均人工成本指数 × 职工人数指数

$$人工成本总额指数=\frac{L_1T_1}{L_0T_0}=\frac{L_1}{L_0}\times\frac{T_1}{T_0}=\frac{L_1T_1}{L_0T_1}\times\frac{L_0T_1}{L_0T_0}$$

（2）人工成本总额增减变动额的进一步分析指标如下：

人工成本总额增减变动额 = 报告期人工成本总额 − 基期人工成本总额

人工成本总额增减变动额 = $L_1T_1-L_0T_0=(L_1T_1-L_0T_1)+(L_0T_1-L_0T_0)$

其中，$(L_1T_1-L_0T_1)=(L_1-L_0)\times T_1$ 为平均人工×成本的变动对人工成本总额增减变动的影响程度；$(L_0T_1-L_0T_0)=(T_1-T_1)\times L_0$ 为企业职工人数的变动对人工成本总额增减变动的影响程度。

（3）人工成本总额变动增减率，其计算公式为

$$人工成本总额增减率=\left(\frac{报告期人工成本总额}{基期人工成本总额}-1\right)\times100\%=\left(\frac{L_1}{L_0}-1\right)\times100\%$$

五、计算题

（1）解：设 G 为总人工成本，f 为职工平均人数，χ 为职工平均人工成本。

$$\chi_1=\frac{G_1}{f_1}=\frac{4800}{1200}=4(\text{千元/人})$$

$$\chi_0=\frac{G_0}{f_0}=\frac{3600}{1000}=3.6(\text{千元/人})$$

（2）人工成本总额的变动情况如下：

相对数：$\frac{G_1}{G_0}=\frac{\Sigma\chi_1 f_1}{\Sigma\chi_0 f_0}=\frac{4\times1200}{3.6\times1000}=\frac{4800}{3600}=133.33\%$

绝对数：$G_1-G_0=4800-3600=1200(\text{千元})$

由于职工平均人工成本变动对人工成本总额变动的影响：

$$\frac{\Sigma\chi_1 f_1}{\Sigma\chi_0 f_1}=\frac{4\times1200}{3.6\times1200}=\frac{4800}{4320}=111.11\%$$

$$\Sigma\chi_1 f_1-\Sigma\chi_0 f_1=4800-4320=480(\text{千元})$$

由于职工人数变动对人工成本指数的影响：

$$\frac{\Sigma\chi_0 f_1}{\Sigma\chi_0 f_0}=\frac{3.6\times1200}{3.6\times1000}=\frac{4320}{3600}=120\%$$

$$\Sigma\chi_0 f_1-\Sigma\chi_0 f_0=4320-3600=720(\text{千元})$$

分析：人工成本总额指数提高了 33. 33%，绝对数增加了 1200 千元；其中由于职工平均人工成本指数提高了 11. 11%，人工成本总额绝对数增加了 480 千元； 由于职工人数变动指数提高了 20%，人工成本总额报告期比基期绝对数增加了 720 千元。

综合计算结果归纳关系：

133. 33% = 111. 11% × 120%

1200（千元）= 480 + 720

第8章　职业技能开发与鉴定统计

考核内容

1. 职业技能开发与鉴定的概念。
2. 职业技能开发与鉴定统计的意义、任务。
3. 职业技能培训机构情况、人员统计。
4. 职业技能开发培训的结构与费用统计。
5. 职业技能鉴定统计。
6. 职业技能开发效益的统计。

一、职业技能开发与鉴定统计的意义

（一）职业技能开发与鉴定的概念

1. 职业技能开发的概念

职业技能开发是指根据社会经济发展的需要，为全面提高劳动者自身素质，从思想文化知识和职业技能等方面，对劳动者进行的有组织、有计划、有目的的职业培训和职业技能水平评价的活动。

职业培训的对象包括：初次求职人员、失业人员、在职人员、转岗转业人员、出国劳务人员、境外就业人员、个体劳动者，以及农村向非农转移的人员、农村向城镇流动就业的劳动者；需要提供专门的职业技能培训的妇女、残疾人、少数民族人员、军队退役人员；其他需要学习和提高职业技能的劳动者。

根据我国职业培训法规的规定：职业培训分为就业前培训、转业培训、学徒培训、在岗培训、转岗培训、其他职业性培训。其中，除了就业前培训之外均属于在职培训。

（1）就业前培训，是指对尚未就业的人员进行的获得就业能力的培训。

（2）转业培训，是指对失业人员进行的获得新就业能力的培训。

（3）技术工种上岗培训（含学徒培训），是指对从事技术工种的人员进行的获得技术工种必备技能的培训。

（4）在岗培训，是指对在岗人员定期进行的更新知识或者提高技能的培训，进行在岗培训，以岗位规范为依据。

（5）转岗培训，是指对本企业内部转换岗位的在岗人员进行的获得新岗位必备职业技能的培训。

（6）其他职业性培训。由用人单位和有关主管部门根据实际需要安排。鼓励劳动者参加职业技能培训，或者采取自学方法，学习技术，提高职业技能。

劳动者必须参加的培训：①初次求职人员必须参加从业前培训或者接受职业学校教育；②技术工种作业人员必须参加技术工种上岗培训；③特种作业人员必须参加特种作业上岗培训。

2. 职业技能鉴定的概念

职业技能鉴定的本质是一种标准参照型考试，是按照国家规定的职业标准，以政策法规为基础，通过政府授权的考核鉴定机构，按照相对统一和固定的标准，对社会现实劳动力从事某一种职业应具备的技术理论专业知识和实际技能水平，进行客观公正、科学规范的测量考核与鉴定认证，又授予合格者相应的国家职业资格证书。

职业技能鉴定包括职业资格一级（高级技师）、职业资格二级（技师）、职业资格三级（高级）、职业资格四级（中级）和职业资格五级（初级）的资格考评。

（二）职业技能开发与鉴定的意义、指导思想和任务

1. 职业技能开发与鉴定的意义

职业技能开发与鉴定的统计研究，对我国职业培训工作的开展、职业培训效果的评估、职业培训体系的建设等，对于社会、经济和文化的持续、稳定与健康发展，具有极为重要的作用和意义。

（1）职业技能开发与鉴定可以反映国家有关职业培训和教育政策方针的贯彻实施情况及其指导的职业技能开发情况，为分析职业培训市场发展变化的趋势及社会经济发展对职业培训的需求，为国家及各级主管部门制定职业培训政策、编制职业培训计划和长远规划提供依据。

（2）职业技能开发与鉴定可以全面、系统地反映职业技能培训、职业技能鉴定、职业技能竞赛和职业培训效益等方面的实际状况和存在的问题，为进一步分析探讨问题产生的原因，寻找解决途径提供依据。分析职业教育活动的各个阶段状况与国民经济发展的相适应程度。

（3）职业技能开发与鉴定可以反映劳动者科学、文化和技术水平等专业技能的整体水平，以及劳动力市场的供求情况和从事某种职业应具备的专业知识和操作技能的达标情况，为社会劳动的管理和人才社会流动的协调提供可靠依据。

（4）职业培训状况是反映我国劳动力科学技术水平的一个重要方面，所以，职业培训量化管理对与劳动力相关的国情国力的研究工作也具有重要意义。

2. 职业技能开发与鉴定的指导思想和任务

职业技能鉴定是人力资源开发利用与管理领域的基础工作之一，必须适应经济和社会发展，职业技能鉴定总的目标是贯彻落实《中华人民共和国劳动法》，“以培育和发展劳动力市场、促进就业培训、保障和提高劳动者就业能力和工作能力”为宗旨，以职业标准和职业技能鉴定规范为依据，实行政府指导下的职业技能鉴定社会化管理，不断完善职业技能鉴定体系，并使之与国际接轨，建立起我国的职业资格证书制度。

“十二五”期间，职业技能鉴定工作的主要任务是：加强顶层设计，完善政策法规，创新工作思路，夯实工作基础，推动职业资格证书制度科学规范发展，为促进就业和经济社会发展提供有力的技能人才支持。大力开发职业技能标准，形成结构较为完整、覆盖经济社会发展所需主要职业的技能标准体系。

二、职业技能开发统计

目前，职业技能开发统计主要包括四方面内容：职业技能培训机构情况统计、企业参加培训人员情况统计、职业技能开发培训的结构统计和企业职业技能开发费用统计。

（一）职业技能培训机构情况统计

1. 基本描述统计

职业技能培训机构的数量、状态和能力是培训市场总供给的综合反映，是开展职业技能

培训必备的师资和场地设施等一定物质条件保障。基本统计指标有：①培训机构数量统计；②培训能力规模统计；③专业设置种类统计；④培训师资员工人数统计；⑤培训用房建筑面积统计。

2. 发展规模及趋势统计分析

发展规模及趋势统计分析包括：①职业培训机构（或学生）的发展速度指标；②职业培训机构（或学生）的增长速度指标。

3. 培训能力负担分析指标

主要的培训能力负担分析指标有：①职业培训机构的负担系数；②教员任课负担程度统计；③培训用房建筑面积负担系数。

4. 职业技能培训的普及分析指标

主要的职业技能培训的普及分析指标包括：①办学面；②在职职工培训率。

（二）企业参加培训人员情况统计

1. 企业参加培训的总人数统计

总人数统计包括：①企业本期参加培训的人次数指标；②期末在培人数指标。

2. 企业职工学习学员人数指标

企业有专司培训进修的职工学校时，要表明其培训工作总量或规模情况，可计算学员人数指标。该指标包括：①本期招收学员数；②本期在学学员数；③本期流失学员数。

3. 企业职业技能与开发进程分析

该指标包括：①企业职工入学率；②企业职工退学率。

4. 企业参加培训人员培训结业统计

（1）培训结业人数统计。

（2）培训结业程度统计，包括：①结业（毕业）率；②肄业率；③全员培训率。

（三）职业技能开发培训的结构统计

1. 企业职业技能开发分类

（1）按职业培训状态的结构统计：①就业前参培人数；②转业参培人数；③在职参培人数。

（2）按培训场所分组：①现场培训，这种培训模式是依托职工实际从事的工作或所处的工作岗位，干什么学什么，边劳动，边学习，既要完成生产工作任务，还要达到一定的专业技术水平或具有一定的工作能力，如岗位练兵、师傅带学徒、技术表演示范等。②业余学习，这是指在工作时间外的业余时间，职工参加各类专业技术性质的学习和进修，如业余短训班、社会成人大中专班等。

（3）按培训方式分组：①脱产学习；②半脱产学习；③不脱产学习。

（4）按培训程度分组：①高等教育；②中等专业教育；③初等教育。

2. 企业职业技术开发的结构分析

（1）某类职业培训机构（或学生）的比重指标。
（2）企业培训学历程度统计。
（3）职业技能培训的专业构成指标。
（4）现场培训的集中趋势统计。
（5）业余学习趋势分析。
（6）企业脱产学习比例分析。
（7）企业短线工种的培训统计。

（四）企业职业技能开发费用统计

1. 企业职业技能开发费用统计指标

（1）培训经费收入总额统计指标包括：①培训经费收入；②基建投资收入。

（2）培训经费支出总额统计指标包括：①培训经费支出；②培训设施投资完成额；③人才引进费用；④基建投资支出。

2. 企业职工培训费用总额

企业职工培训费用总额是指企业在一定时期内（如月、年）实际支付的用于职工培训和进修的全部费用，包括现场培训费用、企业派出进修的费用、师资及教材费用等。

（1）现场培训费用。即在企业内的职工培训中采用岗位练兵、技术操作表演等形式需要支付的各种费用的总和。

（2）企业职工进修深造培训费用。即企业将职工派往国内企业或派往国外研修，委托大专院校定向培养所实际支付的培训费用。

（3）师资及教材费用。即实际支付的培训教师的工资、保险和福利费用。

3. 企业职业技能开发费用分析

该指标包括：①某项经费收入占培训总收入的比重；②某项经费支出占培训总支出的比重；③职业培训经费占全部教育经费的比重；④培训资金利用率；⑤培训资金收获率指标；⑥企业培训费用水平；⑦现场培训费用比重；③培训费用年收益率。

4. 企业职业技能开发费用的宏观分析

（1）企业职工培训费用与增加值的比较。
（2）企业职工培训费用和国民教育费用的比较。
（3）企业职工培训费用增长与国内生产总值增长的比例关系。
（4）企业培训费用增长与财政支出增长的比例关系。

5. 职业技能培训的成效统计

职业技能培训成果可以通过统计下列指标反映：学历职业教育学生毕业率；职业技术学校毕业生就业率；职业培训结业率；职业技能培训计划完成程度；工人培训前后技术等级提

高率；合理化建议提出与采纳分析指标；企业技术革新成果分析指标；企业工作效率提高效果分析。

三、职业技能鉴定统计

（一）职业技能鉴定统计的意义

职业技能鉴定对人力资源的开发具有质量检验的功能，即对人力资源开发的结果进行考核与评定，对劳动力的产权和质量给予认证，对考试、考核合格者给予权威认证，准予其进入就业领域，促使劳动力市场有序运行、人力资源合理配置，为制定社会经济发展政策服务。

（二）职业技能鉴定机构及人员统计

1. 职业技能鉴定机构数量统计

技能鉴定机构数是指各级人民政府根据《职业技能鉴定规定》而成立的专门从事客观评价劳动者的职业技能水平，并发放鉴定证书的管理机构数。可分为国家级鉴定机构、行业级鉴定机构、地方级鉴定机构、其他鉴定机构。

技能鉴定机构数统计具体包括：①国家级鉴定机构数；②行业级鉴定机构数；③地方级鉴定机构数；④其他鉴定机构数。

2. 职业技能鉴定专业人员数量统计指标

（三）参加职业技能鉴定的考核人员统计

该指标包括：①按职业分类；②按国民经济行业分类；③按产业分类；④按在业与否分类；⑤按工人技术等级分类。

（四）职业技能鉴定结果统计

（1）职业技能鉴定合格程度统计。

（2）职业技能鉴定参与程度统计。

（3）职业技能鉴定考核通过程度分析。包括：①职业资格证书取证率；②高教自学考试学位取证率；③高教自学考试单科通过率指标。

四、职业技能开发效益的统计

（一）职业技能开发的社会效益分析

1. 企业文化技术特征的分析

该指标包括：①员工文化水平与变化指标；②员工文化程度结构及变动指标；③工人技术等级的变动指标；④工人技师和高级技师比例及变动指标；⑤技术多面手和技术能手比例指标；⑥专业技术人员高级职称比例指标。

2. 工作态度和劳动纪律增强的分析

该指标包括：①运用出勤率与出勤时间利用率进行历史比较；②劳动定额完成程度的动态比较；③由员工原因引发的安全事故发生程度的比较；④企业各类先进人物涌现程度的比较分析。

（二）企业经济效益增强的统计

（1）企业员工合理化建议提出与采纳分析指标。

（2）企业技术革新成果分析指标。

（3）企业工作效率提高的分析。包括：①节约用工量，节省工资的统计；②增产增收的统计；③节约人工费用统计。

（4）企业产品质量意识增强的分析。包括：①分析产品合格率或优等品率的提高对增进企业经济效益的影响；②分析产品平均等级的提高对增进企业经济效益的影响；③分析产品优等品率的提高对增进企业经济效益的影响；④分析产品平均含量的提高对增进企业经济效益的影响；⑤企业员工创名牌竞争意识增强程度分析。

重点和难点

本章重点是职业技能开发与鉴定的概念、职业技能培训机构情况、人员统计指标、职业技能开发培训的结构与费用统计指标；职业技能鉴定统计指标与职业技能开发效益的统计指标。

同步综合练习题

一、单项选择题

1. 下列培训不属于在职培训的是（　　）。
   A. 就业前培训　　B. 转业培训
   C. 学徒培训　　D. 在岗培训
2. 对尚未就业的人员进行的获得就业能力的培训是指（　　）。
   A. 转业培训　　B. 技术工种上岗培训
   C. 在岗培训　　D. 就业前培训
3. 对从事技术工种的人员进行的获得技术工种必备技能的培训是指（　　）。
   A. 就业前培训　　B. 技术工种上岗培训
   C. 转业培训　　D. 在岗培训
4. 以岗位规范为依据，对在岗人员定期进行的更新知识或者提高技能的培训是指（　　）。
   A. 在岗培训　　B. 技术工种上岗培训
   C. 转业培训　　D. 就业前培训
5. 劳动者必须参加的培训不包括（　　）。
   A. 初次求职人员必须参加从业前培训或者接受职业学校教育
   B. 转业培训
   C. 技术工种作业人员必须参加技术工种上岗培训
   D. 特种作业人员必须参加特种作业上岗培训
6. 职业技能鉴定总的宗旨是（　　）。
   A. 反映国家有关职业培训和教育的政策方针的贯彻实施情况及其指导的职业技能开发情况
   B. 以培育和发展劳动力市场、促进就业培训、保障和提高劳动者就业能力和工作能力
   C. 分析职业培训市场发展变化的趋势及社会经济发展对职业培训的需求
   D. 反映劳动者科学、文化和技术水平等专业技能的整体水平，以及劳动力市场的供求情况
7. 职业技能鉴定总的依据是（　　）。
   A. 国家及各级主管部门制定的职业培训政策
   B. 职业标准和职业技能鉴定规范
   C. 国家职业资格证书制度
   D. 国家级鉴定机构规章
8. 职业技能培训机构发展规模及趋势统计分析指标有（　　）。
   A. 办学面和在职职工培训率
   B. 职业培训机构（学生）的发展速度指标和职业培训机构（学生）的增长速度指标
   C. 职业培训机构的负担系数和培训用房建筑面积负担系数

D. 职业培训机构（学生）的发展速度指标和在职职工培训率

9. 职业技能培训机构培训能力负担分析指标有（　　）。

A. 职业培训机构的负担系数和培训用房建筑面积负担系数

B. 职业培训机构（学生）的发展速度指标和职业培训机构（学生）的增长速度指标

C. 职业培训机构（学生）的发展速度指标和在职职工培训率

D. 办学面和在职职工培训率

10. 职业技能培训的普及分析指标有（　　）。

A. 职业培训机构（学生）的发展速度指标和在职职工培训率

B. 职业培训机构（学生）的发展速度指标和职业培训机构（学生）的增长速度指标

C. 职业培训机构的负担系数和培训用房建筑面积负担系数

D. 办学面和在职职工培训率

11. 依托职工实际从事的工作或所处的工作岗位，干什么学什么，边劳动，边学习，既要完成生产工作任务，还要达到一定的专业技术水平或具有一定的工作能力的培训是（　　）。

A. 现场培训　　B. 业余学习

C. 脱产学习　　D. 专业教育

12. 职工在工作时间外的业余时间参加各类专业技术性质的学习和进修的培训是（　　）。

A. 现场培训　　B. 业余学习

C. 脱产学习　　D. 专业教育

13. 下列培训方式属于业余学习培训模式的是（　　）。

A. 脱产学习、半脱产学习、不脱产学习

B. 高等教育、专业教育、初等教育

C. 岗位练兵、师傅带学徒、技术表演示范

D. 业余短训班、社会成人大中专班

14. 职业技能开发的重点是提高职工的（　　）。

A. 科学文化、业务技术水平　　B. 道德水平

C. 健康水平　　D. 劳动积极性

15. 下列属于业余培训的是（　　）。

A. 业余短训班　　B. 岗位练兵

C. 师傅带学徒　　D. 技术表演示范

二、多项选择题

1. 劳动者必须参加的培训主要有（　　）。

A. 初次求职人员必须参加从业前培训或者接受职业学校教育

B. 转业培训

C. 技术工种作业人员必须参加技术工种上岗培训

D. 特种作业人员必须参加特种作业上岗培训

E. 就业前培训

2. 职业技能开发统计包括（　　）。

A. 职业技能培训机构情况统计　　B. 职业技能鉴定机构情况统计

C. 企业参加培训人员情况统计　　D. 培训机构经费收支情况统计

E. 企业职业技能开发费用统计

3. 根据我国职业培训法规的规定，职业培训分为（　　）。

A. 就业前培训　　B. 转业培训

C. 学徒培训　　D. 在岗培训

E. 转岗培训

4. 根据我国职业培训法规的规定，下列培训属于在职培训的是（　　）。

A. 就业前培训　　B. 转业培训

C. 学徒培训　　D. 在岗培训

E. 转岗培训

5. 职业技能开发与鉴定的意义主要表现在（　　）。

A. 反映国家有关职业培训和教育的政策方针的贯彻实施情况

B. 分析职业培训市场发展变化的趋势及社会经济发展对职业培训的需求

C. 为国家及各级主管部门制定职业培训政策

D. 反映从事某种职业应具备的专业知识和操作技能的达标情况

E. 分析职业教育活动的各个阶段状况与国民经济发展的相适应程度

6. 职业技能开发与鉴定的意义主要表现在（　　）。

A. 为编制职业培训计划和长远规划提供依据

B. 可以全面、系统地反映职业技能培训、鉴定、竞赛和效益等方面的实际状况

C. 反映劳动者科学、文化和技术水平等专业技能的整体水平

D. 反映我国劳动力市场的供求情况及技能需求情况

E. 职业培训状况是反映我国劳动力科学技术水平的一个重要方面

7. 职业技能培训机构发展规模及趋势统计分析的指标有（　　）。

A. 职业培训机构（或学生）的发展速度指标　　B. 期末在培人数指标

C. 职业培训机构（或学生）的增长速度指标　　D. 在职职工培训率

E. 企业职工退学率

8. 职业技能培训机构培训能力负担的分析指标有（　　）。

A. 职业培训机构的负担系数　　B. 教员任课负担程度统计

C. 企业职工退学率　　D. 培训用房建筑面积负担系数

E. 企业本期参加培训的人次数

9. 职业技能培训的普及程度分析指标有（　　）。

A. 职业培训机构（或学生）的发展速度指标　　B. 办学面

C. 培训用房建筑面积负担系数　　D. 在职职工培训率

E. 培训结业程度统计

10. 企业职业技能与开发进程分析的指标有（　　）。

A. 职业培训机构（或学生）的增长速度指标　B. 企业本期参加培训的人次数指标

C. 企业职工入学率　　D. 企业职工退学率
E. 在职职工培训率

11. 企业参加培训人员培训结业统计的指标有（　　）。
A. 培训结业人数统计　　B. 教员任课负担程度统计
C. 培训结业程度统计　　D. 培训用房建筑面积负担系数
E. 企业本期参加培训的人次数指标

12. 企业职业技能开发分类中，按培训场所分组的是（　　）。
A. 业余学习　　B. 高等教育
C. 岗位练兵　　D. 技术表演示范
E. 现场培训

13. 企业职业技能开发分类中，下列培训方式属于业余学习培训模式的是（　　）。
A. 半脱产学习　　B. 社会成人大中专班
C. 专业教育　　D. 师傅带学徒
E. 业余短训班

14. 企业职业技能开发分类中，按培训程度分组的是（　　）。
A. 初等教育　　B. 技术表演示范
C. 专业教育　　D. 社会成人大中专班
E. 高等教育

15. 企业职业技能开发费用的宏观分析指标表现在（　　）。
A. 企业职工培训费用与增加值的比较
B. 企业职工培训费用和国民教育费用比较
C. 企业职工培训费增长与国内生产总值增长的比例关系
D. 企业培训费用的增长与财政支出增长的比例关系
E. 企业工作效率提高效果分析

16. 职业技能培训成果指标主要有（　　）。
A. 学历职业教育学生毕业率　　B. 职业技术学校毕业生就业率
C. 职业培训结业率　　D. 职业技能培训计划完成程度
E. 工人培训前后技术等级提高率

17. 企业文化技术特征的分析指标主要有（　　）。
A. 员工文化水平与变化指标　　B. 员工文化程度结构及变动指标
C. 工人技术等级的变动指标　　D. 工人技师和高级技师比例及变动指标
E. 技术多面手和技术能手比例指标

18. 工作态度和劳动纪律增强的分析主要有（　　）。
A. 运用出勤率与出勤时间利用率进行历史比较
B. 劳动定额完成程度的动态比较
C. 专业技术人员高级职称比例分析
D. 由员工原因引发的安全事故发生程度的比较
E. 企业各类先进人物涌现程度的比较分析

19. 企业经济效益增强的统计指标主要有（　　）。
A. 企业员工合理化建议提出与采纳分析指标　B. 企业技术革新成果分析指标
C. 企业工作效率提高的分析　D. 工人技术等级的变动指标
E. 企业产品质量意识增强的分析

20. 企业工作效率提高的分析指标主要有（　　）。
A. 节约用工量统计　B. 产品平均等级提高统计
C. 节省工资统计　D. 增产增收的统计
E. 节约人工费用统计

三、简答题

1. 职业技能培训机构情况统计的基本指标有哪些？
2. 职业培训的对象主要包括哪些人员？
3. 根据我国职业培训法规的规定，职业培训分为哪几类？
4. 企业职业技能开发经费支出总额统计指标主要体现在哪些方面？
5. 企业应该从哪些方面对职业技能开发费用进行分析？

四、论述题

1. 论述企业职业技能培训机构情况统计内容。
2. 论述企业职业技能开发培训的结构统计内容。

参考答案

一、单项选择题

1. A	2. D	3. B	4. A	5. B
6. B	7. B	8. B	9. A	10. D
11. A	12. B	13. D	14. A	15. A

二、多项选择题

1. ACD	2. ACD	3. ABCDE	4. BCDE	5. ABCDE
6. ABCDE	7. AC	8. ABD	9. BD	10. CD
11. AC	12. AE	13. BD	14. ACD	15. ABCD
16. ABCDE	17. ABCDE	18. ABDE	19. ABCE	20. ACDE

三、简答题

1. 职业技能培训机构情况统计的基本指标有：①培训机构数量统计；②培训能力规模

统计；③专业设置种类统计；④培训师资员工人数统计；⑤培训用房建筑面积统计。

2. 职业培训的对象主要包括:

（1）初次求职人员、失业人员、在职人员、转岗转业人员、出国劳务人员、境外就业人员、个体劳动者。

（2）农村向非农转移的人员、农村向城镇流动就业的劳动者。

（3）需要提供专门的职业技能培训的妇女、残疾人、少数民族人员、军队退出现役人员。

（4）其他需要学习和提高职业技能的劳动者。

3. 根据我国职业培训法规的规定，职业培训分为:

（1）就业前培训，是指对尚未就业的人员进行的获得就业能力的培训。

（2）转业培训，是指对失业人员进行的获得新的就业能力的培训。

（3）技术工种上岗培训（含学徒培训），是指对从事技术工种的人员进行的获得技术工种必备技能的培训。

（4）在岗培训，是指对在岗人员定期进行的更新知识或者提高技能的培训，进行在岗培训，以岗位规范为依据。

（5）转岗培训，是指对本企业内部转换岗位的在岗人员进行新岗位必备职业技能的培训。

（6）其他职业培训。由用人单位和有关主管部门根据实际需要安排。鼓励劳动者参加职业技能培训，或者采取自学方法，学习技术，提高职业技能。

4. 企业职业技能开发经费支出总额统计指标主要体现在：①培训经费支出；②培训设施投资完成额；③人才引进费用；④基建投资支出。

5. （1）某项经费收入占培训总收入的比重。

（2）某项经费支出占培训总支出的比重。

（3）职业培训经费占全部教育经费的比重。

（4）培训资金利用率。

（5）培训资金收获率指标。

（6）企业培训费用水平。

（7）现场培训费用比重。

（8）培训费用年收益率。

四、论述题

1. （1）基本描述统计。职业技能培训机构的数量、状态和能力是培训市场总供给的综合反映，是开展职业技能培训必备的师资和场地设施等一定物质条件保障。基本统计指标有：①培训机构数量统计；②培训能力规模统计；③专业设置种类统计；④培训师资员工人数统计；⑤培训用房建筑面积统计。

（2）发展规模及趋势统计分析。包括：①职业培训机构（或学生）的发展速度指标；②职业培训机构（或学生）的增长速度指标。

（3）培训能力负担分析指标。主要的能力负担分析指标有：①职业培训机构的负担系数；②教员任课负担程度统计；③培训用房建筑面积负担系数。

（4）职业技能培训的普及分析指标。包括：①办学面；②在职职工培训率。

2.（1）企业职业技能开发分类. 包括以下四类：

一是按职业培训状态的结构统计：①就业前参培人数；②转业参培人数；③在职参培人数；

二是按培训场所分组：①现场培训，这种培训模式是依托职工实际从事的工作或所处的工作岗位，干什么学什么，边劳动，边学习，既要完成生产工作任务，还要达到一定的专业技术水平或具有一定的工作能力，如岗位练兵、师傅带学徒、技术表演示范等；②业余学习，这是指在工作时间外的业余时间，职工参加各类专业技术性质的学习和进修，如业余短训班、社会成人大中专班等。

三是按培训方式分组：①脱产学习；②半脱产学习；③不脱产学习。

四是按培训程度分组：①高等教育；②中等专业教育；③初等教育。

（2）企业职业技术开发的结构分析。包括：①某类职业培训机构（或学生）的比重指标；②企业培训学历程度统计；③职业技能培训的专业构成指标；④现场培训的集中趋势统计；⑤业余学习趋势分析；⑥企业脱产学习比例分析；⑦企业短线工种的培训统计。

第9章 劳动关系统计

考核内容

1．掌握劳动关系的含义、统计的任务和意义。
2．掌握企业职工参与民主管理统计。
3．掌握企业职工参与活动统计。
4．掌握劳动争议数量、严重程度等统计与分析。
5．掌握劳动争议处理情况统计与分析。

一、劳动关系统计的意义

劳动关系是指社会就业过程中雇佣人与被雇佣人之间的相互关系。从广泛意义上看，劳动关系就是一切与雇佣行为有关的社会现象的总和。雇佣人即雇主，是劳动力的使用方，具体指使用劳动力的工人、企业、基本单位和政府机构等。被雇佣人即雇员，是具有劳动能力并通过合法劳动获取劳动收入的人，具体指的是工人、职员或员工及政府机构的办事员等。

劳动关系包含一切与雇佣行为相关的社会现象，其具体的活动内容有：集体谈判（如工资报酬的集体谈判）、劳动合同（如签订、实施执行和终结劳动合同等）、劳动争议（如申诉、受理和调解等）、劳动仲裁（如企业调解、劳动争议仲裁和法院审理等）和其他劳动纠纷等。

劳动关系统计的任务有四个：①研究劳动争议的发生、发展情况；②观察劳动争议的处理及其结果；③研究员工参与企业活动的组织形式；④分析和评价工会活动的成效。

对企业劳动关系进行统计，其意义主要表现为：

第一，劳动关系的统计有利于从数量方面及时地反映企业劳动关系的种种具体表现，以便及时发现劳动关系方面的问题，适时化解矛盾，激发企业员工生产经营的积极性，维护好企业行政与员工双方的合法权益，维护企业生产经营的正常秩序，保证和谐社会的稳健推进。

第二，企业劳动关系的统计研究，有利于企业劳动关系主体各方认识和了解企业劳动关系的基本现状和各自所处的地位，以便在协调各方的利益、关系和解决争议时，保持头脑清醒，自觉采取正确的立场和端正的态度。

第三，企业劳动关系的统计能为政府制定有关劳动关系的法律法规、条例和政策等提供现实的科学依据。

第四，企业劳动关系统计研究与分析，为相关科研工作和理论的深入探讨提供了扎实的数据资料，并为其科学验证提供了方便条件。

二、劳动者参与统计

企业员工参与企业的活动，是借助企业工会组织实施的，即工会参与。工会参与在广义上作为企业工会的一切活动，其目的是以企业员工为中心，通过调动员工的积极性，营造良好的工作、生活和社会环境，不断提高企业员工的文化、技术水平和修养，保护员工在物质和精神等方面的合法权益，尊重员工的社会地位，发挥员工的社会作用和主人翁精神。

（一）企业职工参与民主管理统计

企业职工参与民主管理的情况，主要是通过企业职工代表大会的建立和作用的发挥来体现。主要从企业职工代表大会的建立情况和活动统计两个方面来反映参与民主管理的情况。

1. 企业职工代表大会建立情况统计

统计职工代表大会的建立情况，一般从其组建的数量、比率、人数及构成四个方面来衡量。

职工代表大会组建数量能反映企业职工参与民主管理的情况，企业各级各单位都应按不同情况建立职工代表大会。

职工代表大会组建率反映企业内职工代表大会组建的普通程度，将按规定实际组建职工代表大会单位数与应组建的单位数进行比较，说明企业职工民主权利的落实情况。

2. 企业职工代表大会活动统计

（1）企业职工代表大会召开次数。按规定，企业应定期召开职工代表大会，每次会议必须有2/3以上的职工代表出席。

（2）企业职工代表提交提案数。

（3）企业职工代表大会提案落实情况。

（二）企业职工参与活动统计

1. 合理化建议活动的分析

说明企业合理化建议活动情况的指标有：①参与合理化建议活动的人数；②合理化建议提出的件数；③合理化建议采纳件数；④已实施合理化建议的经济效益。

2. 企业职工技术协作活动统计

职工技术协作活动是指企业职工开展的技术互助和协作的群众性技术活动。该活动一般有以下三种方式：一是技术协作积极分子运用自己的绝技特艺为企业解决技术关键；二是在生产中推广应用技术成熟、经济效益显著的先进技术和科研成果；三是对引进技术进行消化、创新并加以推广。

反映职工技术协作活动的统计指标有：①职工技术协作人员情况；②职工技术协作活动的条件情况；③职工技术协作活动的成果指标。

3. 企业职工劳动竞赛统计

（1）企业劳动竞赛参加者情况。一般而言，各单位及每位员工都应参与企业的劳动竞赛活动。企业可通过计算企业劳动竞赛参与人数、企业劳动竞赛参加单位数，以及授予先进生产者人数、授予先进工人班组数和授予先进单位数等指标来计算企业的劳动竞赛的实际规模状况。

（2）企业劳动竞赛成果情况。

4. 企业职工文化体育活动统计

（1）职工文化教育统计。可通过工会举办各种文化学习班次数、参加人数，以及工会组织读书会数量、职工参加读书会人数、好书推荐次数和种数、座谈交流次数等指标进行统计。

（2）工会图书馆（室）统计。

（3）文娱体育活动统计。

5. 企业工会福利活动统计

（1）工会扶贫帮困工作统计。可通过工会对员工扶贫帮困受惠人数、工会发放的职工困难补助金额、工会扶贫帮困基金筹集总额等指标的计算进行统计。

（2）工会组织公益活动统计。可通过组织“志愿者”活动次数，参加各志愿者服务活动的职工人数，组织各种募捐活动次数、参加人数、募捐善款金额、募捐衣物件数，参加“希望工程”活动的人数，捐助大中小学生的人数和助学金额等指标进行统计。

（3）组织职工休养活动统计。

三、劳动争议统计

劳动争议是指企业的劳动关系的各主体之间，即雇员与雇主之间，由于在权利与义务问题的处理上经常会因存在不同意见而形成的争议或纠纷。

（一）劳动争议数量统计

统计研究企业劳动争议的原则是：①劳动争议是劳动关系当事人双方发生的争议，主要是指企业行政和职工之间的争议；②劳动争议是劳动关系双方的有关劳动权利与义务问题的纠纷；③劳动争议必须提出申诉。

1. 企业劳动争议数量指标

（1）劳动争议件数。在一定的时期内，企业发生的劳动争议的累积量，能够说明劳动争议的发生规模。计算时，应按第一次申诉和当事者双方谁申诉进行统计。

（2）劳动争议人次数。

2. 劳动争议构成指标

按劳动争议的原因、身份、严重程度和处理层次对其进行分组，有利于研究企业劳动争议的构成。

（1）按劳动争议的原因分类。劳动争议按原因可分为：因劳动合同问题的纠纷；因社会保险问题的纠纷；因工资问题的纠纷；因培训和考核问题的纠纷；因劳动保护或安全事故问题的纠纷；因员工违纪和惩罚问题的纠纷。

（2）按劳动争议方身份分类。劳动争议按争议方身份可分为企业行政和企业员工两组。

（3）按劳动争议的严重程度分类。劳动争议按严重程度可分为集体争议和个人争议两组。

（4）按劳动争议处理层次分类。劳动争议按处理层次可分为调解、仲裁和接受司法处理三组。

（二）劳动争议处理统计

1. 劳动争议处理件数指标

计算劳动争议处理件数是以劳动争议处理终结为依据的，即以调解成功、仲裁生效和法院终判为依据。

2. 劳动争议调解处理件数指标

这是指运用调解方式处理企业劳动争议使争议双方和解的件数，包括企业调解委员会调解结案的件数、劳动仲裁委员会调解结案的件数和法院专门法庭调解结案的件数。

3. 劳动仲裁委员会裁决处理件数

这是指因调解无效，申请由劳动仲裁委员会仲裁庭裁决结案的件数，以及经仲裁庭裁决，当事方不服向法院起诉的件数。

4. 法院判决处理件数

这是指法院专门法庭依法判决结案的件数。

（三）劳动争议统计分析

1. 企业劳动争议普遍程度分析

（1）每千名职工的劳动争议件数。该指标反映每千名职工发生劳动争议的数量。

（2）每千名职工劳动争议人次数。该指标反映每千名职工涉及劳动争议的人次数。

2. 企业劳动争议严重程度分析

每件劳动争议平均涉及职工人数可用来分析企业劳动争议的严重程度，牵扯人越多越严重。

3. 劳动争议结构分析

劳动争议的结构状况可通过某种类型劳动争议占劳动争议总量比重、集体的劳动争议占劳动争议总量比重及企业职工劳动争议占劳动争议总量比重三个指标进行分析。

4. 劳动争议处理情况分析

（1）处理结案率。处理结案率表明争议的处理效率，是指在一定时期内，劳动争议处理结案的件数与劳动争议应处理件数的比率。

（2）企业调解处理比重。该比重是指企业调解处理件数在全部处理结案件数（各处理机构处理件数之和）中所占的比重。

（3）调解结案率。该比率是指在劳动争议中用调解方式处理结案的件数在各种处理结案件数中所占的比重，说明争议处理的工作水平和质量。

（4）一次调解结案率。这是指在劳动争议处理结案中一次调解结案所占的比重，综合反映劳动争议调解工作质量和处理工作质量。

（5）法院判决、仲裁和调解三者之间的关系。

重点和难点

本章重点是劳动关系的含义、构成劳动关系的原则、企业职工参与民主管理统计指标内容、企业职工参与活动统计内容；劳动争议数量、严重程度等统计与分析及劳动争议处理情况统计与分析指标内容。

同步综合练习题

一、单项选择题

1. 关于劳动关系，下列说法正确的是（　　）。
   A. 劳动关系是指社会就业过程中企业领导与职工之间的相互关系
   B. 劳动关系是指社会就业过程中企业董事会与经理之间的相互关系
   C. 劳动关系是指社会就业过程中老板与工人之间的相互关系
   D. 劳动关系是指社会就业过程中雇佣人与被雇佣人之间的相互关系
2. 企业员工参与企业的活动，是借助（　　）组织实施的。
   A. 董事会　　B. 工会
   C. 监事会　　D. 股东大会
3. 能反映企业职工参与民主管理的情况的指标是（　　）。
   A. 职工代表提交提案数　　B. 职工代表大会组建数量
   C. 职工代表大会召开次数　　D. 职工代表大会组建率
4. 按规定，企业应定期召开职工代表大会，每次会议职工代表出席的人数必须有（　　）。
   A. 全部职工代表　　B. 1/3 以上职工代表
   C. 1/2 以上职工代表　　D. 2/3 以上职工代表
5. 企业职工代表大会活动统计中不包含的指标是（　　）。
   A. 企业职工代表提交提案数　　B. 职工代表大会组建数量
   C. 企业职工代表大会召开次数　　D. 企业职工代表大会提案落实情况
6. 下列指标中不属于合理化建议活动的分析的是（　　）。
   A. 参与合理化建议活动的人数　　B. 已实施合理化建议的经济效益
   C. 职工技术协作活动的成果指标　　D. 合理化建议采纳件数
7. 下列指标中不属于职工技术协作活动统计的是（　　）。
   A. 职工技术协作人员情况　　B. 职工技术协作活动的成果指标
   C. 职工技术协作活动的条件情况　　D. 合理化建议提出的件数
8. 下列指标中不能体现企业职工文化体育活动统计的是（　　）。
   A. 职工文化教育统计　　B. 工会图书馆（室）统计
   C. 企业职工劳动竞赛统计　　D. 文娱体育活动统计
9. 下列指标中不能体现企业工会福利活动统计的是（　　）。
   A. 工会图书馆（室）统计　　B. 工会扶贫帮困工作统计
   C. 组织职工休养活动统计　　D. 工会组织公益活动统计
10. 根据企业劳动争议形成的原则，下列不属于劳动争议的是（　　）。
    A. 劳动关系双方有关劳动权利与义务问题的纠纷
    B. 劳动关系当事人双方发生的争议
    C. 企业行政和职工之间的争议
    D. 企业领导与职工之间的争议

11. 根据企业劳动争议形成的原则，下列属于劳动争议的是（　　）。

A. 劳动关系当事人双方发生的争议

B. 企业领导与职工之间的争议

C. 企业职工与职工之间的争议

D. 企业领导和领导之间的争议

12. 将劳动争议分为因劳动合同问题的纠纷和因社会保险问题的纠纷等的依据是（　　）。

A. 按劳动争议的原因分类　　B. 按劳动争议方身份分类

C. 按劳动争议的严重程度分类　　D. 按劳动争议处理层次分类

13. 将劳动争议分为企业行政和企业员工两组的依据是（　　）。

A. 按劳动争议的原因分类　　B. 按劳动争议方身份分类

C. 按劳动争议的严重程度分类　　D. 按劳动争议处理层次分类

14. 将劳动争议分为集体争议和个人争议两组的依据是（　　）。

A. 按劳动争议的原因分类　　B. 按劳动争议方身份分类

C. 按劳动争议的严重程度分类　　D. 按劳动争议处理层次分类

15. 分析企业劳动争议的严重程度的指标是指（　　）。

A. 每千名职工的劳动争议件数　　B. 每千名职工劳动争议人次数

C. 每件劳动争议平均涉及职工人数　　D. 集体的劳动争议占劳动争议总量比重

16. 按规定，职工代表大会每次会议出席职工代表的人数必须达到（　　）。

A. 1/3 以上　　B. 1/2 以上

C. 大多数　　D. 2/3 以上

17. 反映企业职工民主权利的落实情况的指标是（　　）。

A. 职代会组建数量　　B. 职代会组建率

C. 职代会召开的次数　　D. 职工代表人数

18. 某企业在报告期内劳动争议应处理件数为 20 件，其中调解、仲裁、判决完结件数分别是 14 件、2 件、1 件，则报告期处理完结率为（　　）。

A. 85%　　B. 80%

C. 70%　　D. 82.3%

二、多项选择题

1. 企业职工代表大会活动统计指标是（　　）。

A. 企业职工代表提交提案数　　B. 职工代表大会组建数量

C. 企业职工代表大会召开次数　　D. 企业职工代表大会提案落实情况

E. 职工代表大会组建率

2. 雇佣人即雇主，是劳动力的使用方，具体指使用劳动力的（　　）。

A. 工厂　　B. 企业

C. 基本单位　　D. 职员

E. 政府机构

3. 劳动关系包含了一切与雇佣行为相关的社会现象，其具体活动内容有（　　）。
A. 集体谈判　　B. 劳动合同
C. 劳动争议　　D. 劳动仲裁
E. 企业调解
4. 劳动关系统计的任务有（　　）。
A. 研究员工参与企业活动的组织形式　　B. 观察劳动争议的处理及其结果
C. 分析和评价工会活动的成效　　D. 研究劳动争议的发生、发展情况
E. 为工资报酬的集体谈判提供资料
5. 企业劳动关系进行统计的意义主要表现为（　　）。
A. 有利于从数量方面及时地反映企业劳动关系的种种具体表现，适时化解矛盾
B. 有利于企业劳动关系主体各方认识和了解企业劳动关系的基本现状和各自所处的地位，以便协调各方的利益
C. 及时发现劳动关系方面的问题，激发企业员工生产经营的积极性，维护好企业行政与员工双方的合法权益
D. 为政府制定有关劳动关系的法律法规、条例和政策等提供现实的科学依据
E. 为相关科研工作和理论的深入探讨提供扎实的数据资料
6. 企业职工代表大会建立情况统计指标是（　　）。
A. 企业职工代表提交提案数　　B. 职工代表大会组建数量
C. 企业职工代表大会召开次数　　D. 企业职工代表大会提案落实情况
E. 职工代表大会组建率
7. 统计职工代表大会的建立情况，一般从哪几个方面来衡量（　　）。
A. 职工代表大会组建的比率　　B. 职工代表大会组建的数量
C. 职工代表大会的人数　　D. 职工代表大会的构成
E. 职工代表大会的召开次数
8. 说明企业合理化建议活动情况的指标有（　　）。
A. 参与合理化建议活动的人数　　B. 合理化建议提出的件数
C. 合理化建议采纳件数　　D. 企业职工代表提交提案数
E. 已实施合理化建议的经济效益
9. 反映职工技术协作活动的统计指标有（　　）。
A. 职工技术协作人员情况　　B. 企业劳动竞赛参加单位数
C. 职工技术协作活动的条件情况　　D. 企业劳动竞赛参加者情况
E. 职工技术协作活动的成果指标
10. 下列指标中能体现企业职工文化体育活动统计的是（　　）。
A. 职工文化教育统计　　B. 工会图书馆（室）统计
C. 企业职工劳动竞赛统计　　D. 文娱体育活动统计
E. 组织职工休养活动统计
11. 下列指标中能体现企业工会福利活动统计的是（　　）。
A. 工会图书馆（室）统计　　B. 工会扶贫帮困工作统计

C. 组织职工休养活动统计　　D. 工会组织公益活动统计

E. 企业劳动竞赛参加者情况

12. 劳动争议按争议方身份可分为（　　）。

A. 集体争议　　B. 企业员工

C. 企业行政　　D. 因员工违纪和惩罚问题的纠纷

E. 个人争议

13. 劳动争议按严重程度可分为（　　）。

A. 集体争议　　B. 企业员工

C. 企业行政　　D. 因员工违纪和惩罚问题的纠纷

E. 个人争议

14. 劳动争议按处理层次可分为（　　）。

A. 集体争议　　B. 仲裁

C. 调解　　D. 接受司法处理

E. 个人争议

15. 分析企业劳动争议普遍程度的指标是指（　　）。

A. 每千名职工的劳动争议件数

B. 每千名职工劳动争议人次数

C. 每件劳动争议平均涉及职工人数

D. 集体的劳动争议占劳动争议总量比重

E. 某种类型劳动争议占劳动争议总量比重

16. 分析劳动争议结构的指标是指（　　）。

A. 每千名职工的劳动争议件数

B. 企业职工劳动争议占劳动争议总量比重

C. 每件劳动争议平均涉及职工人数

D. 集体的劳动争议占劳动争议总量比重

E. 某种类型劳动争议占劳动争议总量比重

17. 分析劳动争议处理情况的指标是指（　　）。

A. 处理结案率　　B. 企业调解处理比重

C. 调解结案率　　D. 一次调解结案率

E. 法院判决、仲裁和调解三者之间的关系

18. 劳动争议的调解委员会成员有（　　）。

A. 企业领导　　B. 企业行政

C. 企业行政代表　　D. 工会代表

E. 职工代表

三、简答题

1. 简述劳动关系统计的主要任务。
2. 简述企业劳动关系进行统计的意义。

3. 职工技术协作活动一般有哪几种方式？
4. 简述反映职工技术协作活动的统计指标。
5. 简述统计研究企业劳动争议的原则。
6. 为了有利于研究企业劳动争议的构成，一般把劳动争议分为哪几类？
7. 简述劳动争议处理情况的分析指标。

四、论述题

1. 论述企业员工参与企业的民主管理与各种活动的指标和内容。
2. 论述劳动争议的含义及统计的各项指标与内容。

参考答案

一、单项选择题

1. D	2. B	3. B	4. D	5. B
6. C	7. D	8. C	9. A	10. D
11. A	12. A	13. B	14. C	15. C
16. D	17. B	18. A		

二、多项选择题

1. ACD	2. ABCE	3. ABCDE	4. ABCD	5. ABCDE
6. BE	7. ABCD	8. ABCE	9. ACE	10. ABD
11. BCD	12. BC	13. AE	14. BCD	15. AB
16. BDE	17. ABCDE	18. ADE		

三、简答题

1. 劳动关系统计的主要任务有：

（1）研究劳动争议的发生、发展情况。

（2）观察劳动争议的处理及其结果。

（3）研究员工参与企业活动的组织形式。

（4）分析和评价工会活动的成效。

2. 主要表现为：

第一，劳动关系的统计有利于从数量方面及时地反映企业劳动关系的种种具体表现，以便及时发现劳动关系方面的问题，适时化解矛盾，激发企业员工生产经营的积极性，维护好企业行政与员工双方的合法权益，维护企业生产经营的正常秩序，保证和谐社会的稳健推进。

第二，企业劳动关系的统计研究，有利于企业劳动关系主体各方认识和了解企业劳动关系的基本现状和各自所处的地位，以便在协调各方的利益、关系和解决争议时，保持头脑清醒，自觉采取正确的立场和端正的态度。

第三，企业劳动关系的统计能为政府制定有关劳动关系的法律法规、条例和政策等提供现实的科学依据。

第四，企业劳动关系统计研究与分析，为相关科研工作和理论的深入探讨提供了扎实的数据资料，并为其科学验证提供了方便条件。

3. 职工技术协作活动主要有以下三种方式：

（1）技术协作积极分子运用自己的绝技特艺为企业解决技术关键。

（2）在成产中推广应用技术成熟、经济效益显著的先进技术和科研成果。

（3）对引进技术进行消化、创新并加以推广。

4. 反映职工技术协作活动的统计指标有：①职工技术协作人员情况；②职工技术协作活动的条件情况；③职工技术协作活动的成果指标。

5. 统计研究企业劳动争议的原则有三条：

（1）劳动争议是劳动关系当事人双方发生的争议，主要是指企业行政和职工之间的争议。

（2）劳动争议是劳动关系双方的有关劳动权利与义务问题的纠纷。

（3）劳动争议必须提出申诉。

6. 一般把劳动争议分为四类：①按劳动争议的原因分类；②按劳动争议方身份分类；③按劳动争议的严重程度分类；④按劳动争议处理层次分类。

7. 劳动争议处理情况分析指标主要有：①处理结案率；②企业调解处理比重；③调解结案率；④一次调解结案率；⑤法院判决、仲裁和调解三者之间的关系。

四、论述题

1. 企业员工参与企业的活动，是借助企业工会组织实施的，即工会参与。工会参与在广义上作为企业工会的一切活动，其目的是以企业员工为中心，通过调动员工的积极性，营造良好的工作、生活和社会环境，不断提高企业员工的文化、技术水平和修养，保护员工在物质和精神等方面的合法权益，尊重员二的社会地位，发挥员工的社会作用和主人翁精神。

一是企业职工参与民主管理统计。

企业职工参与民主管理的情况，主要通过企业职工代表大会的建立和作用的发挥来体现。主要从企业职工代表大会的建立情况和活动统计两个方面来反映参与民主管理的情况。

（1）企业职工代表大会建立情况统计。统计职工代表大会的建立情况，一般从其组建的数量、比率、人数及其构成四个方面来衡量。职工代表大会组建数量能反映企业职工参与民主管理的情况，企业各级各单位都应按不同情况建立职工代表大会。职工代表大会组建率反映企业内职工代表大会组建的普通程度，是将按规定实际组建职工代表大会单位数与应组建的单位数进行比较，说明企业职工民主权利的落实情况。

（2）企业职工代表大会活动统计。①企业职工代表大会召开次数，按规定，企业应定期召开职工代表大会，每次会议必须有2/3以上的职工代表出席；②企业职工代表提交提案数；③企业职工代表大会提案落实情况。

二是企业职工参与活动统计。

（1）合理化建议活动的分析。说明企业合理化建议活动情况的指标有：①参与合理化建议活动的人数；②合理化建议提出的件数；③合理化建议采纳件数；④已实施合理化建议的经济效益。

（2）企业职工技术协作活动统计。职工技术协作活动是指企业职工开展的技术互助和协作的群众性技术活动。该活动一般有以下三种方式：一是技术协作积极分子运用自己的绝技特艺为企业解决技术关键；二是在成产中推广应用技术成熟、经济效益显著的先进技术和科研成果；三是对引进技术进行消化、创新并加以推广。反映职工技术协作活动的统计指标有：①职工技术协作人员情况；②职工技术协作活动的条件情况；③职工技术协作活动的成果指标。

（3）企业职工劳动竞赛统计。①企业劳动竞赛参加者情况，一般而言，各单位及每位员工都应参与企业的劳动竞赛活动，企业可通过计算企业劳动竞赛参与人数、企业劳动竞赛参加单位数，以及授予先进生产者人数、授予先进工人班组数和授予先进单位数等指标来计算企业的劳动竞赛的实际规模状况；②企业劳动竞赛成果情况。

（4）企业职工文化体育活动统计。①职工文化教育统计，可通过工会举办各种文化学习班次数、参加人数，以及工会组织读书会数量、职工参加读书会人数、好书推荐次数和种数、座谈交流次数等指标进行统计；②工会图书馆（室）统计；③文娱体育活动统计。

（5）企业工会福利活动统计。包括：①工会扶贫帮困工作统计；②工会组织公益活动统计；③组织职工休养活动统计。

2. 劳动争议是指企业的劳动关系的各主体之间，即雇员与雇主之间，由于在权利与义务问题的处理上经常会同存在不同意见而形成的争议或纠纷。

一是劳动争议数量统计。

统计研究企业劳动争议的原则是：①劳动争议是劳动关系当事人双方发生的争议，主要是指企业行政和职工之间的争议；②劳动争议是劳动关系双方的有关劳动权利与义务问题的纠纷；③劳动争议必须提出申诉。

（1）企业劳动争议数量指标。①劳动争议件数。在一定的时期内，企业发生的劳动争议的累积量，能够说明劳动争议的发生规模。计算时，应按第一次申诉和当事者双方谁申诉进行统计。②劳动争议人次数。

（2）劳动争议构成指标。按劳动争议的原因、身份、严重程度和处理层次对其进行分组，有利于研究企业劳动争议的构成。①按劳动争议的原因分类，可分为：因劳动合同问题的纠纷；因社会保险问题的纠纷；因工资问题的纠纷；因培训和考核问题的纠纷；因劳动保护或安全事故问题的纠纷；因员工违纪和惩罚问题的纠纷。②按劳动争议方身份分类，可分为企业行政和企业员工两组。③按劳动争议的严重程度分类，可分为集体争议和个人争议两组。④按劳动争议处理层次分类，可分为调解、仲裁和接受司法处理三组。

二是劳动争议处理统计。

（1）劳动争议处理件数指标。计算劳动争议处理件数是以劳动争议处理终结为依据的，即以调解成功、仲裁生效和法院终判为依据。

（2）劳动争议调解处理件数指标。这是指运用调解方式处理企业劳动争议使争议双方和解的件数，包括企业调解委员会调解结案的件数、劳动仲裁委员会调解结案的件数和法院专门法庭调解结案的件数。

（3）劳动仲裁委员会裁决处理件数。这是指因调解无效，申请由劳动仲裁委员会仲裁庭裁决结案的件数，以及经仲裁庭裁决，当事方不服向法院起诉的件数。

（4）法院判决处理件数。这是指法院专门法庭依法判决结案的件数。

三是劳动争议统计分析。

（1）企业劳动争议普遍程度分析。①每千名职工的劳动争议件数，该指标反映每千名职工发生劳动争议的数量；②每千名职工劳动争议人次数，该指标反映每千名职工涉及劳动争议的人次数。

（2）企业劳动争议严重程度分析。每件劳动争议平均涉及职工人数可用来分析企业劳动争议的严重程度，牵扯人越多越严重。

（3）劳动争议结构分析。劳动争议的结构状况可通过某种类型劳动争议占劳动争议总量比重、集体的劳动争议占劳动争议总量比重及企业职工劳动争议占劳动争议总量比重三个指标进行分析。

（4）劳动争议处理情况分析。主要指标有：①处理结案率；②企业调解处理比重；③调解结案率；④一次调解结案率；⑤法院判决、仲裁和调解三者之间的关系。

第10章 社会保障统计

考核内容

1．社会保障的含义。

2．我国的社会保障体系构成内容：社会保险、社会救助、社会福利、社会优抚。

3．企业社会保障统计的五大模块：养老保险、工伤保险、医疗保险、失业保险和生育保险。

4．企业福利费用总量的统计与分析。

一、社会保障统计的意义

（一）社会保障的含义

社会保障是指国家通过立法，采取强制手段对国民收入进行分配和再分配，以形成专门消费基金，在社会成员因生、老、病、死、伤残或自然灾害而面临生活困难时，给予物质上的帮助，为保障每个公民的基本生活需要、维持劳动力再生产而建立的一种制度。

社会保障是国家对全体社会成员履行的社会责任，也是全体公民根据宪法和法律应该享有的基本权利。

（二）我国的社会保障体系

根据我国的社会历史情况，社会保障体系框架由社会保险、社会救助、社会福利、社会优抚等构建形成。

社会保险是社会保障体系的核心部分，它是保障劳动者及其直系亲属在遇到各种风险时能获得物质帮助，维持基本生活的一种手段。社会保险包括养老保险、工伤保险、医疗保险、失业保险和生育保险等内容。社会救助是以保障失去生活来源者、遭遇不幸者和贫困者的最低生活水平为目的的，它是一种低层次的社会保障。社会福利是以增进群众福利、改善居民的物质和文化生活为目的的，它是社会保障要实现的最高目标。社会优抚是以优待和抚恤军人及其家属为目的的，它是社会保障的特殊形式，对于稳定军心、维护国家安全和社会安定有着很大作用。

（三）社会保障统计的任务

社会保障统计的任务是：

第一，研究设计一整套完整科学的社会保障统计指标体系。

第二，收集和整理社会保障方面的实际数据和资料。

第三，研究如何进行社会保障统计分析。

第四，为社会保障管理与其理论研究提供资料。

（四）企业社会保障统计的内容

本章的社会保障统计，着重研究企业社会保险统计和企业职工福利统计等内容。企业社会保险统计包括企业职工退休养老保险统计、企业职工医疗保险统计、企业职工失业保险统计、企业职工工伤保险统计、企业职工生育保险统计等。企业职工福利统计包括集体福利与个人福利统计。

二、企业社会保障统计

（一）企业退休养老保险统计

1. 退休养老人员统计

我国的退休养老人员包括：退休人员、离休人员和退职人员等。

2. 退休养老人员生活水平分析

（1）人均退休金与职工平均工资的比较。

（2）人均退休金与最低工资水平的比较。

3. 退休金水平对生活的保障程度分析

（1）与城镇居民人均生活费收入比较。

（2）与城镇居民人均生活费支出比较。

（3）与城镇居民最低生活费水平比较。

（二）企业工伤保险统计

1. 工伤保险待遇的享有者统计

（1）企业工伤保险的含义。工伤保险是企业从业人员因工作原因受伤、患职业病、致残甚至死亡，暂时或永久丧失劳动能力时，从社会保险中获得物质帮助的有效手段。工伤是职业性伤害的简称，包括工作意外事故和职业病造成的伤残或死亡。

（2）企业纳入工伤保险的人数。

（3）本期实际享受工伤保险待遇的人数。

（4）工伤保险覆盖程度。

2. 企业工伤保险费用水平

（1）工伤者人均发生的工伤保险费用指标。

（2）生活费用保障系数。生活费用保障系数可以反映人均工伤保险费对受伤害者的生活保障程度。它是人均工伤保险费与居民人均生活费支出的对比值。

（3）工资替代系数。工资替代系数能够反映工伤者人均工伤假工资与员工平均工资的比例关系。

（三）企业医疗保险统计

1. 企业医疗保险参与人员统计

2. 企业人员医疗保险费用支付额

（1）企业人员医疗保险费用支付总额。

（2）平均每名病伤人员的医疗保险费用。

3. 企业医疗保险的分析。

（1）企业人员病伤发生程度。企业人员发生病伤程度，可通过计算病伤频率反映。
（2）企业医疗保险费支付与工资关系分析。
（3）企业医疗保险费用与员工生活水平关系的分析。

（四）企业生育保险统计

（1）企业生育保险参与人员的核算。
（2）企业生育保险费用的支付。

（五）企业失业保险统计

（六）企业社会保险基金的上缴统计

1. 社会保险基金缴纳情况

2. 社会保险基金统计分析

1）企业社会保险基金缴纳程度指标

（1）企业基本单位社会保险基金缴纳到位程度指标，即企业自身按规定应缴纳的社会保险基金中实际上缴的比重。
（2）企业员工社会保险基金缴纳到位程度指标。
（3）企业社会保险基金上缴率指标。
（4）社会保险基金欠缴程度指标。

2）企业社会保险基金缴纳额变动分析

（1）社会保险基金缴纳增减绝对额。
（2）社会保险基金综合上缴率的变动。

三、企业福利统计

（一）企业福利费用的含义

企业福利费用是企业按规定提取的福利基金，是用以满足集体和员工个人的共同需要或个人需要的公益性费用。

企业福利费用和工资的分配性质和方式不同，前者是按需要分配，后者是按劳动成果分配；企业福利费用是用以满足集体的共同需要或个人的特殊需求的，而工资则是满足员工个人的基本生活需求的。当然，两者共同的是对员工的生活水平和生活质量产生同样的影响。

（二）企业福利费用的计算

1. 企业福利费收入指标

在一定时期内，企业按规定从企业成本或税后利润中以一定比例提取的福利基金，就构成了企业本期的福利费收入指标。

企业福利费收入＝企业成本和税后利润额×企业福利费提取比例

2. 企业福利费支出指标

企业在一定时期内为从业人员提供的集体福利设施、福利性补贴和个人的生活困难补助等费用支出。计算企业福利费支出时，应列出支出明细，并按实际支出额计算。

企业福利费支出包括：

（1）集体福利事业的补贴。即企业员工的浴室、理发室、洗衣房、哺乳室、托儿所等集体福利设施各项支出与收入相抵后的差额补助费用。

（2）集体福利设施费。即依规定提取，用于设置集体福利设施的费用支出，如职工食堂炊事用具的添购和修理的费用。

（3）职工文娱体育宣传费用。

（4）职工生活困难补助费用。

（5）职工计划生育补贴，包括独生子女补助和保健费用。

（6）企业职工探亲路费补贴。

（7）其他福利费用，如职工冬季取暖补贴等。

（三）企业福利费用的统计分析

1. 企业福利费用的变动程度研究

（1）企业福利费收入动态指标。

（2）企业福利费支出动态指标。

（3）企业福利费支出构成变动分析。

2. 企业福利费用支出与工资关系的分析

企业福利费用对于企业员工而言，是用于改善生活质量的费用，所以，它是员工生活费收入的一定程度的补充。将其与工资结合观察，可说明其补充程度。

（1）企业福利费补充比例。

（2）企业福利费替代工资系数。

（3）企业福利费与最低工资的比较。

3. 企业福利费和企业员工生活水平关系研究

（1）企业福利费与员工收入的比例。

（2）企业福利费支出与人均可支配收入的比较。

（3）企业福利费与城镇居民人均消费性支出的比较。

（4）企业福利费与城镇居民最低生活费的比较。

重点和难点

本章重点是社会保障的含义、我国的社会保障体系构成（社会保险、社会救助、社会福利、社会优抚）、企业社会保障统计的五大模块（养老保险、工伤保险、医疗保险、失业保险和生育保险）、企业福利费用总量的收入与支出及分析。

同步综合练习题

一、单项选择题

1. 社会保障体系框架不包括（　　）。

   A. 社会救助　　B. 社会福利

   C. 社会保险　　D. 社会奖励

2. 社会保障体系的核心部分是（　　）。

   A. 社会福利　　B. 社会救助

   C. 社会保险　　D. 社会优抚

3. 社会保险是（　　）。

   A. 保障失去生活来源者、遭遇不幸者和贫困者的最低生活水平

   B. 保障劳动者及其直系亲属在遇到各种风险时能获得物质帮助

   C. 以增进群众福利、改善居民的物质和文化生活为目的

   D. 以优待和抚恤军人及其家属为目的

4. 以下哪项不属于集体福利事业的补贴范围（　　）。

   A. 理发室　　B. 公共浴室

   C. 哺乳室　　D. 更衣室

5. 社会保障要实现的最高目标是（　　）。

   A. 社会救助　　B. 社会福利

   C. 社会保险　　D. 社会优抚

6. 社会福利是（　　）。

   A. 保障失去生活来源者、遭遇不幸者和贫困者的最低生活水平

   B. 保障劳动者及其直系亲属在遇到各种风险时能获得物质帮助

   C. 以增进群众福利、改善居民的物质和文化生活为目的

   D. 以优待和抚恤军人及其家属为目的

7. 社会优抚是（　　）。

   A. 保障失去生活来源者、遭遇不幸者和贫困者的最低生活水平

   B. 保障劳动者及其直系亲属在遇到各种风险时能获得物质帮助

   C. 以增进群众福利、改善居民的物质和文化生活为目的

   D. 以优待和抚恤军人及其家属为目的

8. 企业社会保险统计不包括下列哪项指标（　　）

   A. 职工集体福利　　B. 职工退休养老保险统计

   C. 职工失业保险统计　　D. 职工医疗保险统计

9. 企业职工福利统计包括（　　）。

   A. 企业集体员工福利　　B. 集体福利与个人福利

   C. 全体在职员工福利　　D. 全体退休员工福利

10. 我国的退休养老人员不包括（　　）。

A. 退休人员　　B. 离休人员
C. 离职人员　　D. 退职人员

11. 反映人均工伤保险费对受伤害者的生活保障程度的指标是（　　）。
A. 工伤保险覆盖系数　　B. 企业工商保险系数
C. 工资替代系数　　D. 生活费用保障系数

12. 反映工伤者人均工伤假工资与员工平均工资的比例关系的指标是（　　）。
A. 工伤保险覆盖系数　　B. 企业工商保险系数
C. 工资替代系数　　D. 生活费用保障系数

13. 企业福利费用和工资的分配性质和方式不同，企业福利费用是（　　）。
A. 随意分配　　B. 按需分配
C. 按劳分配　　D. 按需分配和按劳分配相结合

14. 企业福利费用与工资的分配性质和方式的不同点在于（　　）。
A. 前者是按劳动成果分配，后者是按需要分配
B. 前者是按需要分配，后者是按劳动成果分配
C. 两者都是按劳动成果分配
D. 两者都是按需要分配

15. 企业在一定时期内为从业人员提供的福利费支出指标不包括（　　）。
A. 个人的生活困难补助　　B. 福利性补贴
C. 职工计划生育保险　　D. 集体福利设施

16. 企业员工的浴室、理发室、洗衣房、哺乳室、托儿所等属于（　　）。
A. 工商保险设施　　B. 集体优抚设施
C. 劳动保护设施　　D. 集体福利设施

17. 保障劳动者及其直系亲属在遇到各种风险时能获得物质帮助，维持基本生活的一种手段的是（　　）。
A. 社会救助　　B. 社会福利
C. 社会保险　　D. 社会优抚

18. 以保障失去生活来源者、遭遇不幸者和贫困者的最低生活水平为目的的，是一种低层次的社会保障的是（　　）。
A. 社会救助　　B. 社会福利
C. 社会保险　　D. 社会优抚

19. 以增进群众福利、改善居民的物质和文化生活为目的的，是社会保障要实现的最高目标的是（　　）。
A. 社会救助　　B. 社会福利
C. 社会保险　　D. 社会优抚

20. 以优待和抚恤军人及其家属为目的的，是社会保障的特殊形式，对于稳定军心、维护国家安全和社会安定有着很大作用的是（　　）。
A. 社会救助　　B. 社会福利
C. 社会保险　　D. 社会优抚

二、多项选择题

1. 关于社会保障，下列说法正确的是（　　）。
   A. 社会保障是指国家通过立法，采取强制手段对国民收入进行分配和再分配，以形成专门消费基金
   B. 社会保障是在社会成员因生、老、病、死、伤残或自然灾害而面临生活困难时，给予物质上的帮助
   C. 社会保障是保障每个公民的基本生活需要、维持劳动力再生产而建立的一种制度
   D. 社会保障是国家对全体社会成员履行的社会责任
   E. 社会保障是全体公民根据宪法和法律应该享有的基本权利
2. 根据我国的社会历史情况，社会保障体系框架包括（　　）。
   A. 社会救助　　B. 社会福利
   C. 社会保险　　D. 社会优抚
   E. 社会奖励
3. 社会保障统计的任务是（　　）。
   A. 研究设计一整套完整科学的社会保障统计指标体系
   B. 收集和整理社会保障方面的实际数据和资料
   C. 以社会保障现象为研究范围
   D. 研究如何进行社会保障统计分析
   E. 为社会保障管理与其理论研究提供资料
4. 企业社会保障统计着重研究的是（　　）。
   A. 企业职工救助统计　　B. 企业社会保险统计
   C. 企业职工优抚统计　　D. 企业职工福利统计
   E. 企业职工奖励统计
5. 企业社会保险统计包括（　　）。
   A. 企业职工退休养老保险统计　　B. 企业职工失业保险统计
   C. 企业职工工伤保险统计　　D. 企业职工医疗保险统计
   E. 企业职工生育保险统计
6. 企业职工福利统计包括（　　）。
   A. 集体福利　　B. 全体在职人员福利
   C. 个人福利　　D. 全体退休员工福利
   E. 全体离职员工福利
7. 我国的退休养老人员包括（　　）。
   A. 退休人员　　B. 离休人员
   C. 离职人员　　D. 退职人员
   E. 在职人员
8. 退休金水平对生活的保障程度分析指标主要包括（　　）。
   A. 与城镇居民人均生活费支出比较　　B. 人均退休金与职工平均工资的比较

C. 人均退休金与最低工资水平的比较　　D. 与城镇居民人均生活费收入比较
E. 与城镇居民最低生活费水平比较

9. 企业社会保险基金缴纳程度指标主要包括（　　）。
A. 企业基本单位社会保险基金缴纳到位程度指标
B. 企业自身按规定应缴纳的社会保险基金中实际上缴的比重
C. 企业员工社会保险基金缴纳到位程度指标
D. 企业社会保险基金上缴率指标
E. 社会保险基金欠缴程度指标

10. 企业福利费用和工资的分配性质和方式不同，下列叙述正确的是（　　）。
A. 企业福利费用是按需要分配
B. 工资是按劳动成果分配
C. 工资则是满足员工个人的基本生活需求的
D. 两者都是按需分配和按劳分配相结合
E. 企业福利费用是用以满足集体的共同需要或个人的特殊需求的

11. 企业福利费用和工资的分配性质和方式不同，下列叙述正确的是（　　）。
A. 企业福利费用是按劳动成果分配
B. 工资是按需要分配
C. 工资则是满足员工个人的基本生活需求的
D. 两者都是按需分配和按劳分配相结合
E. 企业福利费用是用以满足集体的共同需要或个人的特殊需求的

12. 企业福利费支出包括（　　）。
A. 独生子女补助和保健费用　　B. 集体福利设施
C. 职工文娱体育宣传费用　　D. 福利性补贴
E. 个人的生活困难补助

13. 企业福利费支出包括（　　）。
A. 职工文娱体育宣传费用　　B. 集体福利设施费
C. 集体福利事业的补贴　　D. 职工计划生育补贴
E. 职工生活困难补助费用

三、简答题

1. 简述我国的社会保障体系的构成。
2. 简述社会保障统计的任务。
3. 简述企业社会保障统计的内容。
4. 简述企业社会保险统计的内容。
5. 简述企业福利费用与工资的区别。

四、论述题

1. 论述我国企业社会保障统计的主要内容。

2. 论述我国现行企业福利费支出的主要指标及内容。

参考答案

一、 单项选择题

1. D	2. C	3. B	4. D	5. B
6. C	7. D	8. A	9. B	10. C
11. D	12. C	13. B	14. B	15. C
16. D	17. C	18. A	19. B	20. D

二、 多项选择题

1. ABCDE	2. ABCD	3. ABCDE	4. BD	5. ABCDE
6. ABCD	7. ABD	8. ADE	9. ABCDE	10. ABCE
11. CE	12. ABCDE	13. ABCDE		

三、简答题

1. 根据我国的社会历史情况，社会保障体系框架的构成主要有以下几个部分：①社会保险；②社会救助；③社会福利；④社会优抚。

2. 社会保障统计的任务是：

（1）研究设计一整套完整科学的社会保障统计指标体系。

（2）收集和整理社会保障方面的实际数据和资料。

（3）研究如何进行社会保障统计分析。

（4）为社会保障管理与其理论研究提供资料。

3. 企业社会保障统计，着重研究企业社会保险统计和企业职工福利统计等内容。企业社会保险统计包括企业职工退休养老保险统计、企业职工医疗保险统计、企业职工失业保险统计、企业职工工伤保险统计、企业职工生育保险统计等。企业职工福利统计包括集体福利与个人福利统计。

4. 企业社会保险统计包括：①企业职工退休养老保险统计；②企业职工医疗保险统计；③企业职工失业保险统计；④企业职工工伤保险统计；⑤企业职工生育保险统计。

5. 企业福利费用与工资的区别在于：

（1）企业福利费用是企业按规定提取的福利基金，是用以满足集体和员工个人的共同需要或个人需要的公益性费用。

（2）企业福利费用和工资的分配性质和方式不同，前者是按需要分配，后者是按劳动成果分配。

（3）企业福利费用是用以满足集体的共同需要或个人的特殊需求的，而工资则是满足员工个人的基本生活需求的。

四、论述题

1. 一是企业退休养老保险统计。主要研究：

（1）退休养老人员统计。我国的退休养老人员包括：退休人员、离休人员和退职人员等。

（2）退休养老人员生活水平分析，主要包括：一是人均退休金与职工平均工资的比较。二是人均退休金与最低工资水平的比较。三是退休金水平对生活的保障程度分析。包括①与城镇居民人均生活费收入比较；②与城镇居民人均生活费支出比较；③与城镇居民最低生活费水平比较。

二是企业工商保险统计。

（1）工伤保险待遇的享有者统计。主要研究：①企业纳入工伤保险的人数；②本期实际享受工伤保险待遇的人数；③工伤保险覆盖程度.

（2）企业工伤保险费用水平。主要研究：①工伤者人均发生的工伤保险费用指标。②生活费用保障系数。生活费用保障系数可以反映人均工伤保险费对受伤害者的生活保障程度。它是人均工伤保险费与居民人均生活费支出的对比值。③工资替代系数。工资替代系数能够反映工伤者人均工伤假工资与员工平均工资的比例关系。

三是企业医疗保险统计。主要研究：

（1）企业医疗保险参与人员统计。

（2）企业人员医疗保险费用支付额。①企业人员医疗保险费用支付总额；②平均每名病伤人员的医疗保险费用。

（3）企业医疗保险的分析。①企业人员病伤发生程度；②企业医疗保险费支付与工资关系分析；③企业医疗保险费用与员工生活水平关系的分析。

四是企业生育保险统计。主要研究：

（1）企业生育保险参与人员的核算。

（2）企业生育保险费用的支付。

五是企业失业保险统计。主要研究：

（1）失业人数的计算。①失业人员的核算范围；②失业人数指标。

（2）失业保险费用分析。

六是企业社会保险基金的上缴统计。主要研究：

（1）社会保险基金缴纳情况。

（2）社会保险基金统计分析。①企业社会保险基金缴纳程度指标；②企业社会保险基金缴纳额变动分析，即社会保险基金缴纳增减绝对额与社会保险基金综合上缴率的变动。

2. 企业在一定时期内为从业人员提供的集体福利设施、福利性补贴和个人的生活困难补助等费用支出。计算企业福利费支出时，应列出支出明细，并按实际支出额计算。

企业福利费支出包括：

（1）集体福利事业的补贴。即企业员工的浴室、理发室、洗衣房、哺乳室、托儿所等集体福利设施各项支出与收入相抵后的差额补助费用。

（2）集体福利设施费。即依规定提取，用于设置集体福利设施的费用支出，如职工食堂炊事用具的添购和修理的费用。

（3）职工文娱体育宣传费用。

（4）职工生活困难补助费用。

（5）职工计划生育补贴，包括独生子女补助和保健费用。

（6）企业职工探亲路费补贴。

（7）其他福利费用，如职工冬季取暖补贴等。

全真模拟演练（一）

（考试时间 150 分钟）

总分		题号	一	二	三	四	五	六
核分人		题分	20	20	10	20	10	20
复查人		得分						

第一部分　选择题（40 分）

一、 单项选择题（本大题共 20 小题，每小题 1 分，共 20 分。在每小题列出的四个备选项中只有一个是符合题目要求的，请将其选出并将“答题卡”的相应代码涂黑。未涂、错涂或多涂均无分。）

1. 下列不属于企业人力资源统计内容的是（　　）。
A. 劳动报酬统计　　B. 劳动效率与劳动效益统计
C. 职业技能开发统计　　D. 产品销售统计

2. 反映某总体与另一总体同种指标之比的指标是（　　）。
A. 强度相对数　　B. 结构相对数
C. 比例相对数　　D. 比较相对数

3. 主要解决同一员工多重工作关系时的人力资源规模统计对象的身份归属难题的是（　　）。
A. “为谁工作谁统计”　　B. “谁发工资谁统计”
C. “谁拿工资统计谁”　　D. “谁法人随谁统计”

4. 统计某个时点，如某月、某季度、某年度的某个具体时间点的企业人力资源规模总量的是（　　）。
A. 动态比较统计　　B. 人员增量统计
C. 时点规模统计　　D. 时期规模统计

5. 计算工作时间的通用性最强的单位为（　　）。
A. 以月为单位　　B. 以季度为单位
C. 以工时为单位　　D. 以工日为单位

6. 下列正确的是（　　）。
A. 制度内实际工作时间＝出勤时间＋停工被利用时间－停工时间－非生产时间

B. 制度内实际工作时间＝出勤时间－停工时间－非生产时间

C. 制度内实际工作时间＝出勤时间＋缺勤时间

D. 制度内实际工作时间=制度工作时间－停工时间－非生产时间＋停工被利用时间

7. 下列哪一个因数是制约企业劳动生产率水平的主要因素（　　）。

A. 生产工人　　B. 基本生产工人

C. 辅助生产工人　　D. 全部从业人员

8. 当企业人力资源总量的计划完成情况指标小于100%，但工作总量计划完成指标大于100%，可以说明企业的实际劳动生产率（　　）。

A. 降低了　　B. 没有变化

C. 可能提高也可能降低　　D. 提高了

9. 规定在单位时间内完成合格产品的数量标准，具体地说，就是在单位时间内应当生产多少产品，或者生产每一单位产品应当用多少时间是指（　　）。

A. 工时定额　　B. 看管定额

C. 产量定额　　D. 劳动定额

10. 生产工人在纯工作时间内的劳动定额完成情况指标，由两部分构成，第一部分是合格的劳动定额完成情况指标，第二部分是劳动条件失常情况下（　　）。

A. 增耗时间　　B. 合格品追加的定额工时占实耗工时的比重

C. 增耗时间占实耗工时的比重　　D. 计入产品产量的废品的实际消耗工时

11. 下列不应列入工资总额范围的是（　　）。

A. 生产奖　　B. 运动员体育津贴

C. 物价补贴　　D. 有关社会保险和职工福利方面的各项费用

12. 当货币购买力水平下降时，实际工资水平与名义工资水平的关系是（　　）。

A. 实际工资大于名义工资　　B. 实际工资低于名义工资

C. 根据具体环境确定　　D. 二者相等

13. 人工成本是指（　　）。

A. 雇主负担的人工住房费用

B. 企业支付给员工的工资费用

C. 对有关未工作而有报酬的时间、红利、食品等费用及其他实物支付

D. 企业从遴选员工入职开始，员工使用、培训直至员工退休期间的一切费用

14. 下列哪一项不包含在人工成本的统计范围内（　　）。

A. 住房费用　　B. 保险福利费用

C. 职业技术培训费　　D. 生产成本费用

15. 下列不属于现场培训的是（　　）。

A. 技术表演示范　　B. 师傅带学徒

C. 社会成人大中专班　　D. 岗位练兵

16. 企业职工学校培训工作总量或规模情况指标有（　　）。

A. 本期招收学员数、本期在学学员数、本期流失学员数

B. 企业职工入学率、企业职工退学率

C. 培训结业人数统计、培训结业程度统计
D. 企业职工退学率、本期招收学员数

17. 下列哪一项不是劳动关系的具体表现（　　）。
A. 领导与职工之间的纠纷　　B. 劳资纠纷
C. 劳动合同　　D. 集体谈判

18. 反映劳动争议普遍程度的指标是（　　）。
A. 每千名职工劳动争议件数　　B. 某项争议件数占争议总件数的比重
C. 平均每件劳动争议人数（件数）　　D. 每千名女职工劳动争议数

19. 社会保障体系的核心部分是（　　）。
A. 社会救助　　B. 社会保险
C. 社会福利　　D. 社会优抚

20. 企业医疗保险统计指标包括（　　）。
A. 企业人员医疗保险费用支付额
B. 企业工商保险费用水平
C. 退休养老人员统计
D. 企业生育保险费用支付

二、 多项选择题（本大题共 10 小题，每小题 2 分，共 20 分。在每小题列出的五个备选项中至少有两个是符合题目要求的，请将其选出并将“答题卡”的相应代码涂黑。未涂、错涂或多涂均无分。）

21. 总量指标的种类可分为（　　）。
A. 时期指标　　B. 时点指标
C. 实物指标　　D. 价值指标
E. 劳动量指标

22. 进行企业人力资源素质综合评价时，应遵循的设计原则是（　　）。
A. 整体性原则　　B. 主导因素原则
C. 定量化原则　　D. 模糊灰色原则
E. 定性化原则

23. 生活日分配的基本方向有（　　）。
A. 闲暇时间　　B. 工作时间
C. 非工作时间　　D. 生产时间
E. 自由时间

24. 企业月劳动生产率受以下哪几个因素的影响（　　）。
A. 实际工作日长度　　B. 实际工作月长度
C. 小时劳动生产率水平　　D. 实际工作日指数
E. 实际工作月指数

25. 实作工时数据可通过下列哪些途径获得（　　）。
A. 测时　　B. 工作日写实

C. 统计报表　　D. 瞬间观察法

E. 原始记录

26. 下列属于工资总额范围的是（　　）。

A. 加班加点工资　　B. 职工福利费用

C. 计件工资　　D. 计时工资

E. 奖金

27. 企业人工成本统计的范围为（　　）。

A. 企业人工成本是由企业（或顾主）支付的

B. 人工成本的支付是以企业全体员工为对象的

C. 人工成本包括直接费用和间接费用

D. 不问计入人工成本费用的经费来源

E. 不考虑计入人工成本费用的发放形式

28. 职业培训的对象包括（　　）。

A. 初次求职人员、失业人员、在职人员

B. 转岗转业人员、出国劳务人员、境外就业人员、个体劳动者

C. 农村向非农转移的人员、农村向城镇流动就业的劳动者

D. 需要提供专门的职业技能培训的妇女、残疾人

E. 少数民族人员、军队退役人员

29. 反映企业职工代表大会活动统计的指标有（　　）。

A. 企业职工代表大会组建数量　　B. 企业职工代表提交提案数

C. 企业职工代表大会的召开次数　　D. 企业职工代表大会提案落实情况

E. 企业职工代表大会组建率

30. 企业福利费支出包括（　　）。

A. 集体福利事业的补贴　　B. 集体福利设施费

C. 职工冬季取暖补贴　　D. 职工生活困难补助费用

E. 独生子女补助和保健费用

第二部分　非选择题（共60分）

三、简答题（本大题共2小题，每小题5分，共10分）

31. 简述企业人力资源素质综合评价的程序。

32. 简述劳动时间配置与利用的意义。

四、论述题（本大题共2小题，每小题10分，共20分）

33. 试分析条件不正常和劳动时间利用不充分对劳动定额完成情况的影响。

34. 请论述国际标准人工成本统计的内容。

五、计算题（本题 10 分）

35. 某企业报告期与基期总产值分别为 12 000 万元、8000 万元，全部职工人数分别为 3000 人、2500 人，劳动生产率分别为 4 万元/人、3.2 万元/人。

求：（1）计算分析劳动生产率变动对总产量变动影响。

（2）计算分析劳动生产率变动对劳动量变动影响。

六、综合计算分析题（本题 20 分）

36. 某企业职工工资情况如下表所示。

	平均工资/元		平均人数/人	
	基期 X_0	报告期 X_1	基期 T_0	报告期 T_1
新职工	2000	3000	500	800
老职工	4000	5000	1500	2000

综合计算分析新、老职工平均人数变动及新、老职工平均工资变动对企业全部职工平均工资变动的影响及对企业总工资的影响。

全真模拟演练（一）参考答案及解析

一、单项选择题（本大题共20小题，每小题1分，共20分）

1. D	2. D	3. B	4. C	5. C
6. A	7. B	8. D	9. D	10. C
11. D	12. B	13. D	14. D	15. C
16. A	17. A	18. A	19. B	20. A

二、多项选择题（本大题共10小题，每小题2分，共20分）

21. ABCDE	22. ABCD	23. BC	24. ABC	25. ABE
26. ACDE	27. ABCDE	28. ABCDE	29. BCD	30. ABCDE

三、简答题（本大题共2小题，每小题5分，共10分）

31. 第一步，选择综合评价的对象和范围。（1分）
第二步，选择企业人力资源素质的指标体系。（1.5分）
第三步，选择指标体系的权重关系。（1.5分）
第四步，评估和评价企业人力资源素质。（1分）

32. 劳动时间配置与利用的意义主要表现在：

（1）通过对劳动时间配置与利用进行统计分析，可以了解我国企业劳动时间的配置情况是否合理。（1分）

（2）观察企业劳动时间利用程度与效果是否达标。（1分）

（3）发现劳动时间配置与利用中的浪费现象，找出其中的原因。（1分）

（4）发现和总结劳动时间配置与利用方面的宝贵经验，更好地利用时间，从而提高劳动效率，促进社会发展。（2分）

四、论述题（本大题共2小题，每小题10分，共20分）

33. （1）企业各种劳动定额可分为以下四种：

$$\text{生产工人定额完成程度}=\frac{(\text{合格品数量}+\text{废品数量})\times(\text{基本定额}+\text{追加定额})}{\text{实耗工时总数}}\times 100\%\quad（2分）$$

$$\text{企业劳动定额完成程度指标}=\frac{\text{合格品数量}\times\text{基本定额}}{\text{实耗工时总数}}\times 100\%\quad（2分）$$

企业劳动条件失常增耗工时占实耗工时的比重

$$=\frac{(\text{合格品数量}+\text{废品数量})\times\text{追加定额}+\text{废品数量}\times\text{基本定额}}{\text{实耗工时总数}}\times 100\%\quad（2分）$$

企业劳动定额综合完成程度指标

$$=\frac{\text{合格品数量}\times\text{基本定额工时}}{\text{实耗工时总数}+\text{停工工时总数}+\text{非生产工时总数}+\text{缺勤工时总数}}\times 100\%$$ （2分）

（2）通过计算生产工人定额完成程度和企业劳动定额完成程度指标分子项的差，可以分析企业劳动条件失常造成的损失，企业劳动条件失常增耗工时占实耗工时的比重反映了这一损失占实耗工时总数的比重；同时，也可以分析由于劳动时间利用充分，总计损失了多少个工时，使企业的定额完成受多大程度的影响。（2分）

34. 根据第十一届国际劳动统计学家会议上形成的《关于人工成本统计的决议》一文的有关决议，组成人工成本的具体项目包括如下内容：

（1）直接工资和薪金。包括：计时工人正常工作时间的报酬、计时工人的鼓励性报酬；计件工人的所得；加班、夜班和节假日工作支付的报酬。（1分）

（2）下列未工作时间的支付。包括：年假、其他有报酬的休假（包括长期服务休假等）；公共节假日和其他被承认的假期；其他准予带薪不工作时间（如婚丧假等）；不是社会保险支出的解雇金和解雇补偿费用等。（1分）

（3）红利和赏金。包括：年终和季度红利；利润分成奖金；对假期的附加支出，对正常假期的补充支付，以及其他奖金和赏金等。（1分）

（4）食品、饮料、燃料费用和其他实物费用的支付。（1分）

（5）雇主负担的工人住房费用。包括：属企业所有的房屋费用；属非企业所有的房屋费用及其他房屋费用。（1分）

（6）雇主的社会保障支出。包括：①雇主缴纳的社会保障费用；②经劳资谈判同意的、契约性的和非义务性的向私人社会保障项目缴纳的费用；③对因患病、生育、工伤而不能工作的雇员直接支付的作为对其补偿的费用。（1分）

（7）职业培训费用。包括：学费与聘请外单位教师的费用；培训学校的费用和教材支付、职工的进修费用等。（1分）

（8）福利服务费用。包括：食堂和其他食品服务费用；教育、文化、娱乐和有关设施及服务费用；给信用合作社的赠款和提供给雇员的有关服务的费用等。（1分）

（9）其他人工成本。包括：雇主付给雇员的上下班交通费；工作服费用、招工费和招聘费用等。（1分）

（10）与人工成本有关的税收。（1分）

五、计算题（本题10分）

35. 解：设 Q 为总产值，q 为劳动生产率，T 为平均职工人数。

（1）总产值 Q 变动情况如下：

相对数：$\frac{\sum q_1T_1}{\sum q_0T_0}=\frac{12\ 000}{8000}=150.00\%$ （1分）

绝对数：$Q_1-Q_0=12\ 000-8000=4000$（万元） （1分）

（2）由于劳动生产率变动对总产量变动影响计算如下：

$$\frac{\sum q_1T_1}{\sum q_0T_1}=\frac{4\times 3000}{3.2\times 3000}=\frac{12\ 000}{9600}=125.00\%$$ （1分）

$\sum q_1T_1-\sum q_0T_1=12\,000-9600=2400$（万元）（1 分）

分析：报告期产值比基期产值提高了 50. 00%，绝对数增加了 4000 万元；（1 分）说明劳动生产率指数报告期比基期增加了 25%，使产量报告期比基期增加了 2400 万元。（1 分）

（3）劳动生产率变动对劳动量变动影响：由于报告期产值比基期产值提高了 50%，如果劳动生产率不变，则劳动力数量必须增加 50%，从而使劳动力数量达到 T_0（100%＋50%）=2500×150%=3750 人；（2 分）而实际上企业只用了 3000 人，这就是说，劳动生产率报告期比基期增加了 25%，使企业节约劳动力 3750–3000=750 人。（2 分）

六、综合计算分析题（本题 20 分）

36. 解：设 $\bar{X}$ 为全厂平均工资，X 为各组平均工资，f 为各组人数，则

$$\bar{X}_1=\frac{\Sigma X_1f_1}{\Sigma f_1}=\frac{3000\times800+5000\times2000}{800+2000}=\frac{12\,400\,000}{2800}=4428.57(\text{元/人})\quad（2\text{ 分}）$$

$$\bar{X}_0=\frac{\Sigma X_0f_0}{\Sigma f_0}=\frac{2000\times500+4000\times1500}{500+1500}=\frac{7\,000\,000}{2000}=3500(\text{元/人})\quad（2\text{ 分}）$$

$$\bar{X}_0{}'=\frac{\Sigma X_0f_1}{\Sigma f_1}=\frac{2000\times800+4000\times2000}{800+2000}=\frac{9\,600\,000}{2800}=3428.57(\text{元/人})\quad（2\text{ 分}）$$

$$\frac{\bar{X}_1}{\bar{X}_0}=\frac{\bar{X}_1}{\bar{X}_0{}'}\times\frac{\bar{X}_0{}'}{\bar{X}_0}$$

$$\frac{4428.57}{3500}=\frac{4428.57}{3428.57}\times\frac{3428.57}{3500}$$

$$126.53\%=129.17\%\times97.96\%\quad（2\text{ 分}）$$

$$\bar{X}_1-\bar{X}_0=(\bar{X}_1-\bar{X}_0{}')+(\bar{X}_0{}'-\bar{X}_0)$$

$$4428.57-3500=(4428.57-3428.57)+(3428.57-3500)$$

$$928.57=1000+(-71.43)\quad（2\text{ 分}）$$

$$\frac{\bar{X}_1\sum f_1}{\bar{X}_0\sum f_0}=\frac{\bar{X}_1\sum f_1}{\bar{X}_0{}'\sum f_1}\cdot\frac{\bar{X}_0{}'\sum f_1}{\bar{X}_0\sum f_1}\cdot\frac{\bar{X}_0\sum f_1}{\bar{X}_0\sum f_0}$$

$$\frac{4428.57\times2800}{3500\times2000}=\frac{4428.57\times2800}{3428.57\times2800}\times\frac{3428.57\times2800}{3500\times2800}\times\frac{3500\times2800}{3500\times2000}$$

$$\frac{12\,400\,000}{7\,000\,000}=\frac{12\,400\,000}{9\,600\,000}\times\frac{9\,600\,000}{9\,800\,000}\times\frac{9\,800\,000}{7\,000\,000}$$

$$177.14\%=129.17\%\times97.96\%\times140.00\%\quad（2\text{ 分}）$$

$$\bar{X}_1\sum f_1-\bar{X}_0\sum f_0=(\bar{X}_1\sum f_1-\bar{X}_0{}'\sum f_1)+(\bar{X}_0{}'\sum f_1-\bar{X}_0\sum f_1)+(\bar{X}_0\sum f_1-\bar{X}_0\sum f_0)$$

$$12\,400\,000-7\,000\,000=(12\,400\,000-9\,600\,000)+(9\,600\,000-9\,800\,000)+(9\,800\,000-7\,000\,000)$$

$$5\,400\,000=2\,800\,000+(-200\,000)+2\,800\,000\quad（2\text{ 分}）$$

由固定结构指数可知，新职工和老职工的工资平均提高了 29. 17%，致使企业工人每人工资平均应提高 1000 元。然而由于可变指数，企业工人的总平均工资只提高了 26. 53%，企业工人每人工资平均实际增加 928. 57 元。（2 分）原因是，企业的工人结构发生了较大变

化：工资水平较低的新职工的占比由基期的25%增加到报告期的28.57%；相反，工资水平较高的老职工的占比则由基期的75%下降到报告期的71.43%；由结构影响指数可知，工人结构的这种变化，致使企业工人的总平均工资下降2.04%，工人每人工资平均减少71.43元。在这一增一减因素的共同作用下，最终使企业工人的总平均工资增加26.53%，工人每人工资平均增加928.57元。（2分）

由于熟练工和非熟练工的工资平均提高了29.17%，企业工人工资总额增加了2 800 000元；由于工人结构的变化，企业工人工资总额减少了200 000元；又由于工人总人数的变动（由基期2000人增加到报告期的2800人），工人工资总额增加了2 800 000元。（2分）

全真模拟演练（二）

（考试时间 150 分钟）

总分		题号	一	二	三	四	五	六
核分人		题分	20	20	10	20	10	20
复查人		得分						

第一部分　选择题（40 分）

一、　单项选择题（本大题共 20 小题，每小题 1 分，共 20 分。在每小题列出的四个备选项中只有一个是符合题目要求的，请将其选出并将“答题卡”的相应代码涂黑。未涂、错涂或多涂均无分。）

1. 下列不属于企业人力资源统计内容的是（　　）。

A. 产品生产统计　　B. 劳动定额统计

C. 人工成本统计　　D. 劳动报酬统计

2. 在组距分组中，分组标志在每组中取的最小值称为（　　）。

A. 上限　　B. 组中值

C. 组距　　D. 下限

3. 统计某个时期，如某个月、某个季度或某年度一段时间内企业的平均人力资源规模拥有量的是（　　）。

A. 动态比较统计　　B. 人员增量统计

C. 时点规模统计　　D. 时期规模统计

4. 以人力资源从事工作的实际时长或合同劳动期限可将企业人力资源类别划分为（　　）。

A. 企业人力资源的等级结构　　B. 企业人力资源的岗位结构

C. 企业人力资源的工期结构　　D. 企业人力资源的职业结构

5. 下面不属于非工作时间的是（　　）。

A. 工间操时间　　B. 上下班路途时间

C. 医疗卫生保健时间　　D. 社交时间

6. 在工作时间核算中停工被利用时间计入（　　）。

A. 损失的工作时间　　B. 制度内实际工作时间

C. 非生产时间　　D. 制度工作时间

7. 节约劳动力、降低生产经营成本、增加赢利和提高经济效益的重要途径是（　　）。

A. 提高劳动效益　　B. 提高劳动报酬

C. 提高劳动生产率　　D. 降低人工成本

8. 劳动生产率可表示为（　　）。

A. 实际收益与劳动产品总量的比值　　B. 劳动产品总量与活劳动消耗量的比值

C. 劳动产品总量与实际收益的比值　　D. 活劳动消耗量与实际收益的比值

9. 单位时间为规定的生产合格产品的数量标准，称为（　　）。

A. 工时定额　　B. 产量定额

C. 工作定额　　D. 劳动定额

10. 产品工序定额制定率、产品工序技术定额率属于（　　）。

A. 劳动定额调整幅度的统计指标

B. 产品定额制定规模和方法的统计指标

C. 追加的劳动定额调整幅度的统计指标

D. 企业劳动定额实行范围的统计指标

11. 下列属于工资总额范围的项目是（　　）。

A. 职工福利费用　　B. 劳动保护费用

C. 超产奖　　D. 合理化建议奖

12. 当物价水平上涨时，职工实际工资水平与名义工资水平的关系是（　　）。

A. 实际工资大于名义工资　　B. 实际工资低于名义工资

C. 二者相等　　D. 有时名义工资大，有时实际工资大

13. 从企业角度观察，企业在一定时期内因使用劳动力而支付的所有费用就是（　　）。

A. 工资总额　　B. 福利费用总额

C. 劳动保护费用总额　　D. 人工成本

14. 平均人工成本的计算公式是（　　）。

A. 报告期人工成本总额÷基期职工平均人数

B. 人工成本总额÷产品产量

C. 报告期人工成本总额÷报告期职工平均人数

D. 报告期人工成本总额÷报告期产品产量

15. 下列培训方式属于按培训程度分组的是（　　）。

A. 岗位练兵、师傅带学徒、技术表演示范

B. 业余短训班、社会成人大中专班

C. 脱产学习、半脱产学习、不脱产学习

D. 高等教育、专业教育、初等教育

16. 企业职业技能与开发进程分析指标主要有（　　）。

A. 企业职工退学率、本期招收学员数

B. 企业职工入学率、企业职工退学率

C. 培训结业人数统计、培训结业程度统计

D. 本期招收学员数、本期在学学员数、本期流失学员数

17. 劳动争议是指（　　）。

A. 职工与企业领导发生纠纷　　B. 职工之间发生的争议或纠纷

C. 职工与企业行政之间发生的纠纷　D. 职工与本企业之外的单位发生纠纷

18. 主要反映职工合理化建议活动、技术协作活动的状况及这些活动对促进企业技术进步作用的统计就是（　　）。

A. 工会参与企业经营管理统计

B. 工会参与企业劳动保护监督检查统计

C. 工会参与企业技术进步统计

D. 工会参与企业劳动竞赛统计

19. 企业退休养老保险统计指标包括（　　）。

A. 退休养老人员统计

B. 企业工商保险费用水平

C. 企业人员医疗保险费用支付额

D. 企业生育保险费用支付

20. 我国的退休养老人员不包括（　　）。

A. 离休人员　　B. 离异人员

C. 退职人员　　D. 退休人员

二、　多项选择题（本大题共 10 小题，每小题 2 分，共 20 分。在每小题列出的五个备选项中至少有两个是符合题目要求的，请将其选出并将“答题卡”的相应代码涂黑。未涂、错涂或多涂均无分。）

21. 在组距分组中要注意分组的（　　）。

A. 上限与下限　　B. 开口组与闭口组

C. 组距　　D. 全距

E. 组中值

22. 企业人力资源的社会属性结构包括（　　）。

A. 企业人力资源的等级结构　　B. 企业人力资源的岗位结构

C. 企业人力资源的民族结构　　D. 企业人力资源的工期结构

E. 企业人力资源的职业结构

23. 工作时间利用的基本分析指标有（　　）。

A. 加班加点比重　　B. 加班加点强度

C. 出勤率　　D. 出勤时间利用率

E. 制度工作时间利用率

24. 影响企业劳动生产率水平的因素主要有（　　）。

A. 企业人员结构变动　　B. 实际工作月长度

C. 企业人均技术装备程度　　D. 工人工时利用情况

E. 实际工作日长度

25. 按照统计范围分类，产品实耗工时的类型可划分为（　　）。
A. 车间或班组的实耗工时　　B. 单位产品的实耗工时
C. 总产品的实耗工时　　D. 工种的实耗工时
E. 工序的实耗工时
26. 对一个特定地区的居民来说，平均工资具有的意义主要表现在（　　）。
A. 从企业角度看，平均工资反映一定时期内企业生产经营的人工成本水平
B. 将企业平均工资与劳动生产率相比较，可以反映企业劳动投入与产出的效率
C. 从员工个人角度看，平均工资反映企业职工的平均收入和生活水平
D. 平均工资是企业用来计算员工退休金、员工缴纳个人所得税的基础
E. 平均工资是政府部分制度最低工资标准、失业救济的标准等
27. 人工成本中的住房费用主要包括（　　）。
A. 企业缴纳的住房公积金
B. 实际支付给员工个人的住房补贴
C. 还的住房借款本息与住房租赁保证金
D. 用于员工住房的其他支出
E. 企业住房的维修和管理费用
28. 职业技能鉴定结果统计指标主要有（　　）。
A. 职业技能鉴定合格程度统计　　B. 职业技能鉴定参与程度统计
C. 职业技能鉴定考核通过程度分析　　D. 企业工作效率提高效果分析
E. 职业技术学校毕业生就业率
29. 统计研究企业劳动争议的原则是（　　）。
A. 劳动争议是劳动关系双方的有关劳动权利与义务问题的纠纷
B. 劳动争议是劳动关系当事人双方发生的争议
C. 劳动争议必须提出申诉
D. 主要是指企业行政和职工之间的争议
E. 只要民愤较大就可构成劳动争议
30. 企业社会保险统计包括下列哪些指标（　　）。
A. 企业职工退休养老保险统计　　B. 集体福利
C. 企业职工失业保险统计　　D. 个人福利统计
E. 企业职工医疗保险统计

第二部分　非选择题（共 60 分）

三、简答题（本大题共 2 小题，每小题 5 分，共 10 分）

31. 简述企业常用的劳动定额类型。
32. 简述从会计核算的角度看人工费用的构成。

四、论述题 （本大题共 2 小题，每小题 10 分，共 20 分）

33. 论述企业人力资源统计学的基本方法。
34. 论述企业员工工资收入差距的分析方法。

五、计算题 （本题 10 分）

35. 某建筑公司 2000 年 10 月份有节日 3 天，公假 8 天，采取一班制劳动，每班 8 小时，生产工人月平均人数为 900 人，其他情况如表所示。

项目	合计
缺勤工日	300
停工工日	100
非生产工日	80
加班工日	40
停工被利用工日	40

求：日历工日数；公假工日数；制度工日数；出勤工日数；制度内实际工作工日数；全部实际工作工日数。

六、综合计算分析题 （本题 20 分）

36. 某企业甲乙车间的统计材料如表所示。

	总产值/万元		平均人数/人		劳动生产率/（万元/人）		劳动生产率指数/%
	基期	报告期	基期	报告期	基期	报告期	
甲车间	8000	14000	1600	2400			
乙车间	2000	2800	450	600			
全厂	10000	16800	2050	3000			

求：（1）分别计算甲、乙车间及全厂基期、报告期的劳动生产率及其指数并填入表格中空白处。

（2）分析计算全厂劳动生产率可变组成指数、劳动生产率固定组成指数及劳动生产率结构影响指数，并对全厂的劳动生产率变化情况作一个全面的分析（要求精确到 10 元，即保留 3 位小数）。

全真模拟演练（二）参考答案及解析

一、 单项选择题（本大题共 20 小题，每小题 1 分，共 20 分）

1. A	2. D	3. D	4. C	5. A
6. B	7. C	8. B	9. B	10. B
11. C	12. B	13. D	14. C	15. D
16. B	17. C	18. C	19. A	20. B

二、 多项选择题（本大题共 10 小题，每小题 2 分，共 20 分）

21. ABCDE	22. ABDE	23. CDE	24. ACD	25. BC
26. ABCDE	27. ABCDE	28. ABC	29. ABCD	30. ACE

三、简答题（本大题共 2 小题，每小题 5 分，共 10 分）

31. （1）工时定额。（1 分）
（2）产量定额。（1 分）
（3）看管定额。（1 分）
（4）服务定额。（1 分）
（5）工作定额。（1 分）

32. （1）产品生产人员的工资总额、福利费。（1 分）
（2）生产单位管理人员技术人员的工资总额、福利费。（1 分）
（3）劳动保护费用。（1 分）
（4）企业管理人员的工资总额、福利费。（1 分）
（5）销售部门人员的工资总额、福利费。（1 分）
（6）职工教育经费、劳动保险费、失业保险费、工会经费。（1 分）
（7）子弟学校经费、技工学校经费。（1 分）
（8）职工集体福利设施费用。（1 分）
注意：以上 1～8 点每点 1 分，答对一点给一分，满分给 5 分。

四、论述题（本大题共 2 小题，每小题 10 分，共 20 分）

33. 企业人力资源统计学的基本方法如下。

一是统计分组法。

统计分组是指按某个可变标志将总体分成若干组成部分（称为组），使得每组中总体单位的性质相同，不同组总体单位的性质不同。

统计分组必须遵循以下原则：①完备性原则；②互斥性原则。（1 分）

统计分组的类型：①根据分组标志的多少分，有简单分组和复合分组；②根据分组标志的性质不同，有品质标志分组和数量标志分组。

几个与组距分组有关的概念：①上限与下限；②开口组与闭口组；③组距；④全距；⑤组中值。（2分）

二是统计指标法。

统计指标有三种基本形式，分别是总量指标、相对指标和平均指标。

（1）总量指标。说明总体在一定时间、地点和条件下总规模或总水平方面的数量特征的指标称为总量指标。

总量指标的种类：①总体单位总量与标志总量；②时期指标与时点指标；③实物指标、价值指标与劳动量指标。（1分）

（2）相对指标。相对指标是两个相互联系的指标之比，又称相对数。其作用是说明同一总体或不同总体的不同数量特征的对比关系。相对指标有两种表现形式：无名数和有名数。

相对指标的种类：①计划完成相对数；②结构相对数；③比例相对数；④比较相对数；⑤强度相对数；⑥动态相对数。（1分）

（3）平均指标。平均指标又称平均数。它是总体一般水平的指标，是各总体单位某数量标志值的代表值。

平均指标的特点：①将各总体单位的差异抽象化；②只有数量标志的标志值才能平均；③被平均的对象必须满足“同质性”。

平均指标的种类。常见的平均指标主要有：算术平均数、调和平均数、几何平均数、中位数和众数等。（2分）

三是统计指数法。

（1）统计指数。指数的本质是一种特殊的相对数，其作用主要是反映社会经济现象数量方面的变动或差异。从广义上讲，指数既包含动态指数又包含静态指数，既包含个体指数又包含总指数，而狭义上讲，指数通常是指动态总指数。

反映同一简单总体某数量方面在不同时期的变动方向与变动程度的动态相对数称为动态个体指数。

反映同一复杂总体在不同时期某数量方面的变动方向与变动程度的动态相对数称为动态总指数。（2分）

（2）总指数的编制。总指数的编制有两种思路：一种是综合；另一种是平均。（1分）

34. 分析工资收入差距的方法有工资增收与减收差距分析法、最高工资与最低工资差异分析法、“五等分”分析法及基尼系数法等多种方法。（2分）

（1）工资增收与减收差距分析法。在计算企业职工工资收入差距的时候，该方法将工资按其工资（相对基期）是增加、持平还是减少分为三组，在此基础上分别计算增收、持平和减少这三组的人员在企业全体员工中的比重，最后有针对性地对收入减少（或持平）人员展开调查分析，查明其收入减少（或无法增加）的原因，并采取应对措施。（3分）

（2）最高工资与最低工资差异分析法。该方法通过比较企业工资最高人员的工资与最低人员的工资，确定工资的差异程度，分析职工工资差异的合理程度及差异的原因，为激励员工、促进生产经营发展提供依据。（2分）

（3）“五等分”分析法。“五等分”分析法与工资最高最低的差异分析法思路类似，将企业职工的工资收入水平由高到低排列，再将职工总人数平均分为五等分，重点分析最高工资收入水平 1/5 员工与最低工资收入水平的 1/5 员工的工资收入的差距，以此判断企业工资分配的合理性。（3 分）

五、计算题（本题 10 分）

35. 解：

日历工日数 = 900 × 31 = 27 900 工日（1 分）

公假工日数 = 11 × 900 = 9900 工日（1 分）

制度工日数 = 日历工日数 − 公假工日数 = 27 900 − 9900 = 18 000 工日（2 分）

出勤工日数 = 制度工作时间 − 缺勤工作时间 = 17 700 工日（2 分）

制度内实际工作工日数 = 出勤时间 − 非生产时间 − 停工时间 + 停工被利用时间

= 17 700 − 80 − 100 + 40 = 17 560 工日（2 分）

全部实际工作工日数 = 制度内实际工作时间 + 加班加点时间 = 17 560 + 40 = 17 600 工日（2 分）

六、综合计算分析题（本题 20 分）

36.（1）甲、乙车间基期、报告期的劳动生产率及其指数如表所示。

	总产值/万元		平均人数/人		劳动生产率/（万元/人）		劳动生产率指数/%
	基期	报告期	基期	报告期	基期	报告期	
甲车间					5	5.833	116.660
乙车间					4.444	4.667	105.018
全厂					4.878	5.600	114.801

设 $\overline{q}$ 为全厂劳动生产率，q 为各车间劳动生产率，f 为各车间人数，则

甲车间：q_1=14 000/2400=5.833（万元/人）；q_0=8000/1600=5（万元/人）（2 分）

乙车间：q_1=2800/600=4.667（万元/人）；q_0=2000/450=4.444（万元/人）（2 分）

全厂：$\overline{q}_1=\dfrac{\Sigma q_1 f_1}{\Sigma f_1}=\dfrac{5\ 833\times 2400+4.667\times 600}{2400+600}=\dfrac{16\ 800}{3000}=5.600$(万元 / 人)（2 分）

$\overline{q}_0=\dfrac{\Sigma q_0 f_0}{\Sigma f_0}=\dfrac{5\times 1600+4.444\times 450}{1600+450}=\dfrac{10\ 000}{2050}=4.878$(万元 / 人)（2 分）

$\overline{q}_{01}=\dfrac{\Sigma q_0 f_1}{\Sigma f_1}=\dfrac{5\times 2400+4.444\times 600}{2400+600}=\dfrac{14\ 666.4}{3000}=4.889$(万元 / 人)（2 分）

（2）全厂劳动生产率可变组成指数计算如下：

$$\frac{\Sigma q_1 f_1}{\Sigma f_1}\div\frac{\Sigma q_0 f_0}{\Sigma f_0}=\frac{5.600}{4.878}=114.801\%$$

$$\frac{\Sigma q_1 f_1}{\Sigma f_1} - \frac{\Sigma q_0 f_0}{\Sigma f_0} = 5.600 - 4.878 = 0.722(\text{万元/人})$$ （2 分）

劳动生产率固定组成指数计算如下：

$$\frac{\Sigma q_1 f_1}{\Sigma f_1} \div \frac{\Sigma q_0 f_1}{\Sigma f_1} = \frac{5.600}{4.889} = 114.543\%$$

$$\frac{\Sigma q_1 f_1}{\Sigma f_1} - \frac{\Sigma q_0 f_1}{\Sigma f_1} = 5.600 - 4.889 = 0.711(\text{万元/人})$$ （2 分）

劳动生产率结构影响指数计算如下：

$$\frac{\Sigma q_0 f_1}{\Sigma f_1} \div \frac{\Sigma q_0 f_0}{\Sigma f_0} = \frac{4.889}{4.878} = 100.226\%$$

$$\frac{\Sigma q_0 f_1}{\Sigma f_1} - \frac{\Sigma q_0 f_0}{\Sigma f_0} = 4.889 - 4.878 = 0.011(\text{万元/人})$$ （2 分）

分析：全厂劳动生产率可变组成指数提高了 14. 801%，绝对数增加了 0. 722 万元/人。这是由于：劳动生产率固定组成指数提高了 14. 543%，全厂劳动生产率绝对数增加了 0. 711 万元/人；由于劳动生产率结构影响指数提高了 0. 226%，全厂劳动生产率报告期比基期绝对数增加了 0. 011 万元/人，两者共同造成的综合结果。（2 分）

计算结果归纳，得出平衡式：

114. 80% = 114. 54% × 100. 23%

0. 722（万元/人）= 0. 711 + 0. 011（2 分）

全真模拟演练（三）

（考试时间150分钟）

总分		题号	一	二	三	四	五	六
核分人		题分	20	20	10	20	10	20
复查人		得分						

第一部分　选择题（40分）

一、 单项选择题（本大题共20小题，每小题1分，共20分。在每小题列出的四个备选项中只有一个是符合题目要求的，请将其选出并将“答题卡”的相应代码涂黑。未涂、错涂或多涂均无分。）

1. 说明总体单位特征与属性名称的是（　　）。

A. 总体　B. 指标

C. 标志　D. 单位

2. 反映总体中具有某特征的总体单位数与总体单位总量之比的指标是（　　）。

A. 强度相对数　B. 结构相对数

C. 比例相对数　D. 比较相对数

3. 根据所从事社会工作的职业、等级、岗位及工期等角度进行划分，这可形成（　　）。

A. 企业人力资源的社会属性　B. 企业人力资源的工作属性

C. 企业人力资源的自然属性　D. 企业人力资源的单位属性

4. 企业进行人力资源统计时应遵循的原则是（　　）。

A. 在哪工作由哪统计　B. 谁发工资谁统计

C. 由人事关系所在单位统计　D. 由最初的工作单位统计

5. 以下哪一个属于非工作时间（　　）。

A. 工间操时间　B. 上下班时间

C. 加班时间　D. 教育子女时间

6. 停工被利用时间在工作时间核算中计入（　　）。

A. 全部实际工作时间　B. 制度工作时间

C. 出勤时间　D. 制度内实际工作时间

7. 劳动效益可表示为（　　）。

A. 实际收益与活劳动消耗量的比值　　B. 劳动产品总量与实际收益的比值
C. 劳动产品总量与活劳动消耗量的比值　　D. 活劳动消耗量与劳动产品总量的比值

8. 下列哪一个不是影响企业劳动生产率水平的主要因素（　　）。
A. 工人工时利用情况　　B. 企业人员结构
C. 企业规模　　D. 企业人均技术装备程度

9. 在一定的生产技术组织条件下，为劳动者完成单位合格产品或一定工作量所预先规定的时间消耗标准，称为（　　）。
A. 产量定额　　B. 劳动定额
C. 劳动生产率　　D. 劳动效益

10. 定额工时压缩率代表的是（　　）。
A. 劳动定额调整幅度的指标　　B. 产品定额制定规模的指标
C. 产品定额制定方法的指标　　D. 劳动定额实行范围的指标

11. 下列属于工资总额范围的是（　　）。
A. 合理化建议奖　　B. 社会保险费用
C. 职工福利费用　　D. 物价补贴

12. 当货币购买力水平下降时，实际工资水平与名义工资水平的关系是（　　）。
A. 实际工资大于名义工资　　B. 有时实际工资大，有时名义工资大
C. 实际工资低于名义工资　　D. 二者相等

13. 人工成本是围绕哪项指标进行核算的（　　）。
A. 单位产品的人工成本　　B. 企业的劳动投入
C. 企业的生产经营　　D. 人工成本投入产出比值

14. 企业为提高即将上岗和在岗的员工的思想道德修养与专业技术水平而进行的文化、职业道德、技术理论和实际操作等的进修培训活动的费用属于（　　）。
A. 教育经费　　B. 住房费用
C. 福利费用　　D. 社会保险费用

15. 下列培训方式属于按培训方式分组的是（　　）。
A. 业余短训班、社会成人大中专班
B. 脱产学习、半脱产学习、不脱产学习
C. 岗位练兵、师傅带学徒、技术表演示范
D. 高等教育、专业教育、初等教育

16. 对本企业内部转换岗位的在岗人员进行的获得新岗位必备职业技能的培训是指（　　）。
A. 在岗培训　　B. 就业前培训
C. 转岗培训　　D. 技术工种上岗培训

17. 反映企业内职工代表大会组建的普通程度和职工民主权利的落实情况的指标是（　　）。
A. 职工代表大会组建率　　B. 职工代表人数及构成
C. 召开职工代表大会的次数　　D. 职工代表大会组建的数量

18. 劳动争议是指（　　）。
A. 企业行政与职工之间发生的纠纷　B. 职工与本企业之外的单位发生纠纷
C. 职工与本单位之外的个人发生纠纷　D. 职工之间发生的争议或纠纷
19. 下列哪个指标不属于企业社会保险统计范围（　　）。
A. 企业职工失业保险统计　B. 企业职工医疗保险统计
C. 企业职工退休养老保险统计　D. 集体福利
20. 社会保障体系要实现的最高目标是（　　）。
A. 社会福利　B. 社会优抚
C. 社会保险　D. 社会救助

二、 多项选择题（本大题共 10 小题，每小题 2 分，共 20 分。在每小题列出的五个备选项中至少有两个是符合题目要求的，请将其选出并将“答题卡”的相应代码涂黑。未涂、错涂或多涂均无分。）

21. 平均指标的种类有（　　）。
A. 算术平均数　B. 调和平均数
C. 几何平均数　D. 中位数
E. 众数
22. 企业人力资源的自然属性结构包括（　　）。
A. 企业人力资源的性别结构　B. 企业人力资源的年龄结构
C. 企业人力资源的民族结构　D. 企业人力资源的学历结构
E. 企业人力资源的职业结构
23. 闲暇时间主要包括（　　）。
A. 业余学习时间　B. 体育锻炼时间
C. 教育子女时间　D. 参观、游览、旅游活动时间
E. 参加宗教活动时间
24. 根据社会再生产各环节、层次，劳动效益可划分为以下哪几类（　　）。
A. 单个企业劳动效益和社会整体劳动效益
B. 内部劳动效益和外部劳动效益
C. 直接劳动效益和间接劳动效益
D. 局部劳动效益和总体劳动效益
E. 国内劳动效益和国外劳动效益
25. 属于产品定额制定规模和方法统计的指标有（　　）。
A. 定额工时压缩率　B. 产品工序定额制定率
C. 产品工序技术定额率　D. 生产工人定额实施率
E. 基本生产工人定额实施率
26. 企业工资总额的构成内容主要有（　　）。
A. 奖金、津贴和补贴　B. 附加工资
C. 福利补贴　D. 加班加点工资

E. 保留工资

27. 人工成本是指（　　）。

A. 企业支付给员工的工资费用

B. 企业一定时期内与使用人力资源而发生的各项直接和间接费用的总和

C. 保险福利费用、住房补贴、员工培训费用、劳动保护费用及其他相关费用

D. 企业从遴选员工入职开始，员工使用、培训直至员工退休期间的一切费用都是企业的人工成本

E. 雇主负担的人工住房费用

28. 目前，职业技能开发统计主要包括（　　）。

A. 职业技能培训机构情况统计　　B. 企业参加培训人员情况统计

C. 培训机构经费收支情况统计　　D. 企业参加劳动人员情况统计

E. 高等教育机构收费管理情况

29. 劳动关系包含一切与雇佣行为相关的社会现象，具体表现为（　　）。

A. 工资报酬的集体谈判　　B. 劳资纠纷

C. 实施执行劳动合同　　D. 劳动争议

E. 劳动仲裁

30. 企业福利费用和工资的分配性质和方式不同，下列叙述正确的是（　　）。

A. 企业福利费用是按劳动成果分配

B. 工资是按需要分配

C. 工资则是满足员工个人的基本生活需求的

D. 两者都是按需分配和按劳分配相结合

E. 企业福利费用是用以满足集体和员工个人的公益性费用

第二部分　非选择题（共60分）

三、简答题（本大题共2小题，每小题5分，共10分）

31. 简述总量指标的种类。

32. 职业技能培训成果体现在哪些方面?

四、论述题（本大题共2小题，每小题10分，共20分）

33. 比较分析按产品产量、价值量和劳动量计算的劳动生产率的优越性和局限性。

34. 请分析人工成本支出的主要劳动效益指标内容。

五、计算题（本题10分）

35. 某企业职工工资情况如表所示。

指标	单位	报告期	基期	指数/%
工资总额	千元	4800	3600	
职工平均人数	人	1600	1500	
职工平均工资	千元	3.00	2.4	

求：计算并分析职工平均工资变动及职工平均人数变动对工资总额变动的影响。

六、综合计算分析题（本题 20 分）

36. 某企业 2006 年 5 月份（31 天）有节假日 3 天，公假 8 天，采取一班制劳动，每班 8 小时，生产工人月平均人数为 1000 人，其他情况如表所示。

项目	缺勤工日	停工工日	非生产工日	加班加点工日	停工被利用工日
合计	500	500	100	200	100

求：（1）该企业的日历工日数、公假工日数、制度工日数、出勤工日数、制度内实际工作工日数、全部实际工日数。

（2）分析计算该企业的工作时间利用情况。

全真模拟演练（三）参考答案及解析

一、 单项选择题 （本大题共 20 小题，每小题 1 分，共 20 分）

1. C	2. B	3. A	4. B	5. D
6. D	7. A	8. C	9. B	10. A
11. D	12. C	13. B	14. A	15. B
16. C	17. A	18. A	19. D	20. A

二、 多项选择题 （本大题共 10 小题，每小题 2 分，共 20 分）

21. ABCDE	22. ABCD	23. ABCDE	24. ABC	25. BC
26. ABDE	27. BD	28. ABC	29. ABCDE	30. CE

三、简答题 （本大题共 2 小题，每小题 5 分，共 10 分）

31. （1）总体单位总量与标志总量。（2 分）
（2）时期指标与时点指标。（1 分）
（3）实物指标、价值指标与劳动量指标。（2 分）

32. （1）学历职业教育学生毕业率。（1 分）
（2）职业技术学校毕业生就业率。（1 分）
（3）职业培训结业率。（1 分）
（4）职业技能培训计划完成程度。（1 分）
（5）工人培训前后技术等级提高率。（1 分）
（6）合理化建议提出与采纳分析指标。（1 分）
（7）企业技术革新成果分析指标。（1 分）
（8）企业工作效率提高效果分析。（1 分）
注意：以上 1～8 点每点 1 分，答对一点给一分，满分给 5 分。

四、论述题 （本大题共 2 小题，每小题 10 分，共 20 分）

33. 一是优越性。具体包括：

（1）产品实物量劳动生产率。劳动生产率实物量指标比较直观，能够体现每个劳动者单位时间内生产某种产品的能力。实物劳动生产率说明的问题明确、具体、易于理解，在实际对比工作和国际对比中广泛采用。（2 分）

（2）产品价值量劳动生产率。产品价值量可综合反映各种不同产品的总产量，具有广泛的用途。产品价值量可综合测定企业生产各种不同产品的平均劳动生产率及其变化情况，综合反映了多种产品的生产效率，因而运用十分广泛。（2 分）

（3）生产工作量（产品劳动量）劳动生产率。生产工作量，是以定额工时为单位表示

的产品产量，一般适用于产品性质不同、种类繁多的机械加工业，用以综合反映多种机械产品的总产量。（1 分）

二是局限性。具体包括：

（1）产品实物量劳动生产率。按实物量指标计算的劳动生产率的不足之处在于只适于单一产品的统计，只能就各种产品分别计算，不能综合反映多种产品劳动生产率，无法对多品种产品企业的总体水平进行评价，所以有其局限性。由于不便于综合反映不同使用价值的各种产品的总量，所以进行分析时较少使用。（2 分）

（2）产品价值量劳动生产率。总产值指标只是一种纯生产性指标，不能正确反映企业的经济效益状况，只适合于粗略地评价企业的劳动效率水平。（1 分）

（3）生产工作量（产品劳动量）劳动生产率。生产工作量指标的不足之处在于，由于生产同一类产品的各个企业在生产管理和技术装备水平上存在着差异，产品的工时定额不可能完全相同，这个指标在企业之间的可比性较差。该指标的应用受到了很大限制，一般只适合于企业内部使用，用于企业自身的纵向比较。（2 分）

34. 人工成本支出的投入产出效果及支付的合理程度，可以通过将人工成本支付与企业的经济效益指标进行对比分析来反映。（2 分）

（1）人工成本的人均水平分析。平均人工成本是企业一定时期内人工成本总额与平均人数的比值。

其计算公式为

$$\text{平均人工成本}=\frac{\text{（年度）人工成本总额}}{\text{（年度）平均人数}}\times 100\%$$

平均人工成本反映企业使用劳动力的平均人工成本，也在一定程度上反映了职工平均收入水平的高低。（2 分）

（2）人工成本的产出效益分析。用一定量（数量或金额）的人工成本投入与企业产出比较可以计算企业人工成本投入的产出效益。其计算公式为

$$\text{每百元人工成本的增加值（或净产值）}=\frac{\text{企业实际增加值（或净产值）}}{\text{企业人工成本总额}}\times 100\%\text{（2 分）}$$

（3）人工成本的经济效益分析。人工成本的经济效益指标是指用一定量的人工成本投入给企业带来的实际效益，企业的经济效益可以用销售收入、利润额或利税总额等指标反映。其计算公式为

$$\text{每百元人工成本的销售收入（或利润额）}=\frac{\text{企业销售收入（或利润额）}}{\text{企业人工成本总额}}\times 100\%$$

$$\text{每百元人工成本税金缴纳额}=\frac{\text{企业实际税金缴纳总额}}{\text{企业人工成本总额}}\times 100\%\text{（2 分）}$$

（4）成本结构指标。成本结构指标是相对指标，主要是人工成本占总成本的比例。其计算公式为

$$\text{人工成本占总成本的比例}=\frac{\text{人工成本总额}}{\text{企业成本费用总额}}\times 100\%$$

这一指标反映在企业总成本费用中，人工费用占多大比例。（2 分）

五、计算题（本题10分）

35. 解：设 G 为工资总额，f 为职工平均人数，χ 为职工平均工资。

工资总额的变动情况如下：

相对数：$\frac{G_1}{G_0}=\frac{\Sigma\chi_1 f_1}{\Sigma\chi_0 f_0}=\frac{3\times1600}{2.4\times1500}=\frac{4800}{3600}=133.33\%$ （1分）

绝对数：$G_1-G_0=4800-3600=1200$(千元) （1分）

说明：工资总额指数提高了33.33%，绝对数增加了1200千元。 （1分）

由于职工平均工资变动对工资总额变动的影响：

$\frac{\Sigma\chi_1 f_1}{\Sigma\chi_0 f_1}=\frac{3\times1600}{2.4\times1600}=\frac{4800}{3840}=125.00\%$ （1分）

$\Sigma\chi_1 f_1-\Sigma\chi_0 f_1=4800-3840=960$(千元)（1分）

说明：由于职工平均工资指数提高了25.00%，工资总额绝对数增加了960千元。（1分）

由于职工人数变动对人工成本指数的影响：

$\frac{\Sigma\chi_0 f_1}{\Sigma\chi_0 f_0}=\frac{2.4\times1600}{2.4\times1500}=\frac{3840}{3600}=106.67\%$（1分）

$\Sigma\chi_0 f_1-\Sigma\chi_0 f_0=3840-3600=240$(千元)（1分）

说明：由于职工人数变动指数提高了6.67%，工资总额报告期比基期绝对数增加了240千元。

综合计算结果归纳，得出平衡式：

133.33% = 125.00% × 106.67%

1200（千元）= 960 + 240 （2分）

六、综合计算分析题（本题20分）

36. 解：

（1）各种工作时间计算如下：

日历工日数 = 1000×31 = 31 000（工日）（1分）

公假工日数 = 11×1000 = 11 000（工日）（1分）

制度工日数 = 日历工日数−公假工日数 = 31 000 − 11 000 = 20 000（工日） （2分）

出勤工日数 = 制度工作时间 − 缺勤工作时间 = 20 000 − 500 = 19 500（工日） （2分）

制度内实际工作工日数 = 出勤工日 − 非生产工日 − 停工工日 + 停工被利用工日

= 19 500 − 100 − 500 + 100 = 19 000（工日）（2分）

全部实际工日数 = 制度内实际工日 + 加班加点工日 = 19 000 + 200 = 19 200（工日）（2分）

（2）工作时间主要利用指标如下：

$出勤率=\frac{出勤工日}{制度工日}\times100\%=\frac{19\,500}{20\,000}\times100\%=97.50\%$（2分）

$出勤时间利用率=\frac{制度内实际工作日}{出勤工日}\times100\%=\frac{19\,000}{19\,500}\times100\%=97.44\%$（2分）

$$制度工作时间利用率 = \frac{制度内实际工作日}{制度工作日} \times 100\% = \frac{19\,000}{20\,000} \times 100\% = 95\%$$ （2 分）

$$加班加点比重 = \frac{加班加点工日}{全部实际工日} \times 100\% = \frac{200}{19\,200} \times 100\% = 1.04\%$$ （2 分）

$$平均加班加点强度 = \frac{加班加点工日}{制度内实际工日} \times 100 = \frac{200}{19\,000} \times 100 = 1.05（工日）$$ （2 分）

全真模拟演练（四）

（考试时间 150 分钟）

总分		题号	一	二	三	四	五	六
核分人		题分	20	20	10	20	10	20
复查人		得分						

第一部分　选择题（40 分）

一、单项选择题（本大题共 20 小题，每小题 1 分，共 20 分。在每小题列出的四个备选项中只有一个是符合题目要求的，请将其选出并将“答题卡”的相应代码涂黑。未涂、错涂或多涂均无分。）

1. 以物理属性或自然属性为计量单位的总量指标是（　　）。
   A. 劳动量指标　　B. 时点指标
   C. 实物指标　　D. 价值指标
2. 反映不同简单总体在相同时期同一数量方面的差异的方向与程度的比较相对数称为（　　）。
   A. 静态个体指数　　B. 动态总体指数
   C. 动态个体指数　　D. 静态总体指数
3. 企业人力资源素质综合评价的设计原则不包括（　　）。
   A. 主导因素原则　　B. 定量化原则
   C. 个体性原则　　D. 模糊灰色原则
4. 依据劳动者不同职业技能水平可将企业人力资源类别划分为（　　）。
   A. 企业人力资源的等级结构　　B. 企业人力资源的岗位结构
   C. 企业人力资源的工期结构　　D. 企业人力资源的职业结构
5. 一个劳动者工作一个轮班时间称为一个（　　）。
   A. 工时　　B. 工月
   C. 工日　　D. 工分
6. 下列正确的是（　　）。
   A. 制度内实际工作时间＝制度工作时间－停工时间－非生产时间＋停工被利用时间
   B. 制度内实际工作时间＝出勤时间－停工时间－非生产时间

C. 制度内实际工作时间 = 出勤时间 + 缺勤时间

D. 制度内实际工作时间 = 出勤时间 − 停工时间 − 非生产时间 + 停工被利用时间

7. 基本工人劳动生产率一定时，若辅助工人占生产工人的比重增大，则生产工人劳动生产率（　　）。

A. 不变　　B. 变小

C. 变大　　D. 可大可小

8. 劳动产品总量与活劳动消耗量的比值代表（　　）。

A. 劳动生产率　　B. 劳动效益

C. 生产总值　　D. 劳动生产率实物量指标

9. 定额工时压缩率代表的是（　　）。

A. 产品定额制定规模的指标　　B. 劳动定额调整幅度的指标

C. 产品定额制定方法的指标　　D. 劳动定额实行范围的指标

10. 生产合格产品的劳动时间消耗量规定的数量标准称为（　　）。

A. 劳动定额　　B. 产量定额

C. 工作定额　　D. 工时定额

11. 如果报告期人工成本总额增加，职工平均人数不变，则平均人工成本（　　）。

A. 增加　　B. 减少

C. 不变　　D. 有时减少有时增加

12. 2008 年上半年国有单位职工的平均工资（货币工资）为 3200 元，同期居民消费价格指数为 111.68%，则上半年国有单位职工实际工资水平约为（　　）。

A. 3574 元　　B. 3200 元

C. 2865 元　　D. 2826 元

13. 围绕企业的生产经营过程的全部资源投入形成的成本是（　　）。

A. 产品成本　　B. 总成本

C. 物质成本　　D. 人工成本

14. 如果报告期人工成本总额增加，职工平均人数不变，则平均人工成本（　　）。

A. 增加　　B. 减少

C. 不变　　D. 有时减少有时增加

15. 对失业人员进行的获得新就业能力的培训是指（　　）。

A. 在岗培训　　B. 技术工种上岗培训

C. 转业培训　　D. 转岗培训

16. 下列培训方式属于现场培训模式的是（　　）。

A. 岗位练兵、师傅带学徒、技术表演示范

B. 业余短训班、社会成人大中专班

C. 高等教育、专业教育、初等教育

D. 脱产学习、半脱产学习、不脱产学习

17. 反映企业内职工代表大会组建的普通程度的指标是（　　）。

A. 职工代表提交提案数　　B. 职工代表大会召开次数

C. 职工代表大会组建数量　　D. 职工代表大会组建率

18. 劳动争议人数（或人次数）反映的是劳动争议的（　　）。

A. 严重程度　　B. 规模大小

C. 结构程度　　D. 质量程度

19. 企业生育保险统计指标包括（　　）。

A. 退休养老人员统计

B. 企业工伤保险费用水平

C. 企业人员医疗保险费用支付额

D. 企业生育保险费用支付

20. 企业福利费用和工资的分配性质和方式不同，工资是（　　）。

A. 随意分配　　B. 按需分配

C. 按劳分配　　D. 按需分配和按劳分配相结合

二、　多项选择题（本大题共 10 小题，每小题 2 分，共 20 分。在每小题列出的五个备选项中至少有两个是符合题目要求的，请将其选出并将“答题卡”的相应代码涂黑。未涂、错涂或多涂均无分。）

21. 企业人力资源具有的特点是（　　）。

A. 主观能动性　　B. 客观性

C. 一次性　　D. 再生产性

E. 排他性

22. 企业人力资源素质的指标体系包括（　　）。

A. 企业人力资源的学历结构　　B. 企业人力资源的等级结构

C. 企业人力资源的劳动积极性　　D. 企业人力资源的团队合作能力

E. 企业人力资源的独立劳动能力

23. 工作时间不包括（　　）。

A. 为上班而耗费的路途时间　　B. 午休时间

C. 工间操时间　　D. 自己开车上班时间

E. 出勤时间

24. 企业劳动效益评价体系与原则包括（　　）。

A. 企业劳动效益与社会整体劳动效益相一致的原则

B. 直接劳动效益与间接劳动效益相统一的原则

C. 内部劳动效益与外部劳动效益相统一的原则

D. 长远劳动效益与短期劳动效益相统一的原则

E. 使用价值与价值统一的原则

25. 属于企业劳动定额实行范围统计的指标有（　　）。

A. 全部职工定额实施率　　B. 产品工序定额制定率

C. 产品工序技术定额率　　D. 生产工人定额实施率

E. 基本生产工人定额实施率

26. 企业工资总额的构成内容主要有（　　）。

A. 计时工资　　B. 计件工资

C. 奖金、津贴和补贴　　D. 保险费用与福利补贴

E. 加班加点工资

27. 下列属于人工成本的是（　　）。

A. 职工技术培训费用

B. 员工的上下班交通费

C. 工作服费和招工费用

D. 人工费用的税收

E. 企业支付给员工的工资费用

28. 工作态度和劳动纪律增强的分析主要有（　　）。

A. 运用出勤率与出勤时间利用率进行历史比较

B. 劳动定额完成程度的动态比较

C. 专业技术人员高级职称比例分析

D. 由员工原因引发的安全事故发生程度的比较

E. 企业各类先进人物涌现程度的比较分析

29. 劳动争议按原因可分为（　　）。

A. 因劳动合同问题的纠纷　　B. 因社会保险问题的纠纷

C. 因工资问题的纠纷　　D. 因培训和考核问题的纠纷

E. 因劳动保护或安全事故问题的纠纷

30. 企业福利费用和工资的分配性质和方式不同，下列叙述正确的是（　　）。

A. 企业福利费用是按需要分配

B. 工资是按劳动成果分配

C. 工资则是用以满足集体的共同需要或个人的特殊需求的

D. 两者都是按需分配和按劳分配相结合

E. 企业福利费用是满足员工个人的基本生活需求的

第二部分　非选择题（共 60 分）

三、简答题（本大题共 2 小题，每小题 5 分，共 10 分）

31. 简述劳动效率统计的意义。

32. 简述企业合理化建议活动情况的指标。

四、论述题（本大题共 2 小题，每小题 10 分，共 20 分）

33. 请论述平均指标的因素分析基本原理。

34. 试论述企业规模的存量统计内容。

五、计算题 （本题 10 分）

35. 某企业资料如下表所示。

年份	2014	2013
产品产量 Q/吨	4000	2100
平均职工人数 T/人	500	300

（1）计算 2014 年、2013 年的劳动生产率（要求精确到 2 位小数）。

（2）计算分析产品产量的变动并分析劳动生产率变动及职工人数变动对总产量的影响。

六、综合计算分析题 （本题 20 分）

36. 某厂的统计材料如下表所示。

	平均工资/元			平均人数/人	
	基期	报告期	指数	基期	报告期
工人	3000	4000		350	500
管理人员	2500	2800		150	200
其他人员	1200	1500		50	100
全厂					

（1）计算该厂工人、管理人员、其他人员的平均工资指数并填入表格中空白处。

（2）计算该厂的基期、报告期平均工资及其指数并填入表格中空白处。

（3）分析计算全厂平均工资可变组成指数、固定组成指数及结构影响指数，并对全厂的平均工资变化情况作一个全面的分析（要求精确到 2 位小数）。

全真模拟演练（四）参考答案及解析

一、单项选择题（本大题共 20 小题，每小题 1 分，共 20 分）

1. C	2. A	3. C	4. A	5. C
6. D	7. B	8. A	9. B	10. D
11. A	12. C	13. B	14. A	15. C
16. A	17. D	18. A	19. D	20. C

二、多项选择题（本大题共 10 小题，每小题 2 分，共 20 分）

21. AD	22. ABCDE	23. ABD	24. ABCDE	25. ADE
26. ABCE	27. ABCDE	28. ABDE	29. ABCDE	30. AB

三、简答题（本大题共 2 小题，每小题 5 分，共 10 分）

31. 劳动效率水平的高低，对于加速社会经济发展和提高社会生产效益的意义表现在：

（1）各企业劳动效率的提高，是改善和提高劳动者物质文化生活的基础，有利于增加工业总产值，提高全社会全员劳动生产率。（1 分）

（2）提高劳动效率不仅可以改善劳动条件、减轻劳动强度、提高产品质量，而且还会增加企业效益，推动社会经济的发展。（1 分）

（3）工业生产的增长，不能单纯依靠增加劳动力的数量，而主要是靠提高劳动效率来实现的。（1 分）

（4）通过对企业劳动效率的统计分析，能够使企业根据不同劳动效率水平招收劳动力及确定经济发展速度。（1 分）

（5）通过比较培训前后劳动效率的变化来反映各企业技术培训的效果。（1 分）

（6）通过对企业劳动效率进行统计分析，为研究和提高企业劳动效率提供服务。（1 分）

（7）劳动效率指标是考核和评价企业经营业绩最主要的指标之一。（1 分）

（8）劳动效率指标还是确定劳动报酬、制定劳动定额的依据。（1 分）

注意：以上 1～8 点每点 1 分，答对一点给一分，满分给 5 分。

32. （1）参与合理化建议活动的人数。（1 分）

（2）合理化建议提出的件数。（1 分）

（3）合理化建议采纳件数。（1 分）

（4）已实施合理化建议的经济效益。（2 分）

四、论述题（本大题共 2 小题，每小题 10 分，共 20 分）

33. 平均指标的因素分析主要是针对简单总体而言的，并且要求简单总体已分组。值得注意的是，这里的平均数是指算术平均数。根据前面的介绍，在分组条件下，简单总体的总平均数（$\bar{X}$）是各组平均数（$\bar{x}$）的加权算术平均数：

$$\bar{X}=\frac{\sum \bar{x}f}{\sum f}=\sum \bar{x}\cdot\frac{f}{\sum f}\text{（2 分）}$$

由此可见，简单总体的总平均数可分解为组平均数（$\bar{x}$）和结构相对数即比重（$\frac{f}{\sum f}$）这两个因素乘积的和。组平均数相对于结构相对数为质量指标，而结构相对数相对于组平均数为数量指标。简单总体总平均指标的变动是组平均指标变动与结构变动共同作用的结果。

（1）基于指数体系的简单总体总平均指标变动的因素分析。此分析可基于以下指数体系：

$$\frac{\sum \bar{x}_1\frac{f_1}{\sum f_1}}{\sum \bar{x}_0\frac{f_0}{\sum f_0}}=\frac{\sum \bar{x}_1\frac{f_1}{\sum f_1}}{\sum \bar{x}_0\frac{f_1}{\sum f_1}}\times\frac{\sum \bar{x}_0\frac{f_1}{\sum f_1}}{\sum \bar{x}_0\frac{f_0}{\sum f_0}}\text{（2 分）}$$

其中，$\frac{\sum \bar{x}_1\frac{f_1}{\sum f_1}}{\sum \bar{x}_0\frac{f_0}{\sum f_0}}$称为可变指数，意思是指在组平均数和总体结构均变动的情况下，总体平均数的最终变动；（1 分）$\frac{\sum \bar{x}_1\frac{f_1}{\sum f_1}}{\sum \bar{x}_0\frac{f_1}{\sum f_1}}$称为固定结构指数，是假定总体结构不变的条件下，各组平均数的平均变动或各组平均数的变动对总体平均数的影响；（1 分）$\frac{\sum \bar{x}_0\frac{f_1}{\sum f_1}}{\sum \bar{x}_0\frac{f_0}{\sum f_0}}$称为结构影响指数，是假定各组平均数不变的条件下，总体结构变动对总体平均数的影响。

注意：结构影响指数不能解读为各组比重的平均变动，因为各组比重之和恒为 1，因此，各组比重的变化是此消彼长的，不存在各组比重平均上升或平均下降之说。（2 分）

（2）基于差额的简单总体总平均数变动的因素分析。此分析可基于以下等式：

$$\sum \bar{x}_1\frac{f_1}{\sum f_1}-\sum \bar{x}_0\frac{f_0}{\sum f_0}=\sum \bar{x}_1\frac{f_1}{\sum f_1}-\sum \bar{x}_0\frac{f_1}{\sum f_1}+\sum \bar{x}_0\frac{f_1}{\sum f_1}-\sum \bar{x}_0\frac{f_0}{\sum f_0}\text{（2 分）}$$

34. 从人力资源规模的存量统计角度来看，可以采用两个不同的统计指标，一个是时点规模，另一个是时期规模，也称为平均规模。（2 分）

一是时点规模。企业人力资源时点规模主要是指统计某个时点，如某月、某季度、某年度的某个具体时间点的企业人力资源规模总量。相比来说，期末人数比期初人数更为普遍常用，它往往是企业编制人力资源计划和决定是否需要招聘新人员的重要决策依据。（2 分）

二是时期规模。企业人力资源时期规模，也称为平均规模，主要指统计某个时期，如某个月、某个季度或某年度一段时间内企业的平均人力资源规模拥有量。常用的有四个时期规模统计指标，分别为：

（1）月平均人数。月平均人数是指企业在一个月内平均每天所拥有的人力资源规模数量，它是所报告月份每天实有从业人员的序时平均数。其计算公式为

$$月平均人数=\frac{月内每天人数总计}{月内日历天数} \quad （1.5分）$$

（2）季度平均人数。季度平均人数是企业在所报告季度内平均每天实际拥有的人力资源规模数量，它是所报告季度内各月平均人数的序时平均数。其计算公式为

$$季度平均人数=\frac{季度内每天实有人数累计}{季度内日历天数}\approx\frac{季度内各月平均人数}{3} \quad （1.5分）$$

（3）半年平均人数。半年平均人数是企业在所报告半年度内平均每天实际拥有的人力资源规模数量，它可以是所报告半年内各月平均人数的序时平均数，或者是所报告季度内各季度平均人数的序时平均数。其计算公式为

$$半年平均人数=\frac{半年内每天实有人数累计}{半年内日历天数}\approx\frac{半年内各月平均人数}{6}\approx\frac{半年内各季度平均人数}{3} \quad （1.5分）$$

（4）年平均人数。年平均人数是企业在所报告年度内平均每天实际拥有的人力资源规模数量，它可以是所报告年度内各月平均人数的序时平均数，或者是所报告年度内各季度平均人数的序时平均数，或是所报告年度内半年平均人数的序时平均数。其计算公式为

$$年平均人数=\frac{年内每天实有人数累计}{年内日历天数}\approx\frac{年内各月平均人数}{6}\approx\frac{年内各季度平均人数}{3}\approx\frac{年内各半年度平均人数}{2} \quad （1.5分）$$

五、计算题（本题10分）

35. 解：设Q为产品产量，q为劳动生产率，T为平均职工人数。

（1）$q_1=\frac{Q_1}{T_1}=\frac{4000}{500}=8$（吨/人）（1分）

$q_0=\frac{Q_0}{T_0}=\frac{2100}{300}=7$（吨/人）（1分）

（2）产品产量Q变动情况如下：

相对数：$\frac{\sum q_1T_1}{\sum q_0T_0}=\frac{4000}{2100}=190.48\%$

绝对数：$Q_1-Q_0=4000-2100=1900$（吨）（2分）

由于劳动生产率变动总产量变动为

$\frac{\sum q_1T_1}{\sum q_0T_1}=\frac{8\times500}{7\times500}=\frac{4000}{3500}=114.29\%$

$\sum q_1T_1-\sum q_0T_1=4000-3500=500$（吨）（2分）

由于职工人数变动对总产量的影响：

$$\frac{\sum q_0T_1}{\sum q_0T_0}=\frac{7\times500}{7\times300}=\frac{3500}{2100}=166.67\%$$

$$\sum q_0T_1-\sum q_0T_0=3500-2100=1400\text{（吨）}\quad\text{（2 分）}$$

分析：报告期产量比基期产量提高了 90. 48%，绝对数增加了 1900 吨。其中劳动生产率指数报告期比基期下降了 14. 29%，使产量报告期比基期增加了 500 吨。说明由于职工人数指数报告期比基期提高了 66. 67%，总产量绝对数增加了 1400 吨。

总结关系：

相对数：190. 48% = 114. 29% × 166. 67%

绝对数：1900（吨）= 500（吨）+ 1400（吨）（2 分）

六、综合计算分析题（本题 20 分）

36. 解：（1）设 $\bar{X}$ 为全厂平均工资，x 为各组平均工资，f 为各组人数，请完成相关计算数据并填入题目表中，过程略。则

工人：$\frac{x_1}{x_0}=\frac{4000}{3000}=133.33\%$　（1 分）

管理人员：$\frac{x_1}{x_0}=\frac{2800}{2500}=112\%$　（1 分）

其他人员：$\frac{x_1}{x_0}=\frac{1500}{1200}=125\%$　（1 分）

（2）全厂：

$$\bar{X}_1=\frac{\Sigma x_1f_1}{\Sigma f_1}=\frac{4000\times500+2800\times200+1500\times100}{500+200+100}=\frac{2\,710\,000}{800}=3387.5\text{(元/人)（2 分）}$$

$$\bar{X}_0=\frac{\Sigma x_0f_0}{\Sigma f_0}=\frac{3000\times350+2500\times150+1200\times50}{350+150+50}=\frac{1\,485\,000}{550}=2700\text{(元/人)（2 分）}$$

$$\bar{X}_{01}=\frac{\Sigma x_0f_1}{\Sigma f_1}=\frac{3000\times500+2500\times200+1200\times100}{500+200+100}=\frac{2\,120\,000}{800}=2650\text{(元/人)（2 分）}$$

（3）全厂平均工资可变组成指数计算如下：

$$\frac{\Sigma x_1f_1}{\Sigma f_1}\div\frac{\Sigma x_0f_0}{\Sigma f_0}=\frac{3387.5}{2700}=125.46\%$$

$$\frac{\Sigma x_1f_1}{\Sigma f_1}-\frac{\Sigma x_0f_0}{\Sigma f_0}=3387.5-2700=687.5\text{(元/人)（2 分）}$$

平均工资固定组成指数计算如下：

$$\frac{\Sigma x_1f_1}{\Sigma f_1}\div\frac{\Sigma x_0f_1}{\Sigma f_1}=\frac{3387.5}{2650}=127.83\%$$

$$\frac{\Sigma x_1f_1}{\Sigma f_1}-\frac{\Sigma x_0f_1}{\Sigma f_1}=3387.5-2650=737.5\text{(元/人)}\quad\text{（2 分）}$$

平均工资结构影响指数计算如下：

$$\frac{\Sigma x_0f_1}{\Sigma f_1}\div\frac{\Sigma x_0f_0}{\Sigma f_0}=\frac{2650}{2700}=98.15\%$$

$$\frac{\Sigma x_0 f_1}{\Sigma f_1}-\frac{\Sigma x_0 f_0}{\Sigma f_0}=2650-2700=-50\text{（元/人）}\quad\text{（2 分）}$$

分析：全厂平均工资可变组成指数提高了 25. 46%，绝对数增加了 687. 5 元/人。这是全厂平均工资固定组成指数提高了 27. 83%，使全厂平均工资绝对数增加了 737. 5 元/人及全厂平均工资结构影响指数下降了 1. 85%，使全厂平均工资报告期比基期绝对数减少了 50 元/人共同造成的综合结果。表明全厂平均工资的提高完全是由各组平均工资的提高导致的。（3 分）

综合以上分析得出计算结果关系平衡式：

$125.46\% = 127.83\% \times 98.15\%$

687.5（元/人）= 737.5（元/人）+（−50）（元/人）　　（2 分）

全真模拟演练（五）

（考试时间 150 分钟）

总分		题号	一	二	三	四	五	六
核分人		题分	20	20	10	20	10	20
复查人		得分						

第一部分　选择题（40 分）

一、 单项选择题（本大题共 20 小题，每小题 1 分，共 20 分。在每小题列出的四个备选项中只有一个是符合题目要求的，请将其选出并将“答题卡”的相应代码涂黑。未涂、错涂或多涂均无分。）

1. 在组距分组中，下限与上限之间的距离称为（　　）。

A. 全距　　B. 组中值

C. 组距　　D. 下限

2. 当商品的销售价格为 p 与商品的销售量为 q 时，拉氏数量指标综合指数是（　　）。

A. $\bar{I}_q=\dfrac{\sum p_0q_1}{\sum p_0q_0}$　　B. $\bar{I}_q=\dfrac{\sum p_1q_1}{\sum p_1q_0}$

C. $\bar{I}_p=\dfrac{\sum p_1q_0}{\sum p_0q_0}$　　D. $\bar{I}_p=\dfrac{\sum p_1q_1}{\sum p_0q_1}$

3. 某个企业的 9 月份里，1～10 号每天的人力资源规模数量为 10 000 人，11～20 号每天的人力资源规模数量为 12 000 人，21～30 号每天的人力资源规模数量为 12 800 人。那么该企业 9 月份的月平均人数则为（　　）。

A. 11 500 人　　B. 11 600 人

C. 166 000 人　　D. 16 500 人

4. 主要解决同一公司具有多重身份时其所管辖员工人力资源规模统计范围身份归属问题的是（　　）。

A. “谁发工资谁统计”　　B. “谁法人随谁统计”

C. “谁拿工资统计谁”　　D. “为谁工作谁统计”

5. 工作时间构成中最重要的和最核心的部分是（　　）。

A. 制度工日数　　B. 出勤工日数

C. 全部实际工作工日数　　D. 制度内实际工作工日数

6. 饮食、睡眠、卫生保健时间属于（　　）。

A. 工作时间　　B. 必须支付的时间

C. 闲暇时间　　D. 可自由支配的时间

7. 劳动生产率可表示为（　　）。

A. 劳动产品总量与活劳动消耗量的比值　　B. 劳动产品总量与实际收益的比值

C. 实际收益与活劳动消耗量的比值　　D. 活劳动消耗量与实际收益的比值

8. 节约劳动力、降低生产经营成本和提高经济效益的重要途径是（　　）。

A. 提高劳动生产率　　B. 提高劳动报酬

C. 提高劳动效益　　D. 降低人工成本

9. 在一定的生产技术组织条件下，为劳动者完成单位合格产品或一定工作量所预先规定的时间消耗标准，称为（　　）。

A. 劳动效率　　B. 劳动效益

C. 劳动时间　　D. 劳动定额

10. 某工人生产某种产品的产量定额为一个工日 300 个，实际完成了 360 个，则该工人产量定额完成率是（　　）。

A. 83.33%　　B. 120%

C. 20%　　D. 100%

11. 下列属于工资总额范围的是（　　）。

A. 临时兼职报酬　　B. 物价补贴

C. 职工福利费用　　D. 社会保险费用

12. 报告期人工成本工资所占比重提高，而报告期人工成本总额不变，则报告期工资总额肯定（　　）。

A. 提高　　B. 不变

C. 降低　　D. 有时提高有时降低

13. 用报告期人工成本总额除以同一时期职工平均人数得到的是（　　）。

A. 单位产品人工成本　　B. 平均人工成本

C. 人工成本增减率　　D. 人工成本投入产出比

14. 报告期平均人工成本为 600 元/人，基期平均人工成本为 500 元/人，则平均人工成本增减率为（　　）。

A. $(500/600-1)\times 100\%$　　B. $500/600\times 100\%$

C. $600/500\times 100\%$　　D. $(600/500-1)\times 100\%$

15. 下列培训方式属于按培训场所分组的是（　　）。

A. 脱产学习、半脱产学习、不脱产学习

B. 高等教育、专业教育、初等教育

C. 岗位练兵、师傅带学徒、技术表演示范

D. 现场培训、业余学习

16. 职业技能开发统计不包括（　　）。

A. 职业技能培训机构情况统计　　B. 职业技能鉴定机构情况统计
C. 企业参加培训人员情况统计　　D. 培训机构经费收支情况统计

17. 说明企业职工民主权利的落实情况的指标是（　　）。
A. 职工代表大会组建数量　　B. 职工代表提交提案数
C. 职工代表大会召开次数　　D. 职工代表大会组建率

18. 将劳动争议分为调解、仲裁和接受司法处理三组的依据是（　　）。
A. 按劳动争议的原因分类　　B. 按劳动争议方身份分类
C. 按劳动争议的严重程度分类　　D. 按劳动争议处理层次分类

19. 企业社会保险统计不包括（　　）。
A. 企业职工医疗保险统计　　B. 企业职工离职养老保险统计
C. 企业职工失业保险统计　　D. 企业职工生育保险统计

20. 社会救助是（　　）。
A. 保障失去生活来源者、遭遇不幸者和贫困者的最低生活水平
B. 保障劳动者及其直系亲属在遇到各种风险时能获得物质帮助
C. 以增进群众福利、改善居民的物质和文化生活为目的
D. 以优待和抚恤军人及其家属为目的

二、 多项选择题（本大题共 10 小题，每小题 2 分，共 20 分。在每小题列出的五个备选项中至少有两个是符合题目要求的，请将其选出并将“答题卡”的相应代码涂黑。未涂、错涂或多涂均无分。）

21. 根据标志表现是否完全相同，标志分为（　　）。
A. 品质标志　　B. 可变标志
C. 数量标志　　D. 不变标志
E. 质量标志

22. 企业人力资源素质综合评价的特点包括（　　）。
A. 模糊性　　B. 数量化
C. 动态性　　D. 综合性
E. 具体性

23. 非劳动时间配置与利用统计分析的意义具体表现在（　　）。
A. 非劳动时间越长，表明社会生产力水平越高
B. 自由支配的时间越长，表明社会发展层次越高
C. 分析必须支付的时间的配置与利用情况，提出减少非劳动时间中必须支付的时间的社会措施
D. 分析自由支配时间的配置与利用情况，促进员工努力学习科学文化知识和专业技能
E. 合理配置必须支付的时间和自由支配的时间，促进人的自由和全面发展

24. 企业主要从哪几个方面对劳动效益进行评价（　　）。
A. 环保性评价　　B. 成长性评价

C. 稳定性评价　　D. 安全性评价

E. 收益性评价

25. 企业为了计算整个企业劳动定额完成情况指标，在处理报告期产品产量时的正确做法是（　　）。

A. 只要是废品就不计算在内，以真实地反映劳动定额完成情况

B. 不论何种原因造成的废品，都计算在产量范围之内

C. 如果废品是由于工人、班组自身原因产生的，也不应统计在内

D. 不论何种原因造成的废品，都不能计算在产量范围之内

E. 如果废品不是因为工人、班组过失而造成的废品，应统计在产品产量范围内

26. 计时工资在考虑工资的时间计量单位、工资标准及有效劳动时间三因素前提下，它的核算包括（　　）。

A. 对已完成工作任务按计时工资标准支付的工资

B. 全额无限计价、超额无限计价、超额累进计价、提成计件等形式的工资

C. 新参加工作人员的见习工资

D. 职工受处分期间的工资

E. 实行结构工资制支付给员工的基础工资、职务工资、等级工资和岗位工资等

27. 人工成本是指（　　）。

A. 雇主因雇用劳动力而发生的费用总和

B. 工作服费和招工费用

C. 人工费用的税收

D. 为雇员支付的社会保险费用

E. 企业一定时期内与使用人力资源而发生的各项直接和间接费用的总和

28. 企业职业技能开发分类中，下列培训方式属于现场培训模式的是（　　）。

A. 岗位练兵　　B. 业余短训班

C. 技术表演示范　　D. 脱产学习

E. 师傅带学徒

29. 劳动关系包含了一切与雇佣行为相关的社会现象，具体表现为（　　）。

A. 劳动争议　　B. 劳动仲裁

C. 实施执行劳动合同　　D. 工资报酬的集体谈判

E. 劳资纠纷

30. 企业福利费支出包括（　　）。

A. 企业职工探亲路费补贴　　B. 集体福利设施费

C. 福利性补贴　　D. 个人的生活困难补助

E. 职工计划生育补贴

第二部分　非选择题（共60分）

三、简答题（本大题共2小题，每小题5分，共10分）

31. 简述企业工资收入差距的分析方法。
32. 简述我国的社会保障体系的内涵。

四、论述题（本大题共2小题，每小题10分，共20分）

33. 请论述企业劳动时间未能充分利用的原因。
34. 请对影响企业劳动生产率变动的因素进行指数分析。

五、计算题（本题10分）

35. 某企业一个车间报告期工时消耗及产品产量的统计资料如下表所示。

指标名称	合格品 Q_1	非工人过失造成的废品 Q_1'	基本工时定额 t_n	追加工时定额 t_n'	全部实耗工时 T_1	停工工时 T_2	缺勤工时 T_3	非生产工时 T_4
单位	件	件	工时/件	工时/件	工时	工时	工时	工时
指标值	5 000	100	2	0. 2	11 000	1 000	900	300

求：计算该企业工人与企业各种劳动定额完成情况并分析劳动条件不正常和劳动时间利用不充分对劳动定额完成情况的影响。

六、综合计算分析题（本题20分）

36. 某企业两个车间的统计材料如下表所示。

	总产值/万元		平均人数/人		劳动生产率/（万元/人）	
	基期	报告期	基期	报告期	基期	报告期
甲车间	16 800	44 000	1 800	2 600		
乙车间	35 000	48 000	2 200	2 400		
全厂	51 800	92 000	4 000	5 000		

求：（1）计算甲、乙车间基期、报告期的劳动生产率。

（2）计算全厂基期、报告期的劳动生产率。

（3）分析计算全厂劳动生产率可变组成指数、固定组成指数及结构影响指数，并对全厂的劳动生产率变化作全面分析（保留3位小数）。

全真模拟演练（五）参考答案及解析

一、 单项选择题（本大题共 20 小题，每小题 1 分，共 20 分）

1. C	2. A	3. B	4. B	5. D
6. B	7. A	8. A	9. D	10. B
11. B	12. A	13. B	14. D	15. D
16. B	17. D	18. D	19. B	20. A

二、 多项选择题（本大题共 10 小题，每小题 2 分，共 20 分）

21. BD	22. ABCD	23. ABCDE	24. BCE	25. ACD
26. ACDE	27. AE	28. ACE	29. ABCDE	30. ABCDE

三、简答题（本大题共 2 小题，每小题 5 分，共 10 分）

31. （1）工资增收与减收差距分析法。（1 分）

（2）最高工资与最低工资差异分析法。（2 分）

（3）"五等分"分析法。（1 分）

（4）基尼系数法。（1 分）

32. （1）社会保险是社会保障体系的核心部分，它是保障劳动者及其直系亲属在遇到各种风险时能获得物质帮助、维持基本生活的一种手段。社会保险包括养老保险、工伤保险、医疗保险、失业保险和生育保险等内容。（2 分）

（2）社会救助是以保障失去生活来源者、遭遇不幸者和贫困者的最低生活水平为目的的，它是一种低层次的社会保障。（1 分）

（3）社会福利是以增进群众福利、改善居民的物质和文化生活为目的的，它是社会保障要实现的最高目标。（1 分）

（4）社会优抚是以优待和抚恤军人及其家属为目的的，它是社会保障的特殊形式，对于稳定军心、维护国家安全和社会安定有着很大作用。（1 分）

四、论述题（本大题共 2 小题，每小题 10 分，共 20 分）

33. 企业为了提高劳动时间利用程度，挖掘现有劳动时间的潜力，主要从缺勤时间、停工时间、出勤时间利用率和工时效率等指标计算这些工时在未被利用工时总数中的比重，然后再进行具体分析。（2 分）

企业劳动时间利用不充分的原因，主要表现在四个方面：

（1）由劳动者个人原因造成劳动时间利用不充分，如病假、事假、探亲假、旷工等，这些都造成了劳动时间的损失。（1 分）

（2）由生产经营管理不善造成劳动时间利用不充分，主要有计划安排不当，设计图纸

不齐备，原材料供应中断，停水、停电、停气、设备出故障，任务分配不均等。（1分）

（3）由国家主管行政部门的行政命令或指令原因造成劳动时间利用不充分，主要有占用企业生产时间开会、学习、听报告、参观等。（1分）

（4）由社会突发事件等原因造成劳动时间利用不充分，主要有抢险、救灾、义务劳动、社会公益活动等。（1分）

企业的停工时间众多，包括等料、等工、模具及设备故障等，给企业经营造成一定的损失。这些停工时间是企业劳动过程造成的，应积极改进劳动过程，减少停工损失。（2分）

缺勤时间在企业劳动时间未能充分利用的比重较大，要进行具体分析，包括企业员工不遵守企业的劳动纪律导致的矿工或因各种原因导致事假、病假、公假过多，造成经济损失。（2分）

34. 企业劳动生产率变动的影响分析，可以从两方面进行。一方面是相关因素对企业劳动生产率变动的影响分析；另一方面是企业劳动生产率变动对相关因素的影响分析。（1分）

影响企业劳动生产率变动的因素主要有三种：

（1）生产工人工时利用情况对劳动生产率的影响。企业主要通过对月劳动生产率的考察来分析生产工人时间利用情况对劳动生产率的影响。企业月劳动生产率水平受小时劳动生产率水平、实际工作日长度、实际工作月长度这三个因素的影响。它们的指数关系为

$$\text{月劳动生产率指数}=\text{小时劳动生产率指数}\times\text{工作日长度指数}\times\text{工作月长度指数}$$ （3分）

（2）企业人员结构变动对劳动生产率影响的动态分析。生产工人劳动生产率水平的高低、生产工人在全部职工中的比重大小，都会影响全员劳动生产率的变动。工人劳动生产率、工人占全部职工人数比重对企业全员劳动生产率的影响，可用指数体系来分析。它们的关系为

全员劳动生产率指数 = 生产工人劳动生产率指数 × 生产工人在全部职工中的比重指数（3分）

（3）劳动者技术装备程度对及利用效率对劳动生产率的影响分析。劳动者技术装备水平的高低，在很大程度上决定了劳动者劳动生产率水平的高低。提高劳动生产率的关键，在于提高劳动者的技能，改进工艺，提高劳动的技术装备程度和技术装备的利用效果。

劳动者技术装备程度对及利用效率对劳动生产率的变动指数体系为

劳动生产率指数 = 劳动者技术装备程度指数 × 技术装备利用效率指数　（3分）

五、计算题（本题10分）

35. 解：企业工人与企业各种劳动定额完成情况：

$$\text{生产工人定额完成程度}=\frac{\sum(Q_1+Q_1')\times(t_n+t_n')}{\sum T_1}\times100\%$$

$$=\frac{(5000+100)\times(2+0.2)}{11\ 000}\times100\%=\frac{5100\times2.2}{11\ 000}\times100\%$$

$$=\frac{11\ 220}{11\ 000}\times100\%=102\%$$ （2分）

$$\text{企业劳动定额完成程度指标}=\frac{\sum Q_1\times t_n}{\sum T_1}\times100\%=\frac{5000\times2.0}{11\ 000}\times100\%=90.91\%$$ （2分）

企业劳动条件失常增耗工时占实耗工时的比重

$$=\frac{\sum(Q_1+Q_1')\times t_n'+Q_1'\times t_n}{\sum T_1}\times 100\%$$

$$=\frac{(5000+100)\times 0.2+100\times 2.0}{11\,000}\times 100\%$$

$$=\frac{1020+200}{11\,000}\times 100\%=\frac{1220}{11\,000}=11.09\%\quad（2分）$$

以企业全部工时消耗为基础的劳动定额综合完成程度

$$=\frac{\sum Q_1\times t_n}{\sum T_1+\sum T_2+\sum T_3+\sum T_4}\times 100\%$$

$$=\frac{5000\times 2.0}{11\,000+1000+900+300}\times 100\%=\frac{10\,000}{13\,200}=75.76\%\quad（2分）$$

劳动条件不正常和劳动时间利用不充分对劳动定额完成情况的影响：①由于劳动条件不正常，损失了 1220 个定额工时，企业劳动定额少完成 11.09%；②由于出勤率偏低，劳动时间利用不充分，停工时间、非生产时间、缺勤工时合计为 2200 工时，按企业劳动定额完成程度计算，总计约 2200 × 90.91% = 2000 工时，企业劳动定额少完成了 90.91% − 75.76% = 15.15 %。（2分）

六、综合计算分析题（本题 20 分）

36. 解：（1）设 $\overline{q}$ 为全厂劳动生产率，q 为各车间劳动生产率，f 为各车间人数，则

甲车间：q_1=44 000/2600=16.923 万元/人；q_0=16 800/1800=9.333 万元/人（2分）

乙车间：q_1=48 000/2400=20 万元/人；q_0=35 000/2200=15.909 万元/人（2分）

（2）全厂：

$$\overline{q}_1=\frac{\Sigma q_1 f_1}{\Sigma f_1}=\frac{92\,000}{5000}=18.400(万元/人)\quad（2分）$$

$$\overline{q}_0=\frac{\Sigma q_0 f_0}{\Sigma f_0}=\frac{51\,800}{4000}=12.950(万元/人)\quad（2分）$$

$$\overline{q}_{01}=\frac{\Sigma q_0 f_1}{\Sigma f_1}=\frac{9.333\times 2600+15.909\times 2400}{2600+2400}=\frac{62\,447.4}{5000}=12.489(万元/人)（2分）$$

（3）全厂劳动生产率可变组成指数计算如下：

$$\frac{\Sigma q_1 f_1}{\Sigma f_1}\div\frac{\Sigma q_0 f_0}{\Sigma f_0}=\frac{18.4}{12.95}=142.085\%$$

$$\frac{\Sigma q_1 f_1}{\Sigma f_1}-\frac{\Sigma q_0 f_0}{\Sigma f_0}=18.4-12.95=5.45(万元/人)（2分）$$

劳动生产率固定组成指数计算如下：

$$\frac{\Sigma q_1 f_1}{\Sigma f_1}\div\frac{\Sigma q_0 f_1}{\Sigma f_1}=\frac{18.4}{12.489}=147.330\%$$

$$\frac{\Sigma q_1 f_1}{\Sigma f_1}-\frac{\Sigma q_0 f_1}{\Sigma f_1}=18.4-12.489=5.911\text{(万元/人)}$$ （2 分）

劳动生产率结构影响指数计算如下：

$$\frac{\Sigma q_0 f_1}{\Sigma f_1}\div\frac{\Sigma q_0 f_0}{\Sigma f_0}=\frac{12.489}{12.95}=96.440\%$$

$$\frac{\Sigma q_0 f_1}{\Sigma f_1}-\frac{\Sigma q_0 f_0}{\Sigma f_0}=12.489-12.95=-0.461\text{(万元/人)}$$（2 分）

分析：全厂劳动生产率可变组成指数提高了 42. 085%，绝对数增加了 5. 45 万元/人。这是劳动生产率固定组成指数提高了 47. 330%，使全厂劳动生产率绝对数增加了 5. 911 万元/人及劳动生产率结构影响指数下降了 3. 56%，使全厂劳动生产率报告期比基期绝对数减少了 0. 461 万元/人共同造成的综合结果。（2 分）

即 142. 085% = 147. 330% × 96. 440%

5. 45（万元/人）= 5. 911（万元/人）– 0. 461（万元/人）（2 分）

全真模拟演练（六）

（考试时间 150 分钟）

总分		题号	一	二	三	四	五	六
核分人		题分	20	20	10	20	10	20
复查人		得分						

第一部分　选择题（40 分）

一、单项选择题（本大题共 20 小题，每小题 1 分，共 20 分。在每小题列出的四个备选项中只有一个是符合题目要求的，请将其选出并将“答题卡”的相应代码涂黑。未涂、错涂或多涂均无分。）

1. 在组距分组中，分组标志在每组中取的最大值称为（　　）。

A. 上限　　B. 下限

C. 下限　　D. 全距

2. 当商品的销售价格为 p 与商品的销售量为 q 时，帕氏质量指标综合指数是（　　）。

A. $\bar{I}_q=\dfrac{\sum p_0q_1}{\sum p_0q_0}$　　B. $\bar{I}_q=\dfrac{\sum p_1q_1}{\sum p_1q_0}$

C. $\bar{I}_p=\dfrac{\sum p_1q_0}{\sum p_0q_0}$　　D. $\bar{I}_p=\dfrac{\sum p_1q_1}{\sum p_0q_1}$

3. 为避免人力资源统计的重复与遗漏，各企业进行人力资源统计时应遵循（　　）。

A. 在哪工作由哪统计的原则　　B. 由人事关系所在单位统计的原则

C. 谁发工资谁统计的原则　　D. 由管理工作部门统计的原则

4. 企业人力资源素质综合评价的程序依次是（　　）。

A. 选择综合评价的对象和范围→选择企业人力资源素质的指标体系→选择指标体系的权重关系→评估和评价企业人力资源素质

B. 选择企业人力资源素质的指标体系→选择综合评价的对象和范围→选择指标体系的权重关系→评估和评价企业人力资源素质

C. 选择综合评价的对象和范围→选择指标体系的权重关系→选择企业人力资源素质的指标体系→评估和评价企业人力资源素质

D. 选择指标体系的权重关系→选择综合评价的对象和范围→选择企业人力资源素

质的指标体系→评估和评价企业人力资源素质

5. 以下正确计算制度内实际劳动工日的公式是（　　）。

A. 制度内实际劳动工日＝制度劳动工日－缺勤工日－停工工日＋非生产工日＋停工被利用工日

B. 制度内实际劳动工日＝制度劳动工日－缺勤工日＋停工工日－非生产工日＋停工被利用工日

C. 制度内实际劳动工日＝制度劳动工日－缺勤工日－停工工日－非生产工日＋停工被利用工日

D. 制度内实际劳动工日＝制度劳动工日＋缺勤工日－停工工日－非生产工日＋停工被利用工日

6. 衡量人类社会进步的重要时间标志是（　　）。

A. 社交时间　　B. 工作时间

C. 受教育时间　　D. 可自由支配时间

7. 工业企业在一定时期内所生产的产品实物总量与相应的活劳动消耗量之间的比值，称为（　　）。

A. 劳动生产率　　B. 劳动效益

C. 劳动生产率的实物量指标　　D. 单位产品劳动生产率

8. 制约企业劳动生产率水平的主要因素是（　　）。

A. 生产工人劳动生产率　　B. 辅助生产工人劳动生产率

C. 基本生产工人劳动生产率　　D. 全部从业人员劳动生产率

9. 生产工人劳动定额完成情况指标为（　　）。

A. $\dfrac{\sum(Q_1+Q_1')\times t_n'+Q_1'\times t_n}{\sum T_1}$　　B. $\dfrac{\sum(Q_1+Q_1')\times(t_n+t_n')}{\sum T_1}$

C. $\dfrac{\sum Q_1\times t_n}{\sum T_1+\sum T_2+\sum T_3+\sum T_4}$　　D. $\dfrac{\sum Q_1\times t_n}{\sum T_1}$

10. 劳动者在一定的生产技术组织条件下完成单位合格产品或一定工作量所预先规定的时间消耗标准，称为（　　）。

A. 劳动定额　　B. 劳动效益

C. 劳动生产率　　D. 工作效率

11. 下列列入工资总额范围的项目是（　　）。

A. 职工福利费　　B. 超产奖

C. 劳动保护的各项支出　　D. 兼职的报酬

12. 2007 年国有单位城镇职工的平均工资（货币工资）为 3600 元，同期城镇居民消费价格指数为 108. 66%，则当年国有单位城镇职工实际工资水平约为（　　）。

A. 3911 元　　B. 3600 元

C. 3313 元　　D. 3288 元

13. 一个企业在一定时期内因使用劳动力而支付的所有费用就是（　　）。

A. 劳动保护费用总额　　B. 工资总额

C. 人工成本　　D. 保险福利费用总额

14. 报告期人工成本二资所占比重提高，而报告期人工成本总额不变，则报告期工资总额肯定（　　）。

A. 提高　　B. 不变

C. 降低　　D. 有时提高有时降低

15. 企业参加培训人员培训结业统计指标有（　　）。

A. 企业职工入学率、企业职工退学率

B. 本期招收学员数、本期在学学员数、本期流失学员数

C. 企业职工退学率、本期招收学员数

D. 培训结业人数统计、培训结业程度统计

16. 以下属于业余培训的是（　　）。

A. 技术表演示范　　B. 岗位练兵

C. 业余短训班　　D. 师傅带学徒

17. 反映劳动争议严重程度的指标是（　　）。

A. 每千名职工劳动争议件数　　B. 平均每件劳动争议人数（件数）

C. 每千名女职工劳动争议数　　D. 每千名职工劳动争议人次数

18. 下列现象称为劳动争议的是（　　）。

A. 职工与本单位之外的个人发生纠纷　　B. 企业行政与职工之间发生的纠纷

C. 职工之间发生的争议或纠纷　　D. 职工与本企业之外的单位发生纠纷

19. 企业工商保险统计指标包括（　　）。

A. 退休养老人员统计

B. 企业工伤保险费用水平

C. 企业人员医疗保险费用支付额

D. 企业生育保险费用支付

20. 我国的退休养老人员不包括（　　）。

A. 离职人员　　B. 退职人员

C. 退休人员　　D. 离休人员

二、　多项选择题（本大题共 10 小题，每小题 2 分，共 20 分。在每小题列出的五个备选项中至少有两个是符合题目要求的，请将其选出并将“答题卡”的相应代码涂黑。未涂、错涂或多涂均无分。）

21. 根据计算方式的不同，指标分为（　　）。

A. 数量指标　　B. 基本指标

C. 派生指标　　D. 质量指标

E. 总量指标

22. 从工资发放关系解决员工人力资源划分问题的统计原则是（　　）。

A. “为谁工作谁统计”　　B. “谁发工资谁统计”

C. “谁拿工资统计谁”　　D. “不重不漏”

E. “谁法人随谁统计”

23. 非劳动时间分配统计的目的是（　　）。

A. 合理引导人们配置和利用非劳动时间　B. 了解人们的社会生活方式

C. 解决家务劳动负担过重的问题　D. 不断增加闲暇时间的配置

E. 为经济与文化建设提供各种信息

24. 提高劳动效益统计的意义主要表现在（　　）。

A. 提高劳动效益是市场经济的要求

B. 有利于降低企业的劳动消耗

C. 有利于合理配置劳动力资源

D. 有利于认识企业劳动活动的规律性

E. 有利于提高企业的产品质量

25. 常用的劳动定额类型有（　　）。

A. 工时定额　B. 产量定额

C. 看管定额　D. 服务定额

E. 工作定额

26. 平均工资指数体系包括（　　）。

A. 平均工资可变组成指数　B. 平均工资固定组成指数

C. 平均工资人员结构指数　D. 平均工资静态组成指数

E. 平均工资动态组成指数

27. 人工成本与总成本之间交叉的部分为（　　）。

A. 直接工人的工资与福利费　B. 制造费用中的工资与福利费

C. 管理费用中的工资与福利费　D. 管理人员的工资与福利费

E. 销售费用中的工资与福利费

28. 企业职业技能开发分类中，按培训方式分组的是（　　）。

A. 业余短训班　B. 脱产学习

C. 半脱产学习　D. 专业教育

E. 不脱产学习

29. 企业劳动争议统计的原则有（　　）。

A. 劳动争议是劳动关系当事人双方发生的争议，主要是指企业行政和职工之间的争议

B. 劳动争议是企业领导与职工之间的纠纷

C. 劳动争议是劳动关系双方的有关劳动权利与义务问题的纠纷

D. 劳动争议包括职工与职工之间发生的纠纷

E. 劳动争议必须提出申诉

30. 企业职工福利统计包括下列哪些指标（　　）。

A. 个人福利统计　B. 企业职工工伤保险统计

C. 企业职工失业保险统计　D. 企业职工生育保险统计

E. 集体福利

第二部分　非选择题（共 60 分）

三、简答题（本大题共 2 小题，每小题 5 分，共 10 分）

31. 简述综合指数的编制思路。
32. 简述企业劳动效率与劳动效益的关系。

四、论述题（本大题共 2 小题，每小题 10 分，共 20 分）

33. 请对企业劳动时间利用的损益进行分析（运用损益分析公式进行分析）。
34. 如何运用指数体系对企业员工工资总额水平的变动进行分析？

五、计算题（本题 10 分）

35. 某企业资料如下表所示。

指标	基期	报告期	指数/%	增减额
人工成本总额/万元	200	300		
平均人工成本/（元/人）	5000	4545		
从业人员平均人数/人	400	660		

求：（1）请计算并把计算结果填入表中后两列。

（2）计算并分析平均人工成本变动及平均职工人数变动对人工成本的影响。

六、综合计算分析题（本题 20 分）

36. 某企业 2008 年 3 月份（31 天）有制度公休日 8 天，采取一班制劳动，每班 8 小时，生产工人月平均人数为 900 人，其他情况如下。

生产工时如下表所示。

指标名称	停工时间		被利用时间	缺勤时间		非生产时间		加班时间	
	工日	工时	工日	工日	工时	工日	工时	工日	工时
指标值	400	700	320	800	2000	300	680	500	800

生产产量与工时定额如下表所示。

指标名称	合格品 Q_1	非工人过失造成的废品 Q_1'	基本工时定额 T_r	追加工时定额 T_n'
单位	件	件	工时/件	工时/件
指标值	30 000	800	5	0.55

求：（1）计算该企业的制度工作工时、出勤工作工时、制度内实际工作工时、全部实际工作工时。

（2）计算该企业工人与企业各种劳动定额完成情况。

（3）分析条件不正常和劳动时间利用不充分对劳动定额完成情况的影响（要求写出计算公式，计算步骤）。

全真模拟演练（六）参考答案及解析

一、单项选择题（本大题共 20 小题，每小题 1 分，共 20 分）

1. A	2. D	3. C	4. A	5. C
6. D	7. C	8. C	9. A	10. A
11. B	12. C	13. C	14. A	15. D
16. C	17. B	18. B	19. B	20. A

二、多项选择题（本大题共 10 小题，每小题 2 分，共 20 分）

21. BC	22. BC	23. ABCDE	24. ABCDE	25. ABCDE
26. ABC	27. ABCE	28. BCE	29. ACE	30. AE

三、简答题（本大题共 2 小题，每小题 5 分，共 10 分）

31. 综合指数的编制思路是将不能直接相加的不同类事物的指标通过一座“桥梁”过渡为统一可以相加的指标，通过相加得到一个综合性的总量指标，（2 分）将这样得到的两个不同时期的总量指标进行对比，前一时期为对比期，称为基期，后一时期是欲研究分析时期，称为报告期，最后得到的动态相对数就是综合指数。（3 分）

32. 劳动效益与劳动效率既有区别，又有联系。从广义上讲，劳动效益包含劳动生产率，两者虽然都是反映劳动者的劳动效率，即反映人力资源的利用效率；而从狭义上讲，劳动效益仅指劳动者为社会提供的实际收益，不包含劳动效率。（2 分）主要区别表现在：①反映的生产过程不同；（1 分）②数量关系不同；（1 分）③反映的效果不同。（1 分）

四、论述题（本大题共 2 小题，每小题 10 分，共 20 分）

33. （1）月制度劳动时间损失程度。企业员工的缺勤时间、停工时间与非生产时间对劳动时间的合理利用都会造成影响，可作为企业员工月劳动时间实际利用的情况指标。计算公式有

$$\text{月劳动时间损失程度}=\frac{\text{缺勤时间}+\text{停工时间}+\text{非生产时间}}{\text{制度劳动时间}}\times 100\%$$（2 分）

（2）月人均劳动时间损失程度。通过计算平均每人的月劳动时间的利用状况，可以发现企业由于员工个人原因和企业原因造成的时间损失程度，便于观察企业时间利用情况与先进企业之间的差距。计算公式有

$$\text{人均损失时间}=\frac{\text{制度劳动时间}-\text{制度内实际劳动时间}}{\text{月平均人数}}$$

$$\text{月人均劳动时间损失程度}=\frac{\text{人均损失时间}}{\text{制度劳动时间}}\times 100\%$$（2 分）

（3）劳动时间损失造成的经济损失。劳动时间的利用不好，直接体现为产品生产的减少，从而造成产出和效益的减少。反映产出和效益的指标有产量损失和收益损失，计算公式分别有

产量损失 = 损失工日 × 日劳动生产率　　或　产量损失 = 损失工时 × 小时劳动生产率

收益损失 = 损失工日 × 日创收率　　　　或　收益损失 = 损失工时 × 小时创收率　（3 分）

（4）劳动时间损失造成的人工成本超支分析。劳动时间的损失，一方面表现出多支付人工费，包括工资、奖金、津贴、补贴、劳动保险费用和职工福利费等，使人工成本上升，增加生产经营成本，使企业的利润相应减少；另一方面还表现为企业为赶工或赶时间造成的加班加点工资支付，因为一般企业加班的工资是正常工资的 2 倍甚至更多，造成加班比制度劳动时间多支付工资。反映人工成本超支的指标有人工费用和加班加点工资支付。计算公式分别为

人工成本超支额 = 损失工日 × 日人均人工费支出　　或

人工成本超支额 = 损失工时 × 小时人均人工费支出

加班加点多支付的工资 = 加班工日 × 日平均工资 × 倍数　　或

加班加点多支付的工资 = 加班工时 × 小时平均工资 × 倍数（3 分）

34. （1）企业工资总额的变动统计公式为

工资总额 = 职工平均人数 × 职工平均工资（1 分）

（2）平均工资的计算：

平均工资：$\bar{X}=\dfrac{\Sigma xf}{\Sigma f}$　（1 分）

（3）平均工资指数的计算如下：

可变工资指数 ：$\dfrac{\Sigma x_1 f_1}{\Sigma f_1}\div\dfrac{\Sigma x_0 f_0}{\Sigma f_0}$　绝对数：$\dfrac{\Sigma x_1 f_1}{\Sigma f_1}-\dfrac{\Sigma x_0 f_0}{\Sigma f_0}$　（2 分）

固定构成工资指数 ：$\dfrac{\Sigma x_1 f_1}{\Sigma f_1}\div\dfrac{\Sigma x_0 f_1}{\Sigma f_1}$　绝对数：$\dfrac{\Sigma x_1 f_1}{\Sigma f_1}-\dfrac{\Sigma x_0 f_1}{\Sigma f_1}$　（2 分）

结构影响工资指数：$\dfrac{\Sigma x_0 f_1}{\Sigma f_1}\div\dfrac{\Sigma x_0 f_0}{\Sigma f_0}$　绝对数：$\dfrac{\Sigma x_0 f_1}{\Sigma f_1}-\dfrac{\Sigma x_0 f_0}{\Sigma f_0}$　（2 分）

（4）三者关系分析如下：

连乘关系：$\dfrac{\Sigma x_0 f_1}{\Sigma f_1}\div\dfrac{\Sigma x_0 f_0}{\Sigma f_0}=\dfrac{\Sigma x_1 f_1}{\Sigma f_1}\div\dfrac{\Sigma x_0 f_1}{\Sigma f_1}\times\dfrac{\Sigma x_0 f_1}{\Sigma f_1}\div\dfrac{\Sigma x_0 f_0}{\Sigma f_0}$　（1 分）

总和关系：$\dfrac{\Sigma x_1 f_1}{\Sigma f_1}-\dfrac{\Sigma x_0 f_0}{\Sigma f_0}=\dfrac{\Sigma x_1 f_1}{\Sigma f_1}-\dfrac{\Sigma x_0 f_1}{\Sigma f_1}+\dfrac{\Sigma x_0 f_1}{\Sigma f_1}-\dfrac{\Sigma x_0 f_0}{\Sigma f_0}$　（1 分）

五、计算题 （本题 10 分）

35. 解：设 L 为人工成本，f 为平均职工人数，χ 为平均人工成本。计算完成后将结果填入表中，填入过程略。

（1）$\chi_1=\dfrac{L_1}{f_1}=\dfrac{480\,000}{4000}=120$(元 / 人)（1 分）

$\chi_0=\dfrac{L_0}{f_0}=\dfrac{330\,000}{3000}=110$(元 / 人)　（1 分）

（2）人工成本指数 的变动情况如下：

相对数：$\frac{L_1}{L_0}=\frac{\Sigma\chi_1 f_1}{\Sigma\chi_0 f_0}=\frac{120\times4000}{110\times3000}=\frac{480\ 000}{330\ 000}=145.45\%$

绝对数：$L_1-L_0=480\ 000-330\ 000=150\ 000$(元)（2分）

由于平均人工成本变动对人工成本指数的影响：

$$\frac{\Sigma\chi_1 f_1}{\Sigma\chi_0 f_1}=\frac{120\times4000}{110\times4000}=\frac{480\ 000}{440\ 000}=109.09\%$$

$\Sigma\chi_1 f_1-\Sigma\chi_0 f_1=480\ 000-440\ 000=40\ 000$(元)　（2分）

由于职工人数变动对人工成本指数的影响：

$$\frac{\Sigma\chi_0 f_1}{\Sigma\chi_0 f_0}=\frac{110\times4000}{110\times3000}=\frac{440\ 000}{330\ 000}=133.33\%$$

$\Sigma\chi_0 f_1-\Sigma\chi_0 f_0=440\ 000-330\ 000=110\ 000$(元)　（2分）

分析：人工成本指数提高了45.45%，绝对数增加了150 000元；其中由于平均人工成本指数提高了9.09%，人工成本绝对数增加了40 000元；由于职工人数变动指数提高了33.33%，人工成本报告期比基期绝对数增加了110 000元。

计算结果归纳，得出如下关系：

145. 45% = 109. 09% × 133. 33%

150 000（元）= 40 000（元）+ 110 000（元）　（2分）

六、综合计算分析题（本题20分）

36. 解：（1）工时计算如下：

制度工作工时数 = 日历工时数 – 公假工时数 =900 × 31 × 8 – 900 × 8 × 8 = 165 600（工时）（2分）

出勤工作工时数 = 制度工时数 – 缺勤工作工时数 = 165 600 – 800 × 8 – 2000 = 157 200（工时）（2分）

制度内实际工作工时数 = 出勤工时 – 非生产工时 – 停工工时 + 停工被利用工时

= （165 600-800 × 8 – 2000）–（300 × 8 + 680）

–（400 × 8 + 700）+ 320 × 8

=157 200 – 3080 – 3900 + 2560 = 152 780（工时）（2分）

全部实际工时数 = 制度内实际工时 + 加班加点工时

=152 780 + 500 × 8 + 800 = 157 580（工时）（2分）

（2）计算劳动定额完成情况：

生产工人定额完成程度

$$=\frac{(\text{合格品量}+\text{非工人过失废品量})\times(\text{基本工时定额}+\text{追加工时定额})}{\text{实际耗用总工时}}\times100\%$$

$$=\frac{(30\ 000+800)\times(5+0.55)}{157\ 580}\times100\%=\frac{170\ 940}{157\ 580}\times100\%=108.48\%$$　（2分）

企业劳动条件失常增耗工时占实耗工时的比重

$$=\frac{(\text{合格品量}+\text{非工人过失废品量})\times\text{追加工时定额}+(\text{非工人过失废品量}\times\text{基本定额})}{\text{实际耗用总工时}}\times 100\%$$

$$=\frac{(30\,000+800)\times 0.55+800\times 5.0}{157\,580}\times 100\%=\frac{20\,940}{157\,580}=13.29\% \quad \text{（2 分）}$$

$$\text{企业劳动定额完成程度指标}=\frac{\text{合格品量}\times\text{基本工时定额}}{\text{实际耗用总工时}}\times 100\%$$

$$=\frac{30\,000\times 5.0}{157580}\times 100\%=95.19\% \quad \text{（2 分）}$$

以企业全部工时消耗为基础的劳动定额综合完成程度：

$$\text{企业整体劳动定额完成程度指标}=\frac{\text{合格品量}\times\text{基本工时定额}}{\text{企业制度工作工时}}\times 100\%$$

$$=\frac{30\,000\times 5.0}{165\,600+4800}\times 100\%=\frac{150\,000}{170\,400}=88.03\% \quad \text{（2 分）}$$

（3）劳动条件不正常和劳动时间利用不充分对劳动定额完成情况的影响分析如下：①由于劳动条件失常，损失了 20 940 个定额工时，企业劳动定额少完成 13.29% ；（2 分）②由于停工时间、非生产时间、缺勤工时合计为 12 820（3900 + 3080 + 8400 − 2560）工时，按企业劳动定额完成程度计算，总计约 12820 × 95.19%≈12 203 工时，企业劳动定额少完成了 7.16%（12 203/170 400 × 100%），企业最后劳动定额完成程度为 88. 03%（108. 48% − 13. 29% − 7. 16%）。（2 分）